Emotionalisierung – Moralisierung – Radikalisierung

Alexander Dietz (Hrsg.)

Emotionalisierung – Moralisierung – Radikalisierung

Theologische Beiträge

EVANGELISCHE VERLAGSANSTALT
Leipzig

Bibliographische Information der Deutschen Nationalbibliothek
Die Deutsche Nationalbibliothek verzeichnet diese Publikation in der
Deutschen Nationalbibliographie; detaillierte bibliographische Daten
sind im Internet über http://dnb.dnb.de abrufbar.

© 2024 by Evangelische Verlagsanstalt GmbH · Leipzig
Printed in Germany

Das Werk einschließlich aller seiner Teile ist urheberrechtlich geschützt.
Jede Verwertung außerhalb der Grenzen des Urheberrechtsgesetzes
ist ohne Zustimmung des Verlags unzulässig und strafbar.
Das gilt insbesondere für Vervielfältigungen, Übersetzungen,
Mikroverfilmungen und die Einspeicherung und Verarbeitung in
elektronischen Systemen.

Das Buch wurde auf alterungsbeständigem Papier gedruckt.

Cover: Mario Moths, Marl
Satz: Steffi Glauche, Leipzig
Druck und Binden: BELTZ Grafische Betriebe GmbH, Bad Langensalza

ISBN 978-3-374-07752-6 // eISBN (PDF) 978-3-374-07753-3
www.eva-leipzig.de

Vorwort

Der vorliegende Sammelband enthält überwiegend Beiträge, die als Vorträge auf der wissenschaftlichen Tagung »Emotionalisierung – Moralisierung – Radikalisierung« gehalten wurden, die am 24. und 25. November 2023 in Leipzig stattfand. Der Herausgeber dankt allen Autorinnen und Autoren für ihre Aufsätze sowie Frau Dr. Annette Weidhas von der Evangelischen Verlagsanstalt für die freundliche und anregende Begleitung des Buchprojekts.

Mit den Begriffen Emotionalisierung, Moralisierung und Radikalisierung werden Phänomene in gesellschaftlichen und wissenschaftlichen Kommunikationszusammenhängen thematisiert, die seit vielen Jahren (und deutlich verstärkt seit etwa zehn Jahren) sachliche Diskurse erschweren, Spaltungen zwischen Personen(gruppen) befördern und Pharisäismus salonfähig machen – auch in Kirche und Theologie.

Auf einen einführenden Überblicks-Beitrag folgen zwei Texte unter der Rubrik »Emotionalisierung«, dann vier Texte, die sich mit »Moralisierung« beschäftigen, und schließlich zwei Texte, die sich dem Stichpunkt »Radikalisierung« zuordnen lassen. Natürlich sind die Übergänge fließend. Neben vier Beiträgen aus systematisch-theologische Perspektive stehen je ein Beitrag aus neutestamentlicher, theologischer, missionswissenschaftlicher und kirchengeschichtlicher Sicht sowie Betrachtungen aus sozialwissenschaftlicher und kirchenleitender Perspektive.

Die unterschiedlichen thematischen Zugänge ergänzen sich und zeigen einerseits die Brisanz der Gesamtproblematik, während andererseits konstruktive Ansätze zur Erklärung, Differenzierung und Korrektur ideologischer Fehlentwicklungen im Allgemeinen und in exemplarischen Spezialfragen vorgeschlagen werden. So kann dieser Band einen Beitrag zur notwendigen Enttabuisierung offensichtlicher Missstände, eine Anregung zum Nachdenken und zum Diskurs sowie einen Beweis dafür liefern, dass Ideologiekritik nicht nur eine bleibende Kernaufgabe, sondern immer noch auch eine Kernkompetenz theologischer Wissenschaft darstellt, insbesondere dann, wenn sie sich (wieder) traut, explizit theologisch zu argumentieren.

Hannover, im Juni 2024
Alexander Dietz

Inhalt

Emotionalisierung – Moralisierung – Radikalisierung . . . 9
Alexander Dietz

Emotionalisierung

Wokeness als Quasi-Religion
Die Wokeness-Bewegung als Herausforderung
für Gesellschaft, Politik und Kirche 31
Wolfgang Sander

Das Verhältnis von Leidenschaft und Rationalität
und seine Bedeutung für theologische und kirchliche
Kommunikation 60
Dietz Lange

Moralisierung

Begründung und Begrenzung des Moralischen 93
Eine Skizze zum Neubau der Sittlichkeit bei
Jesus von Nazareth
Jan Dochhorn

Sakralisierter Moralismus? 146
Versuchungen und Herausforderungen kirchlichen
Handelns heute
Jörg Dierken

Moralische Gewalt 176
Michael Roth

Diffusion der Missionstheologie? 199
Der »Comprehensive Approach« als Moralisierung
von Mission
Henning Wrogemann

Und die Moral von der Geschichte? 214
Kirchengeschichtlicher Religionsunterricht und
sein konstruierter Gegenwartsbezug
Thomas Martin Schneider

Radikalisierung

Rechter und linker Populismus in Kirche
und Theologie als neue Spielart der Versuchung,
davon zu reden, »wonach den Leuten
die Ohren jucken« 239
Hans-Jürgen Abromeit

No Future? 263
Hanna Reichels konstruierte Analogie zwischen
Karl Barth und dem Queertheoretiker Lee Edelman
kritisch analysiert
Jantine Nierop

Verzeichnis der Autorinnen und Autoren 277

Emotionalisierung – Moralisierung – Radikalisierung

Alexander Dietz

1. Einleitung

Emotionalisierung, Moralisierung, Radikalisierung: Diese drei Begriffe hängen eng miteinander zusammen, bilden große Schnittmengen und hätten auch noch durch den Begriff Politisierung ergänzt werden können. Sie werden im gesellschaftlichen, gerade auch im theologischen, Diskurs meist negativ konnotiert verwendet, können aber punktuell auch im neutralen oder positiven Sinn benutzt werden, beispielsweise wenn Emotionalisierung auf Kommunikationskompetenzen oder Marketingexpertise bezogen wird, wenn Moralisierung philosophisch verteidigt wird als gesellschaftlich wünschenswerte Strategie zur Durchsetzung des vermeintlich moralisch Richtigen[1] oder wenn Radikalisierung im Sinne eines radikalen Eintretens für Gleichberechtigung oder radikaler Nachfolge gefordert wird. An dieser Stelle werden die Begriffe jedoch zur Kennzeichnung und Analyse bestimmter aktueller Fehlentwicklungen in Gesellschaft und Wissenschaft im Allgemeinen und in Kirche und Theologie im Besonderen herangezogen. In den letzten Jahren erschienen dazu ein-

---

[1] Vgl. CORINNA MIETH / JACOB ROSENTHAL, Spielarten des Moralismus, in: CHRISTIAN NEUHÄUSER / CHRISTIAN SEIDEL (Hrsg.), Kritik des Moralismus, Berlin 2020, 35–60, 59.

schlägige kritische Publikationen einzelner Theologinnen und Theologen. Exemplarisch seien das im Jahr 2017 erschienene Buch »Für die Vernunft. Wider Moralisierung und Emotionalisierung in Politik und Kirche« von Ulrich Körtner sowie das im Jahr 2022 erschienene Buch »Über kirchliche Propheten mit Tarifvertrag. Plädoyer für eine moralische Abrüstung« von Michael Roth genannt.

2. Emotionalisierung

Emotionalisierung im hier gemeinten Sinne bezeichnet Phänomene einer sich verändernden öffentlichen Kommunikationskultur. Natürlich spielten und spielen Emotionen in Kommunikationsprozessen immer eine Rolle. Nie zählte ausschließlich nur das bessere Argument, schon immer gab es persönliche Empfindlichkeiten oder auch persönliche Angriffe auf Gesprächspartner. Es gibt jedoch die verbreitete Wahrnehmung, dass sich in den letzten zehn Jahren bestimmte Phänomene im Umgang miteinander in der westlichen Welt deutlich verstärkt haben. Diese Wahrnehmung kommt beispielsweise in Umfragen zum Ausdruck, in denen (anders als in früheren Zeiten) die Mehrheit der Befragten nun angibt, aus Angst vor gesellschaftlicher Ausgrenzung in der Öffentlichkeit nicht frei zu sprechen,[2] sich nicht gerne

---

[2] Vgl. INSTITUT FÜR DEMOSKOPIE ALLENSBACH, Die Mehrheit fühlt sich gegängelt, 2021, URL: https://www.ifd-allensbach.de/fileadmin/kurzberichte_dokumentationen/FAZ_Juni2021_Meinungsfreiheit.pdf (Stand: 02.09.2023).

mit Andersdenkenden auszutauschen[3] oder Hasskommentare im Internet wahrzunehmen.[4] Die Veränderungen können unter anderem mit der zunehmenden ökonomischen Spaltung zwischen Globalisierungsgewinnern und Globalisierungsverlierern, mit dem Erstarken eines politischen Populismus von Links und Rechts, mit dem Einfluss sprachverrohender Kommunikationsformen in sozialen Medien, mit einer hohen Dichte existenzieller globaler Krisen und mit dem Siegeszug bestimmter ideologischer Moden an den Hochschulen zusammenhängen.

In der öffentlichen Kommunikation werden Meinungsunterschiede zunehmend emotional codiert durch eine gefühlsbetonte Sprache, die inflationär emotional aufgeladene Begriffe verwendet (z. B. Menschenverachtung), auf undifferenzierte Schwarz-Weiß-Wertungen setzt, Argumente durch Empörungsbezeugungen oder Gefühls-Appelle (»Wir schaffen das«) ersetzt und den Andersdenkenden verteufelt (»Leugner«). Nach Ulrich Körtner wirkt Emotionalisierung als »Brandbeschleuniger der Demokratiekrise«[5]. Wenn der Vorteil der Demokratie gerade darin liegt, Regierungswech-

---

[3] Vgl. ALEXANDER KISSLER, Toleranz lässt sich nicht verordnen, in: NZZ vom 28.07.2022, URL: https://www.nzz.ch/meinung/der-andere-blick/toleranz-die-meisten-deutschen-vermissen-sie-und-haben-recht-ld.1695419?mkt cid =smsh&mktcval=E-mail (Stand: 02.09.2023).

[4] Vgl. LANDESANSTALT FÜR MEDIEN NRW, Hate Speech Forsa-Studie, Düsseldorf 2023, URL: https://www.medienanstalt-nrw.de/file admin/user_upload/NeueWebsite_0120/Themen/Hass/forsa_LF MNRW_Hassrede2023_Praesentation.pdf (Stand: 02.09.2023).

[5] ULRICH KÖRTNER, Für die Vernunft, Leipzig 2017, 23.

sel durch argumentative Überzeugungsarbeit anstelle von Bürgerkrieg zu ermöglichen, wenn also die Demokratie entscheidend vom Austausch der Argumente lebt, stellt die Ersetzung des Arguments durch emotionale Betroffenheit, die auf demokratische Legitimation verzichten zu können glaubt, eine Bedrohung der Demokratie dar. Julian Nida-Rümelin betont, dass es ohne Respekt vor dem Argument, ohne den argumentativen Diskurs und ohne die optimistische Annahme, dass sich Vernunft und Wahrheit langfristig demokratiegefährdenden Bestrebungen, wie Emotionalisierung oder Desinformation, als überlegen erweisen werden, keine Demokratie geben könne.[6]

Die Emotionalisierung der Diskurskultur führt gegenwärtig im Verbund mit einem identitätspolitischen Aktivismus sowie einer radikal konstruktivistischen Weltanschauung zu einer »postkolonial-queer-feministischen Gegenaufklärung«[7] an den Hochschulen. Ohne die vielfach aufgezeigten Ambivalenzen der Aufklärung und die wissenschaftstheoretischen Grenzen der reinen Vernunft zu leugnen, steht eine Verdrängung rationaler Argumente durch einen Absolutismus des Gefühls offensichtlich im Widerspruch zu allem, was Wissenschaft ausmacht. Allzu sorglos werden Wahrheitsansprüche aller Art als vermeintliche Herrschafts-

---

[6] Vgl. JULIAN NIDA-RÜMELIN, Demokratie und Wahrheit, München 2006, 41 und 47 ff.

[7] ALEXANDER ZINN, Gefühlte Wahrheiten. Wie LGBTI-Aktivismus die Wissenschaftsfreiheit bedroht, in: SANDRA KOSTNER (Hrsg.), Wissenschaftsfreiheit (ZfP, Sonderband 10), Baden-Baden 2022, 167–181, 181.

instrumente »alter weißer Männer« dekonstruiert, so dass sich auch eine Unterscheidung zwischen besseren und schlechteren Argumenten letztlich erübrigt. Der Andersdenkende muss nicht mehr argumentativ widerlegt, sondern kann ebenso gut durch den Vorwurf, Gefühle verletzt zu haben, zum Schweigen gebracht werden (Cancel Culture). Die Wissenschaftsfreiheit wird eingeschränkt und das Lehrklima vergiftet, indem Studierende dazu ermutigt werden, sich als Träger von Opferidentitäten zu stilisieren, deren Gefühle permanent davor geschützt werden müssen, durch »Mikroaggressionen« in Form einer Konfrontation mit Unbehagen bereitenden Aussagen (die als rassistisch, transphob usw. stigmatisiert werden) »verletzt« zu werden.[8] Das Ergebnis ist eine infantile und überempfindliche – Odo Marquard spricht vom »Prinzessin-auf-der-Erbse-Syndrom« – »Generation Beleidigt« (Caroline Fourest), die sich selbst als »woke« bezeichnet und für links hält.[9]

Günter Thomas erkennt den emotionalisierenden Zeitgeist auch in der Kirche wieder. Kirchliche Verlautbarungen hätten einen empört-alarmistischen Charakter, Predigten verbreiteten eine »minimalistische Theologie der Krabbelgottesdienste«,[10] während die tatsächlichen Chancen einer

---

[8] Vgl. SANDRA KOSTNER, Hochschulen in den 2020er Jahren. Intellektuelle Vielfalt oder intellektuelle Lockdowns?, in: DIES. (Hrsg.), Wissenschaftsfreiheit (ZfP, Sonderband 10), Baden-Baden 2022, 7–30, 14 ff.

[9] Vgl. NORBERT BOLZ, Der alte weiße Mann, München 2023, 11 ff. und 54 f.

[10] GÜNTER THOMAS, Im Weltabenteuer Gottes leben. Impulse zur Verantwortung für die Kirche, Leipzig 2020, 352.

Kommunikation von Gefühlen im Sinne einer mythischen Religion seit langem vernachlässigt würden. Friedrich Wilhelm Graf formulierte schon vor über zehn Jahren seine Kritik daran, dass in der Kirche »argumentativer Streit, intellektuelle Redlichkeit und theologischer Ernst weithin durch Gefühlsgeschwätz [...] abgelöst«[11] worden seien, die Predigten an Substanz verloren hätten und die christliche Botschaft einer Infantilisierung zum Opfer gefallen sei. Wahrscheinlich erfasst die Wahrnehmung der Infantilisierung einen wesentlichen Hintergrund des Emotionalisierungstrends. So lässt sich die Prägekraft der sündenvergessenen Romantisierung und quasi-religiösen Idealisierung des Kindes im Gefolge der Reformpädagogik unter dem Einfluss Jean-Jacques Rousseaus (und letztlich der spätantiken heidnischen Popularphilosophie) für unser Denken heute wohl kaum überschätzen.

Auch an der wissenschaftlichen Theologie gehen die problematischen Entwicklungen an den geistes-, sozial- und kulturwissenschaftlichen Fakultäten nicht spurlos vorüber. Als Beispiele für einen emotionalisierend-abkanzelnden Umgang mit Vertretern unliebsamer Positionen können die Morddrohungen gelten, die Ralf Frisch 2019 als Reaktion auf einen Aufsatz erhielt, der sich kritisch mit der Klimabewegung auseinandersetzte, oder die massiven Proteste und Störungen anlässlich eines Vortrags von Jantine Nierop an der Theologischen Fakultät der Universität Göttingen 2022, weil sie den Begriff »biologisches Geschlecht« verwendet hatte.

---

[11] FRIEDRICH WILHELM GRAF, Kirchendämmerung, München 2011, 21.

Natürlich haben Gefühle sowohl für den Glauben als auch für Erkenntnisprozesse eine Bedeutung. Wissenschaftliche Theologie muss nicht immer analytisch, sie darf auch hermeneutisch geprägt sein. Dennoch kann sie niemals auf den Anspruch rationaler, intersubjektiver Argumentation, Argumentprüfung und Wahrheitssuche verzichten, denn »der christliche Glaube braucht [...] die denkende Verantwortung seiner Inhalte und Vollzüge«[12] und gerade evangelische Theologie lebt von Fundamentalunterscheidungen, in denen die Logik theologischer Vernunft zum Ausdruck kommt.[13]

Was lässt sich aus dezidiert theologischer Perspektive zur Emotionalisierung im beschriebenen Sinne sagen? Meines Erachtens lässt sie sich als Geringschätzung der Vernunft als göttlicher Schöpfungsgabe an den Menschen problematisieren. Eines der eindrücklichsten theologischen Loblieder auf die menschliche Vernunft finden wir in Martin Luthers Disputation über den Menschen – entgegen dem Vorurteil von Luther als Vernunftverächter. Auch wenn er die Begrenztheit und die sündenbedingte Verführbarkeit der Vernunft bekanntlich deutlich beim Namen nannte, formuliert er hier, dass »die Vernunft die Hauptsache von allem ist und vor allen übrigen Dingen dieses Lebens das Beste und etwas Göttliches. Sie ist die Erfinderin und Lenkerin aller Künste, der Medizin, der Rechtswissenschaft und alles dessen, was in diesem Leben an Weisheit, Macht, Tüchtigkeit und Ruhm von Menschen besessen wird. [...] Sie soll eine Sonne und

---

[12] WILFRIED HÄRLE, Dogmatik, Berlin ⁵2018, 14.
[13] Vgl. KÖRTNER, Vernunft, 93.

eine göttliche Macht sein, gegeben um diese Dinge in diesem Leben zu verwalten. Und auch nach dem Fall Adams hat Gott der Vernunft diese Majestät nicht genommen, sondern vielmehr bestätigt.«[14] Dass die Vernunft im Dienst der menschlichen Bestimmung steht,[15] muss von einer ideologiekritischen Theologie in Zeiten der emotionalisierenden Gegenaufklärung besonders betont werden.

3. Moralisierung

Moralisierung im hier gemeinten Sinne bezeichnet Phänomene einer unangemessenen Ausweitung des Einsatzes sowie eines Missbrauchs von Moral. Von Moralisierung kann gesprochen werden, wenn alle Handlungen in allen Bereichen des gesellschaftlichen Lebens primär unter moralischen Gesichtspunkten bewertet werden, was (beispielsweise in der Politik oder der Kunst) zur Unterwerfung unter sachfremde Gesichtspunkte führen kann. Wenn unterschiedliche Meinungen einseitig unter moralischen Vorzeichen interpretiert werden, sind sie nicht mehr richtig oder falsch, sondern gut oder böse. Auf diese Weise wird Moralisierung einerseits zur selbstgerechten Aufwertung des eigenen Standpunkts und der eigenen Person instrumenta-

---

[14] MARTIN LUTHER, Disputation über den Menschen, in: Lateinisch-Deutsche Studienausgabe, Bd. 1, hrsg. v. WILFRIED HÄRLE, Leipzig 2006, 663–669, 665.

[15] Vgl. WILFRIED HÄRLE, Vertrauenssache. Vom Sinn des Glaubens an Gott, Leipzig 2022, 141.

lisiert[16] und andererseits zur Machtausübung durch Abwertung und Ausgrenzung Andersdenkender. Dabei ist es wichtig, den Begriff der Moralisierung im genannten Sinn einer Fehlentwicklung vom Begriff der Moral als lebensdienlicher und unverzichtbarer Dimension menschlichen Lebens abzugrenzen.

Was hat es für Auswirkungen auf unser gesellschaftliches Miteinander, wenn die Urlaubsreise als Statement der Ignoranz gegenüber dem Klimawandel interpretiert wird, das Tschaikowsky-Konzert als Unterstützung von Putins Angriffs-Krieg, das Indianerkostüm zu Fasching als Verweigerung einer kritischen Auseinandersetzung mit Rassismus und Kolonialismus oder die Fußball-Weltmeisterschaft als Ort zur sexualethischen Positionierung? Insbesondere politische Debatten werden moralisch aufgeladen. Hermann Lübbe wandte sich schon vor einigen Jahrzehnten in seinem gleichnamigen Buch gegen politischen Moralismus, worunter er unter anderem einen moralisierenden Dauerton in der politischen Rhetorik, die politische Selbstermächtigung zum Verstoß gegen geltendes Recht unter Berufung auf eine höhere Moral sowie die Bezweiflung der moralischen Integrität der Argumente des politischen Gegners anstelle einer argumentativen Auseinandersetzung mit diesen versteht.[17] Wenn man eine andere Position nicht nur für falsch, sondern für böse hält, wird man ihr und ihrem Verfechter gegenüber

---

[16] CHANTAL MOUFFE, Über das Politische. Wider die kosmopolitische Illusion, Frankfurt 2007, 96 ff.

[17] Vgl. HERMANN LÜBBE, Politischer Moralismus. Der Triumph der Gesinnung über die Urteilskraft, Berlin 1987, 26 und 120.

umso intoleranter sein, das heißt ihn und alle, die sich nicht von ihm distanzieren, ausgrenzen. Eine Verständigung ist nicht mehr möglich, ebenso wenig eine sachlich-differenzierte Auseinandersetzung mit komplexen politischen Fragen. Kai Funkschmidt bringt es auf den Punkt: »Wer überzeugt ist, den Weltuntergang abwenden zu müssen, kann keinen Kompromiss mehr gutheißen und sieht den demokratisch legitimierten politischen Gegner als Feind, als Hindernis bei der Verwirklichung des summum bonum.«[18]

Vertreter eines solchen Moralismus sind bestrebt, den Wissenschaftsbetrieb zur Inszenierung von Wissenschaftlichkeit bestimmter moralischer Positionen zu instrumentalisieren und ihn als Voraussetzung dafür zu moralisieren. Wissenschaftler mit dem Selbstverständnis politischer Aktivisten, nicht nur in der Migrations- oder Genderforschung, betrachten Forschung und Lehre in erster Linie als Instrumente zur Gestaltung der Gesellschaft nach ihren moralischen Vorstellungen. »Nicht agendakonforme Forschung und Lehre wird mit dem wissenschaftsfremden Mittel der moralischen Diskreditierung delegitimiert.«[19] Ökonomische Abhängigkeitsstrukturen (beispielsweise Forschungsgelder, leistungsabhängige Gehaltsanteile, befristete Beschäftigungsverhältnisse), die im Zuge der Ökonomisierung der Wissenschaft in den letzten Jahrzehnten an Bedeutung ge-

---

[18] Kai Funkschmidt, Wer rettet die Welt? Heilsversprechen in der Umwelt- und Klimabewegung, in: Detlef Hiller / Daniel Strass (Hrsg.), Morphologie der Übermoral. Zum Moralismus in gesellschaftlichen und theologischen Debatten, Leipzig 2023, 163–188, 186.

[19] Kostner, Hochschulen, 7.

wannen, führen dazu, dass sich kaum ein Wissenschaftler dem gegenwärtigen »woke turn« in seinem Gebiet widersetzt. Sowohl der Deutsche Hochschulverband[20] als auch die Konrad-Adenauer-Stiftung[21] haben in den letzten Jahren ihre Sorgen zum Ausdruck gebracht angesichts der an Hochschulen verbreiteten ideologischen Diskursverweigerung sowie Stigmatisierung abweichender wissenschaftlicher Meinungen als unmoralisch.

Die Kirche nutzte in ihrer Geschichte häufig ihre Macht zum Moralisieren aus. Seit der Aufklärung wurde Religion programmatisch moralisch gedeutet und Theologie in moralische Kategorien übersetzt. Allerdings stellte die Botschaft von der supramoralischen Liebe und Gnade immer wieder ein inhärentes Korrektiv dar. Im Zuge der Säkularisierung beerbte die Moral teilweise die Religion. Friedrich Nietzsche formulierte pointiert: »Wer Gott fahren ließ, hält umso strenger am Glauben an die Moral fest.«[22] Anstatt die – nun gnadenlos gewordene – säkulare Moralisierung zu transzendieren, übernimmt die gegenwärtige Kirche diese und radikalisiert sie sogar noch. Sie setzt »sich an die Spitze des Moralisierungstrends«[23] unter Inkaufnahme der Gefahr, ihre

---

[20] Vgl. o. V., Resolution des 67. Deutschen Hochschulverbands-Tages vom April 2017, in: Forschung und Lehre 5/2017, 404f.
[21] Vgl. KONRAD ADENAUER STIFTUNG (Hrsg.), Wissenschaftsfreiheit. Argumente für mehr Rücksicht auf ein gefährdetes Grundrecht, Berlin u. a. 2017, 17f.
[22] FRIEDRICH NIETZSCHE, Der Wille zur Macht, Stuttgart ¹³1996, 19.
[23] MICHAEL ROTH, Über kirchliche Propheten mit Tarifvertrag. Plädoyer für eine moralische Abrüstung, Stuttgart 2022, 13.

wesentliche Botschaft zu verschleiern oder sogar zu konterkarieren. Darum wirft Hans Joas der Kirche vor, eine reine Moralagentur geworden zu sein, und plädiert dafür, dass die Kirche sich wieder auf ihre eigentliche theologische Bedeutung besinnen sollte.[24] Diese Kritik löste eine theologische Debatte zum Stellenwert moralischer Kommunikation innerhalb der Kirche aus. Nicht selten lässt die Kirche sich im Sinne eines politischen Moralismus instrumentalisieren, indem sie politische Konflikte zu moralischen erklärt und dabei bestimmte moralische Positionen sakral überhöht, dadurch eine bestimmte Parteipolitik (nämlich eine rot-grüne, wie empirisch nachgewiesen wurde[25]) religiös auflädt, mit einem unbedingten Wahrheitsanspruch versieht und quasi lehramtlich zum Gegenstand eines status confessionis erklärt.

Auch theologische Wissenschaft lässt sich im Sinne eines politischen Moralismus instrumentalisieren und unternimmt zu wenig gegen eine Gefährdung der intellektuellen Redlichkeit sowie Freiheit des wissenschaftlichen Diskurses durch Moralisierung. Dietz Lange beobachtet für den Bereich der Theologie einen neuen versteckten Dogmatismus auf der Basis der so genannten political correctness. Unter selbstgerechter Inanspruchnahme religiöser Autorität für

---

[24] Vgl. HANS JOAS, Kirche als Moralagentur?, München 2016.
[25] Vgl. DANIEL THIEME / ANTONIUS LIEDHEGENER, »Linksaußen«, politische Mitte oder doch ganz anders? Die Positionierung der Evangelischen Kirche in Deutschland (EKD) im parteipolitischen Spektrum der postsäkularen Gesellschaft, in: Politische Vierteljahresschrift 56 (2015), 240-277.

moralische Fragen wird Sprache zensiert, werden Andersdenkende diskreditiert (bevorzugt unter Instrumentalisierung der deutschen Geschichte) und werden undifferenzierte, teilweise ideologische Positionen als alternativlos behauptet.[26]

Was lässt sich aus dezidiert theologischer Perspektive zur Moralisierung im beschriebenen Sinne sagen? Einmal mehr erweist sich Dietrich Bonhoeffer als überraschend aktuell, wenn er theologisch fordert, das Moralische auf seine bestimmte Zeit und seinen bestimmten Ort zu begrenzen, damit es nicht zu einer Fanatisierung, einer gänzlichen Moralisierung des Lebens komme, welche uns zu Heuchlern und Quälgeistern mache und sowohl die tatsächliche unbedingte ethische Forderung als auch das Evangelium vernebele.[27] Wenn Moral zur religiösen Übung wird, um sich Anerkennung zu verschaffen, sich selbstgerecht zu inszenieren und seine Rechtfertigung selbst in die Hand zu nehmen, verdunkelt sie die Evangeliumsbotschaft. Moralisierung bedeutet theologisch, dass das Gesetz zum Evangelium gemacht wird. Aber Moral kann nicht erlösen. Die Unterscheidung von Gesetz und Evangelium als Kern reformatorischer Theologie stellt nicht den ethischen Anspruch in Frage, der aus dem christlichen Glauben folgt, aber sie hält an der grundlegenden Einsicht fest, ohne die die christliche Botschaft bis zur Unkenntlichkeit verfälscht würde, dass »das Evangelium insofern transmoralisch [ist], als es den Menschen neu in die

---

[26] Vgl. DIETZ LANGE, Political correctness – Ideologie – Dogmatismus, in: ZThK 114 (2017), 440–470, 444 ff.
[27] Vgl. DIETRICH BONHOEFFER, Ethik, München 1985, 281 ff.

Beziehung zu Gott versetzt, so dass er aus der Erfahrung und Gewissheit lebt, dass die eigene Existenz nicht im eigenen Handeln gründet und nicht in diesem ihren letzten Sinn findet.«[28] Auf dieser Grundlage müssten nach Ulrich Körtner Kirche und Theologie »der Tyrannei des moralischen Imperativs«[29] Einhalt gebieten, sowohl im Sinne einer Entmoralisierung der Theologie und des Evangeliums, als auch im Sinne einer Entmoralisierung gesellschaftlicher Diskurse – sonst bleiben sie »der Gesellschaft den wichtigsten Beitrag schuldig, den sie leisten«[30] können.

4. Radikalisierung

Radikalisierung im hier gemeinten Sinne bezeichnet eine Zunahme ethischer und politischer Positionen und Haltungen, die den Menschen und die Gesellschaft von Grund auf, von der Wurzel her verändern möchten, um einen Heilszustand ideologischen, teils totalitären Charakters herzustellen, und dabei intolerant und kompromisslos, mit Rücksichtslosigkeit und Härte vorzugehen bereit sind.

Gefördert wird die Radikalisierung durch einen Trend zur gesellschaftlichen Fragmentierung, der seit etwa zehn Jah-

---

[28] ULRICH KÖRTNER, Moralisierung und Entmoralisierung des christlichen Glaubens, in: JOCHEN SAUTERMEISTER (Hrsg.), Kirche – nur eine Moralagentur? Eine Selbstverortung, Freiburg 2019, 97–116, 105.
[29] KÖRTNER, Vernunft, Leipzig 2017, 6.
[30] A. a. O., 100.

ren noch an Dynamik gewonnen hat und durch Ökonomisierungsphänomene ebenso befördert wird wie durch Politisierungs- und Moralisierungsphänomene. Insbesondere identitätspolitische Ansätze von Links und Rechts forcieren eine Zersplitterung der Gesellschaft in viele Subkulturen und selbstgewählte Nischen, die sich voneinander abschotten, sich gegenseitig verteufeln und so eine Erosion des gesellschaftlichen Zusammenhalts bewirken. Neue technische Möglichkeiten, wie die automatische Ausfilterung von Informationen, die dem eigenen Weltbild widersprechen, durch individualisierte Suchmaschinen-Algorithmen (Filterblasen-Effekt) oder die Ausgrenzung von Personen, die das eigene Weltbild nicht bestätigen, per Mausklick aus virtuellen sozialen Netzwerken (Echokammer-Effekt), verstärken diese destruktive gesellschaftliche Fragmentierung weiter. Nach einer Umfrage der Friedrich-Ebert-Stiftung, die 2023 erschienen ist, vertrauen 54 Prozent der Menschen in Deutschland der Demokratie nicht mehr, 75 Prozent nehmen einen Rückgang des gesellschaftlichen Zusammenhalts wahr (als Gründe werden insbesondere Egoismus, Social Media und politischer Extremismus genannt), 54 Prozent glauben an mindestens eine Verschwörungstheorie. Die überwiegende Mehrheit nimmt starke Konflikte zwischen gesellschaftlichen Gruppen wahr, beispielsweise zwischen Befürwortern und Gegnern von Coronamaßnahmen, hoher Zuwanderung oder strengen Klimaschutzmaßnahmen.[31]

---

[31] Vgl. VOLKER BEST u. a., Demokratievertrauen in Krisenzeiten. Wie blicken die Menschen in Deutschland auf Politik, Institutionen und Gesellschaft?, Bonn 2023, URL: https://library.fes.de/pdf-

Auch in der Wissenschaft sind Echokammern entstanden, in denen immer radikalere Positionen entwickelt werden. Barbara Holland-Cunz charakterisiert beispielsweise ihr Fachgebiet, die Genderforschung, folgendermaßen: »Die sektenförmige Struktur erzeugt nach außen hin eine ausgeprägte Hermetik und nach innen eine Atmosphäre der zirkulären Selbstaffirmation.«[32] Die wachsende Intoleranz gegenüber anderen Positionen, verbunden mit einer ideologischen Reinheitsdoktrin, hat »ein Klima der intellektuellen Unfreiheit hervorgebracht [und] zeigt sich unter anderem an der Aggressivität, mit der die Absage von Veranstaltungen mit [inopportunen] Gastrednern gefordert wird«[33]. Die Leitungsebenen an den Hochschulen beugen sich meist dem Druck, da sie selbst Angst davor haben, ins Visier von aggressiven Aktivisten zu geraten, deren Ziel die moralische Diskreditierung ist.[34]

Die EKD hat sich in ihrem Impulspapier »Konsens und Konflikt: Politik braucht Auseinandersetzung« von 2017 mit der Verrohung der gesellschaftlichen Streitkultur und der daraus resultierenden Gefährdung der Demokratie auseinandergesetzt. Das Impulspapier benennt die kirchliche Verantwor-

---

files/pbud/20287-20230505.pdf (Stand: 07.09.2023), 17, 41 ff. und 53.

[32] BARBARA HOLLAND-CUNZ, Affiziert von den aktivistischen Anfängen. Zum Verhältnis von Wissenschaft und Politik in der Konstitutionsphase der Gender-Studies, in: SANDRA KOSTNER (Hrsg.), Wissenschaftsfreiheit (ZfP, Sonderband 10), Baden-Baden 2022, 147–164, 164.

[33] KOSTNER, Hochschulen, 8.

[34] A. a. O., 13.

tung, zur Stärkung des demokratischen Gemeinwesens und der demokratischen Diskurskultur beizutragen. Immerhin wird auch selbstkritisch gefragt, ob nicht auch innerhalb der Kirchen »manche in politischen Diskursen vertretene moralische Überzeugung als eine Stigmatisierung anderer Positionen verstanden werden kann und damit den Abbruch der demokratischen Auseinandersetzung mit sich bringt, anstatt die Demokratie zu stärken«[35]. Manche Kritiker werfen der EKD noch deutlicher vor, dass sie sich zu unkritisch dem Zeitgeist unterwerfe, indem sie sich einseitig radikale politische Positionen, meist erkennbar grüne, zu eigen mache und sie jeweils zu den einzig evangeliumsgemäßen erkläre. Häufig genannt werden in diesem Zusammenhang das EKD-Rettungsschiff sowie die uneingeschränkte Solidarisierung mit Fridays for Future und der Klimaaktivistengruppe Letzte Generation.[36] Wie sollen Kirchenmitglieder reagieren, wenn kirchliche Institutionen sich einerseits mit radikalen politischen Aktivisten solidarisieren und andererseits aktiv zur Ausgrenzung Andersdenkender beitragen? Günter Thomas fragte die Präses der EKD-Synode Anna-Nicole Heinrich in einem offenen Brief: »Soll ich einfach schweigen? Soll ich mich irgendwie fügen und unterordnen? Legen Sie mir nahe, die Evangelische Kirche zu verlassen?«[37]

---

[35] EVANGELISCHE KIRCHE IN DEUTSCHLAND (Hrsg.), Konsens und Konflikt: Politik braucht Auseinandersetzung. Zehn Impulse der Kammer für Öffentliche Verantwortung der EKD zu aktuellen Herausforderungen der Demokratie in Konsens und Konflikt, Hannover 2017, 28.

[36] Vgl. THOMAS MARTIN SCHNEIDER, Kirche ohne Mitte? Perspektiven in Zeiten des Traditionsabbruchs, Leipzig 2023, 68 ff. und 163.

[37] GÜNTER THOMAS, Offener Brief vom 18. 11. 2022, URL: http://www.

Die theologische Wissenschaft steht als Geisteswissenschaft im Zentrum der woken Radikalisierung an den Hochschulen. Die Lehrenden verhalten sich überwiegend angepasst. Die früher geschätzte Vielfalt theologischer Ansätze und Überzeugungen ist einer weitgehenden Homogenität gewichen. Die radikalen Forderungen werfen theologische, hochschulpolitische und wissenschaftsethische Fragen auf: Befinden wir uns tatsächlich in einem ökologisch-politischen Ausnahmezustand, in dem auch theologische Wissenschaft ihre bisherigen Grundlagen infrage stellen und sich radikalisieren muss? Wer definiert nach welchen Kriterien, welche Methoden und Positionen in den verschiedenen theologischen Disziplinen künftig als vermeintlich indiskutabel zu gelten haben bzw. Studierenden nicht zugemutet werden dürfen?

Was lässt sich aus dezidiert theologischer Perspektive zur Radikalisierung im beschriebenen Sinne sagen? Nach Dietrich Bonhoeffer lässt sich Radikalität als theologisch unangemessener Versuch deuten, die Spannung von Vorletztem und Letztem im christlichen Leben aufzulösen. Hinter Radikalität steht, so Bonhoeffer, Hass auf das Vorletzte, auf das Bestehende, auf die Schöpfung. Demgegenüber müsse das Vorletzte um des Letzten willen gewahrt bleiben, da die Erlösung des Menschen seine Erhaltung voraussetze.[38] Ähnliche theologische Einsichten bewegten schon Martin Luther zu seiner Polemik gegen den radikalen Flügel der Reforma-

---

ev.ruhr-uni-bochum.de/mam/systheol/downloads/thomas_offener_brief_pr%C3%A4ses_heinrich_18.nov.2022.pdf (Stand: 08. 09. 2023).

[38] Vgl. BONHOEFFER, Ethik, 135 ff. und 143.

tion, die so genannten Schwärmer. Eines der Kennzeichen dieser Gruppen war eine Betonung der Ethik, verbunden mit den Ansprüchen einer Sammlung der wahren Christen in der Kirche sowie einer Errichtung des Reiches Gottes auf Erden. Neben den Tendenzen zur Werkgerechtigkeit sowie zu einer Vergesetzlichung des Evangeliums ignoriert der Versuch einer Errichtung des Reiches Gottes auf Erden den eschatologischen Vorbehalt, also die Unterscheidung von Vorletztem und Letztem, sowie die Unterscheidung zwischen dem Werk Gottes und dem Werk der Menschen. Die Möglichkeiten des Menschen werden überschätzt, weil die Macht der Sünde nicht ernst genug genommen wird.[39] An radikalen ethischen oder politischen Ansätzen, die mit dem Charakter von Heilslehren die Sünde überwinden und einen innerweltlichen Heilszustand herstellen möchten, muss aus theologischer Sicht Ideologiekritik bzw. Götzenkritik geübt werden, denn sie nehmen das Vorletzte und die Sünde nicht ernst genug.

---

[39] Vgl. ALEXANDER DIETZ, Staatsvergessenheit als Ausdruck von Sündenvergessenheit? Zur Gefahr des »Schwärmertums« für die evangelische politische Ethik, in: DERS. u. a., Wiederentdeckung des Staates in der Theologie, Leipzig 2020, 29–65, 53 ff.

Emotionalisierung

Wokeness als Quasi-Religion
Die Wokeness-Bewegung als Herausforderung für Gesellschaft, Politik und Kirche

Wolfgang Sander

»Stay woke«, lautet ein Slogan in der afroamerikanischen Black-Lives-Matter-Bewegung. Aber der Begriff ist schon älter als diese vor rund zehn Jahren in den USA entstandene Bewegung: »Der Ausdruck *stay woke* ist zum ersten Mal 1938 in dem Lied *Scottsboro Boys* des großen Bluesmusikers Leadbelly belegt. Gewidmet war es neun schwarzen Teenagers, deren Hinrichtung wegen Vergewaltigungen, die sie nie begangen hatten, erst durch jahrelange internationale Proteste verhindert werden konnte.«[1]

Woke meint erwacht oder wachsam sein, bezogen auf soziale Ungerechtigkeiten. Vom Entstehungskontext her bezog sich dies zunächst auf Benachteiligung schwarzer Menschen in den USA. Inzwischen hat sich die Forderung nach Wokeness auf viele weitere tatsächliche oder wahrgenommene Formen von sozialer Ungerechtigkeit ausgeweitet und ist von den USA auch in andere westliche Gesellschaften ausgewandert, so auch in das westliche Europa. Nicht die Aufmerksamkeit für soziale Ungerechtigkeit selbst ist es, die die Wokeness-Bewegung zu einer Herausforderung im Sinn einer problematischen Entwicklung für Gesellschaft, Politik und

---

[1] Susan Neiman, Links ist nicht woke, Berlin 2023, 10.

Kirche macht. Zu einer solchen Herausforderung ist diese Bewegung durch ihre weltanschaulichen Hintergründe und ihre politischen Strategien geworden.

Sowohl die Erscheinungsformen dieser Bewegung als auch Risiken und Gefahren, die sie für das gesellschaftliche Zusammenleben und die politische Kultur mit sich bringt, sind inzwischen vielfach und mit zahlreichen Fallbeispielen dokumentiert sowie kritisch analysiert worden, und zwar sowohl aus konservativer und liberaler als auch aus politisch linker Perspektive.[2] Dies soll daher an dieser Stelle nur sehr summarisch angesprochen werden. Der Schwerpunkt des vorliegenden Beitrags soll auf der Frage liegen, ob und in welcher Weise die mit dieser Bewegung verbundenen Herausforderungen eine quasi-religiöse Dimensionen haben, wie sich dies zu einer Vielzahl anderer quasi-religiöser Phä-

---

[2] Vgl. außer NEIMAN, Links, vor allem PASCAL BRUCKNER, Ein nahezu perfekter Täter. Die Konstruktion des weißen Sündenbocks, Berlin 2021; JAN FEDDERSEN / PHILIPP GESSLER, Kampf der Identitäten. Für eine Rückbesinnung auf linke Ideale, Berlin 2021; ULRIKE ACKERMANN, Die neue Schweigespirale. Wie die Politisierung der Wissenschaft unsere Freiheit bedroht, Darmstadt 2022; HELEN PLUCKROSE / JAMES LINDSAY, Zynische Theorien. Wie aktivistische Wissenschaft Race, Gender und Identität über alles stellt – und warum das niemandem nutzt, München 2022; ALEXANDER MARGUIER / BEN KRISCHKE (HRSG.), Die Wokeness-Illusion. Wenn Political Correctness die Freiheit gefährdet, Freiburg 2023; WOLFGANG SANDER, Zwischen Mündigkeit, Kritik und Identität. Perspektiven politischer Bildung, Frankfurt/M. 2023, 62–77; YASCHA MOUNK, Im Zeitalter der Identität. Der Aufstieg einer gefährlichen Idee, Stuttgart 2024; SUSANNE SCHRÖTER, Der neue Kulturkampf. Wie eine woke Linke Wissenschaft, Kultur und Gesellschaft bedroht, Freiburg 2024.

nomene aus den letzten Jahrhunderten in Beziehung setzen lässt und welche Konsequenzen daraus für den Umgang mit dieser Bewegung gezogen werden können.

1. Merkmale und Dimensionen der Wokeness-Bewegung

Die Bezeichnung Wokeness muss als vorläufig bezeichnet werden, weil es an einer theoretisch gehaltvollen und empirisch hinreichend breit fundierten Analyse dieser Bewegung noch mangelt. Daher sind für die in Rede stehende Bewegung auch andere Bezeichnungen verwendet worden, so etwa kulturalistische Linke oder linke Identitätspolitik oder in den USA auch Wortverbindungen mit »Social Justice« (Movement, Warriors, Theories). Ähnlich wie die Protestbewegung der 1960- und 1970er-Jahre handelt es nicht um eine einheitliche, von einer gemeinsamen Organisation zentral gesteuerte Bewegung. Entsprechend hat sie keine klar bestimmten Grenzen und definierten Zugehörigkeiten, und die sie prägenden ideologischen Merkmalen können bei mit ihr sympathisierenden Menschen unterschiedlich intensiv wirksam sein.

Welche Vorstellungen kennzeichnen nun das woke Weltverstehen? Zentral für diese Bewegung ist der Kampf gegen *Diskriminierungen* unterschiedlichster Art. Da diese als Ausdruck von Machtstrukturen interpretiert werden, versteht sich die Wokeness-Bewegung als *machtkritisch* in einem umfassenden, das gesamte gesellschaftliche Leben umgreifenden Sinne. Dabei gilt die besondere Aufmerksamkeit sich überschneidenden Diskriminierungen, die als *intersektional* bezeichnet werden. Diskriminierungen dienten, so wird unterstellt, der Verteidigung von *Privilegien*, für deren Beseitigung gekämpft wird. Macht wiederum zeige sich heute weniger in formalisierter und institutionalisierter Form, sondern sehr viel subtiler in *Diskursen* in Sinne von *sprachlichen* Ordnungen, in und mit denen *Normalitätsvorstellungen* etabliert und durchgesetzt würden. Im Wesentlichen richtet sich der Kampf der Wokeness-Bewegung daher auch nicht oder zumindest nicht primär gegen materielle Benachteiligungen und manifeste Unterdrückungen, sondern gegen vorherrschende symbolische, also kulturelle Ordnungen im weitesten Sinn. Daher kommen die bekannten Konflikte um Wörter und Grammatik, um Kinderliteratur und wissenschaftliche Lektüre in Universitätsseminaren, um Denkmäler und Straßennamen, um Kleidung und Musik.

Die Liste der auf diesem Weg zu bekämpfenden Formen diskriminierender Machtstrukturen wurde immer länger: Rassismus (in einem extrem weit verstandenen Sinn, der auch Kritik am Islam als »antimuslimischen Rassismus« einschließt), Sexismus (der schon beim Widerstand gegen s. g. Gendersternchen beginnen kann), kulturelle Aneignung (z. B. Indianerspiele), Homophobie, Transfeindlichkeit, Klassismus, Adultismus, Ableismus, Bodyismus, Lookismus, Linguizismus, Speziesismus ... Wesentlich bei der Bestimmung von Diskriminierungen sind in der Wokeness-Bewegung nicht verallgemeinerbare, einer Überprüfung durch unabhängige Dritte zugängliche Kriterien, sondern die Perspektiven von Betroffenen – die in der Praxis allerdings oftmals von selbsternannten aktivistischen Repräsentanten artikuliert werden. Wesentlich ist auch das Verständnis von Menschen, die ein bestimmtes Merkmal teilen, an dem die Wokeness-Bewegung die Bestimmung einer Diskriminierungsform festmacht, als *Opfergruppe*, deren Opferstatus eine gemeinsame Identität begründe. Woke Aktivisten nehmen häufig in Anspruch, für eine solche Gruppe zu sprechen, um Repräsentanz in Öffentlichkeit, Institutionen und einflussreichen Berufen zu fordern. Dies geschieht oftmals in einer hochgradig *moralisch* aufgeladenen Sprache, der es weder um analytisch präzise Argumentation noch um klare – aber auch verhandlungs- und kompromissfähige – Vertretung von Interessen geht. Stattdessen werden Betroffenheit betont und *emotionalisierte* Konfrontation gesucht – »Generation Beleidigt« hat daher die feministische Publizistin Caroline Fourest ihre einschlägige Fallsammlung betitelt.[3]

Letztlich zielt die Wokeness-Bewegung darauf ab, in den symbolischen Ordnungen der modernen Gesellschaft, in Sprache, Bildung, Medien, Kultur und Wissenschaften, Hegemonie zu erlangen mit dem Anspruch, auf diesem Weg eine neue gesellschaftliche Wirklichkeit zu schaffen. Die bestehende Wirklichkeit der westlichen Gesellschaften erscheint in der woken Wahrnehmung als von allgegenwärtigen Diskriminierungsstrukturen bestimmt – eine Wahrnehmung, die diesen Gesellschaften weder im historischen noch im globalen Vergleich gerecht wird. Diese Wahrnehmung wirkt wie eine Aktualisierung des Tocquevilleschen Parado-

---

[3] CAROLINE FOUREST, Generation Beleidigt. Von der Sprachpolizei zur Gedankenpolizei – Über den wachsenden Einfluss linker Identitärer, Berlin 2020.

xons. Alexis de Tocqueville schrieb 1840 in seinem Buch »Über die Demokratie in Amerika« über seine dortigen Erfahrungen: »Der Hass, den die Menschen gegenüber Privilegien empfinden, wächst im Verhältnis zur Abnahme dieser Privilegien, so dass die demokratischen Leidenschaften am heftigsten zu lodern scheinen, wenn sie am wenigsten Brennmaterial haben.« Nicht nur, aber gerade auch am Beispiel der Bundesrepublik Deutschland ließe sich leicht zeigen, dass im Verlauf der letzten 75 Jahre von der Wokeness-Bewegung skandalisierte Benachteiligungen durchweg rechtlich wie faktisch massiv an Relevanz *verloren* haben. Aber die Ähnlichkeit mit Tocquevilles Eindrücken von den USA des 19. Jahrhunderts ist wohl auch nicht ganz zufällig; darauf wird weiter unten noch zurückzukommen sein.

2. French Theory: Theoriebezüge und Aktivismus

Zunächst soll jedoch, ebenfalls in kursorischer Weise[4], auf akademische Theorien respektive Theoriefamilien verwiesen werden, auf die die Wokeness-Bewegung direkt oder indirekt Bezug nimmt. Ohne solche Bezüge wäre die große Resonanz nicht verstehbar, auf die diese Bewegung auch in den Wissenschaften gestoßen ist, vor allem in den geistes-, kultur- und sozialwissenschaftlichen Fächern.

---

[4] Vgl. auch SANDER, Mündigkeit, 43–48; WOLFGANG SANDER, Bildung. Ein kulturelles Erbe für die Weltgesellschaft, Frankfurt/M. 2018, 77–85; sowie ausführlicher die oben genannten Bücher von PLUCKROSE / LINDSAY und MOUNK.

Seit den 1980er-Jahren entstanden an Hochschulen in den USA eine Reihe neuer »Studies«, die bis heute zentrale Referenzen für die Wokeness-Bewegung darstellen. Zu nennen sind in erster Linie die Postcolonial Studies, die Critical Race Theory und die Gender Studies. Deren gemeinsame Theoriereferenz bilden – neben Bezügen auf ältere Traditionen des Marxismus – Arbeiten französischer Philosophen, die gemeinhin als postmodern oder poststrukturalistisch klassifiziert und in den USA oft als *French Theory* bezeichnet werden. Hier wiederum sind es vor allem die Grundthesen von drei Philosophen, die über die Philosophie hinaus starke Wirkungen erzielen konnten. Jacques Derrida löste die Bindung der Sprache an eine außersprachliche Wirklichkeit auf und betrachtet sie als selbständiges Zeichensystem, in dem sich Wörter nur auf andere Wörter beziehen. Jean-François Lyotard verkündete das Ende der großen Erzählungen, also etwa des Marxismus, des Christentums oder der Aufklärung. Die stärkste Wirkung im hier in Rede stehenden Zusammenhang entfaltete Michel Foucault. Er analysierte Machtstrukturen in der Moderne mit dem Ergebnis, dass Macht zentrumlos und anonym, aber allgegenwärtig geworden sei. Macht werde nicht mehr primär über Disziplinierungen durchgesetzt, sondern internalisiert, über Selbstdisziplinierung und vor allem über sprachliche Ordnungen, über die bereits angesprochenen Diskurse. Alle kulturellen Ordnungssysteme, auch die Wissenschaften, ja selbst das Verständnis des Menschen als Subjekt, sind hiernach lediglich Dispositionen einer machtförmigen Vergesellschaftung und haben keinerlei davon unabhängigen Geltungsanspruch. Wahrheit, Vernunft und universalistische Moralvorstellungen sind hiernach ebenfalls nichts anderes als Ausdruck einer spezifischen, von Macht geprägten Disposition, genauer gesagt: der europäischen Moderne, und können keinen verallgemeinerbaren Geltungsanspruch erheben.

Diese Philosophie war zutiefst skeptisch und kulturrelativistisch. Viele Arbeiten aus diesem Feld sind anspruchsvoll, intellektuell anregend und oft von einer melancholischen Grundstimmung geprägt. Allerdings bleiben sie im Kern *negative Theorien* in dem Sinn, dass sie bestimmte Entwicklungen der modernen Gesellschaft kritisch analysieren, aber keine konkrete alternative politische Programmatik entwickeln wollten. Das änderte sich erst mit deren Rezeption als French Theory in den USA. Hier richtete sich das Interesse der bereits erwähnten »Studies« von Anfang an darauf, politisch handlungswirksam zu werden. So heißt es beispielsweise in der wichtigsten Grundlagenschrift der Critical Race Theory: »Unlike some other academic disciplines, critical race theory contains an activist dimension.«[5]

Damit stellte sich allerdings das Problem, wie Wissenschafts- und Handlungsorientierung mit Blick auf postmoderne Theorien in Einklang miteinander zu bringen wären, wie man also das »Nichtanwendbare anwenden«[6] können soll. Die Konsequenz war und ist die Fixierung auf den Bereich, in dem Foucault die Macht ansiedelte: auf die *Diskurse* im oben angesprochenen Sinn.

---

[5] RICHARD DELGADO / JEAN STEFANCIC, Critical Race Theory. An Introduction, New York ³2017, 8.
[6] PLUCKROSE/LINDSAY, Zynische Theorien, 54.

Freilich veränderte sich damit der Status der postmodernen Referenztheorien. »Wollten die französischen postmodernen Sozialphilosophen damals vornehmlich beobachten, waren ihnen Ironie und Sprachspiele eigen, so geht es den Vertretern der Critical Social Justice Theories heute ausdrücklich um die Verbindung von Theorie und Aktivismus – und dies in rigider, militanter und gänzlich unironischer Weise.«[7] Oder anders: »Der angewandte Postmodernismus hat sich verdinglicht – und er ist zu *der* Wahrheit gemäß der Social-Justice-Bewegung geworden.«[8] Diese Wahrheit wird nun in der Wokeness-Bewegung nicht selten ohne jede Offenheit für gegenteilige Ansichten oder auch nur Bereitschaft zu sachlicher Diskussion vertreten. Was aus der Sicht von Aktivisten vielfach zählt, ist entweder durch Zugehörigkeit zu einer diskriminierten Gruppe und somit als Opfer das Recht zu erwerben, über diese Diskriminierung sprechen zu dürfen, oder aber zumindest auf der richtigen Seite zu stehen, also, in der woken Terminologie, *Ally* zu sein. Theoretische Konsistenz wird dann in der Regel dieser Konfrontationsstrategie untergeordnet. Das führt in der woken Praxis zu teilweise bizarren Konsequenzen und Widersprüchen.[9] Zugleich bekommt damit das politische Denken in dieser

---

[7] ACKERMANN, Schweigespirale, 129.
[8] PLUCKROSE/LINDSAY, Zynische Theorien, 72.
[9] Vgl. dazu am Beispiel der woken Rassismuskritik SANDER, Mündigkeit, 67–72, sowie ausführlicher die gründliche Aufarbeitung dieses Problemkomplexes bei INGO ELBE u. a. (Hrsg.), Probleme des Antirassismus. Postkoloniale Studien, Critical Whiteness und Intersektionalitätsforschung in der Kritik, Berlin 2022.

Bewegung einen manichäischen Zug: Die Welt teilt sich in Richtig und Falsch, Gut und Böse. Dies führt nun zu der Frage, ob und in welcher Weise die Wokeness-Bewegung als quasi-religiöses Phänomen verstanden werden kann.

3. Der quasi-religiöse Charakter der Wokeness-Bewegung

Die Beantwortung dieser Frage setzt Klarheit darüber voraus, was unter *quasi-religiös* verstanden werden soll und wie sich Quasi-Religionen von Religionen unterscheiden lassen. Da die überaus weite Diskussion zu diesem Problemfeld hier nicht aufgearbeitet werden kann[10], muss an dieser Stelle eine Begriffsklärung im Sinne einer Positionierung in diesem Diskursfeld genügen.

Zur Bestimmung von Religion erscheint ein doppelter Zugang als hilfreich – zum einen von den Fragen aus, auf die sie antwortet, und zum anderen von einer soziologischen Unterscheidung zwischen religiöser von nicht-religiöse Kommunikation her. Die Fragen, auf die Religionen antworten,

---

[10] Einen begriffsgeschichtlich angelegten Überblick gibt Lina Rodenhausen, »Ersatz-/Quasi-Religion«. Zur Historisierung einer religionswissenschaftlichen Analysekategorie, in: Zeitschrift für junge Religionswissenschaft 15 (2020), URL: http://journals.openedition.org/zjr/1303 (Stand: 6. 3. 2024). Da die Autorin jedoch einem poststrukturalistischen Zugang folgt und begriffliche Unterscheidungen nur als machtgeprägte »hegemoniale Schließungen« verstehen kann, kommt sie am Ende nicht zu einem produktiv weiterführenden Ergebnis.

hat das Zweite Vatikanische Konzil in der Erklärung »Nostra Aetate« so formuliert: »Die Menschen erwarten von den verschiedenen Religionen Antwort auf die ungelösten Rätsel des menschlichen Daseins, die heute wie von je die Herzen der Menschen im tiefsten bewegen: Was ist der Mensch? Was ist Sinn und Ziel unseres Lebens? Was ist das Gute, was die Sünde? Woher kommt das Leid, und welchen Sinn hat es? Was ist der Weg zum wahren Glück? Was ist der Tod, das Gericht und die Vergeltung nach dem Tode? Und schließlich: Was ist jenes letzte und unsagbare Geheimnis unserer Existenz, aus dem wir kommen und wohin wir gehen?«[11] Es geht also bei Religion um Antworten auf existenzielle Fragen, die sich aufgrund der Endlichkeit des Menschen stellen.

Allerdings kann es zumindest auf einige dieser Fragen auch Antworten geben, die sich nicht sinnvoll als religiös klassifizieren lassen. Hier öffnet sich das Feld für Quasi-Religionen. Religion wäre demgegenüber, so der islamische Religionswissenschaftler Raza Aslan: »Ein institutionalisiertes Gefüge aus Symbolen und Metaphern (Ritualen und Mythen) in einer Sprache, die es der Glaubensgemeinschaft ermöglicht, einander ihre *Begegnung mit dem Numinosen, dem Göttlichen*, mitzuteilen (Hervorhebung W. S.).«[12] Oder mit den Worten von Niklas Luhmann: »Man kann (...) sa-

---

[11] URL: https://www.vatican.va/archive/hist_councils/ii_vatican_council/documents/vat-ii_decl_19651028_nostra-aetate_ge.html (Stand: 6. 3. 2024).

[12] REZA ASLAN, Kein Gott außer Gott. Der Glaube der Muslime von Muhammad bis zur Gegenwart, München 2006, 18.

gen, daß eine Kommunikation immer dann religiös ist, wenn sie Immanentes unter dem Gesichtspunkt der Transzendenz betrachtet. (...) Erst von der Transzendenz aus gesehen erhält das Geschehen in dieser Welt einen religiösen Sinn.«[13]

Quasi-Religionen unterscheiden sich von Religionen in erster Linie durch ihren fehlenden Transzendenzbezug. Ansonsten bieten sie Sinnversprechen, normative Orientierungen, vielfach auch Welterklärungen in Verbindung mit unbefragbaren dogmatischen Setzungen. Nicht selten imitieren sie zudem Symbole und Kommunikationsmuster von Religionen, was auch Sakralisierungen säkularer Phänomene einschließen kann, wie etwa im Führerkult des Nationalsozialismus oder, politisch harmloser, in der Verehrung von »Fußballgöttern«.

Was bedeutet dies nun für das Verständnis der Wokeness-Bewegung? Da größere Studien speziell zu diesem Aspekt bislang nicht vorliegen, wird im Folgenden auf einschlägige Beobachtungen und Interpretationen von Analysten der Wokeness-Bewegung und einzelne Beispiele Bezug genommen.

Bereits der Begriff *Wokeness* lässt sich mit einem religiösen Anklang lesen: Als Bezeichnung für ein kollektives Erwachen, als Ausdruck für eine neue und tiefere Sicht auf die Welt. »Vergiss alles, was du weißt«, lautet eine Kapitelüberschrift in einem einschlägigen, in Deutschland sehr erfolgreich vertriebenen Buch einer woken Aktivistin, denn: »Um das Beste aus der gegenwärtigen Transformation zu machen, müssen wir lernen, uns von der Welt, wie wir sie

---

[13] NIKLAS LUHMANN, Die Religion der Gesellschaft. Frankfurt/M. 2000, 73.

kennen, zu lösen.«[14] Schon im Titel des Buches wird das »Ende der Unterdrückung« versprochen, und zwar in einem ganz umfassenden Sinn als »Weg der Heilung«: »In den letzten Jahren geschieht (...) eine langsame, aber stetige kollektive Epiphanie, die an die Wellen der Bewusstwerdung der 1960er und 1970er anknüpft ... All das Chaos, die Angst und die Trennung, die wir derzeit in der Welt sehen, kann so interpretiert werden, dass etwas zu Ende geht und ein neues Paradigma des Friedens, der Freiheit und der Liebe beginnt. (...) Wir stehen deshalb vor einer wichtigen Entscheidung: entweder Hoffnung, Vertrauen und Durchhaltevermögen (...) – oder Angst, Verweigerung und Abwehr gegen die Entstehung einer neuen, unterdrückungsfreien Weltordnung.«[15]

Dieses Zitat mag verdeutlichen, warum Sebastian Wessels in der amerikanischen Black-Lives-Matter-Bewegung und der hinter ihr stehenden Critical Race Theory von Anfang an religiöse Anklänge wahrnahm: »Sie erfüllt eine Sehnsucht für ihre Anhänger. Endlich etwas, das wirklich Sinn hat! Endlich eine Möglichkeit, eine bessere Welt zu schaffen! Endlich von Ungerechtigkeit und Gewalt loskommen! Endlich damit anfangen, ein solidarisches Miteinander herzustellen!« Die Resonanz dieser Bewegung erkläre sich auch aus »spirituellen Bedürfnisse(n) – es ergab sich ein sauberes, emotional ansprechendes Gut-Böse-Schema –, die umso mehr ins Auge stachen, je mehr die Proteste mit Niederknien, Waschungen,

---

[14] Emilia Roig, Why we matter. Das Ende der Unterdrückung, Berlin 2021, 327.
[15] A. a. O., 327 und 323.

Mantren, Gesängen und Erhebungen von Floyd zum Heiligen offenkundig religiösen Charakter annahmen.«[16] Das Böse ist klar definiert. In diesem Fall ist es der Rassismus, in anderen Fällen mögen es Sexismus oder andere Formen von tatsächlichen oder vorgeblichen Diskriminierungen sein, oder noch allgemeiner: Macht und Privilegien. Daher ist das Böse letztlich überall am Werk, denn schon die Sprache ist in dieser Rezeption der postmodernen Sicht von Macht nicht zu trennen.

Der amerikanische Autor John McWhorter spricht bereits im Titel seines Buches zur Kritik der woken Rassismuskritik – »Die Erwählten« – den religiösen Bezug an und bezeichnet die Aktivisten als »Religiöse Fundamentalistinnen und Fundamentalisten«.[17] Hierzu gehört auch die Anlehnung an die Vorstellung der Erbsünde und einer unauslöschlichen Schuld der Weißen, die unabhängig von ihrer persönlichen Einstellung als Träger von Privilegien Teil einer »White Supremacy« seien. Diese sei in rituellen Bekenntnissen und »Critical-Whiteness«-Kursen zu bekennen. Zumindest *ein* konkretes Beispiel aus McWhorters Buch sei hier zitiert: »Bei einer Versammlung der juristischen Fakultät an der Northwestern University im Jahr 2020 erhoben sich Dozentinnen

---

[16] Sebastian Wessels, Im Schatten guter Absichten. Die moderne Wiederkehr des Rassedenkens, o. O. 2021, 106 und 12.

[17] John McWhorter, Die Erwählten. Wie der neue Antirassismus die Gesellschaft spaltet, Hannover 2022, 43. McWhorter sieht in der Wokeness-Bewegung nicht eine Quasi-Religion, sondern die tatsächliche Gründungsphase einer neuen Religion; das erscheint mir vor dem Hintergrund meiner oben vorgenommenen Unterscheidung zumindest aus heutiger Sicht als überzogen.

und Dozenten tatsächlich von ihren Stühlen und bezichtigten sich rituell selbst, nicht nur privilegiert, sondern offen rassistisch zu sein. Das wurde vom gesamten Lehrkörper verlangt, völlig unabhängig von individuellem Charakter oder politischer Überzeugung.«[18]

Gedankliche Assoziationen mit Ablasshandel, Inquisition und Ketzer- bzw. Hexenverfolgungen in Europa sind durchaus naheliegend. Jan Feddersen und Philipp Gessler gehen auf der Grundlage umfangreicher Materialsichtungen aus der Wokeness-Bewegung (sie verwenden die Bezeichnung Identitätspolitik) diesem Zusammenhang genauer nach:

»Fast alles Material ist durchzogen von einer seltsamen Stimmung des Religiösen, des Überirdischen, des Metaphysischen – und dies nicht im Guten. Viel Erhabenes ist dabei, aber auch Drohendes und Mühsal Auftragendes. (…) Und genau wegen dieses allumfassenden, unabwendbaren Appells ans Zuhören, Sprechen, Bekennen und Einräumen hat die moderne Identitätspolitik (…) unbewusst viel mit der christlichen Religion zu tun. Es ist eine Art Religionsersatz. (…) Lässt man sich auf die Sprache der Identitätspolitik ein und darauf, was aus ihr folgt, ist leicht die christliche Praxis der Lebensführung zu erkennen, ein Potpourri an Mahnungen und Übungen in Einkehr, in Besinnung und Umkehr – und, nicht zu vergessen, in Devotion. Wer sich weigert, den Exerzitien zu folgen, muss mit Bannflüchen rechnen, vor allem mit digitalen Shitstorms. (….) Für die Sünde des Lebens kann es eben als (…) weiße Person nie genug Beichte geben. Ein Bekenntnis, an der Verbesserung der Umgangs-

---

[18] A. a. O., 57.

formen und sozialen Verhältnisse mitzuwirken, reicht nicht. So ist auch immer von Eingeständnissen die Rede, nämlich das Falsche getan zu haben, es aber bis ins Innerste (…) zu bereuen. Auch dies ist aus dem Christlichen innigst bekannt: die Sünde, die Reue und Bereuen. Identitätspolitische Tugenden fordern all dies ab, ihre Ausübung entspringt der Gesinnung einer religiösen Tyrannei.«[19]

Tatsächlich lässt sich der quasi-religiöse Charakter der Wokeness-Bewegung als eine Verfallsform von Elementen der christlichen Tradition verstehen. Aber vielleicht muss man hier noch genauer hinsehen. Ian Buruma hat vorgeschlagen, die Wokeness-Bewegung als genuin protestantisches Erbe, genauer gesagt: als quasireligiöse Spätfolge des Puritanismus zu verstehen.[20] Buruma bezieht sich im Wesentlichen auf die USA und deren puritanisches Erbe, betont die hohe Bedeutung des öffentlichen Bekenntnisses für den Puritanismus und vergleicht die woken Bekenntnisrituale mit den öffentlichen Sündenbekenntnissen in evangelikalen Fernsehgottesdiensten in den USA. Dieser Erklärungsansatz könnte auch die oben angesprochene verblüffende Aktualität des Tocquevilleschen Paradoxons, das sich ja gerade auf das von puritanischen Einwanderern geprägte Amerika des 19. Jahrhunderts bezog, verständlich machen.

Burumas These ließe sich leicht als Hypothese für eine empirische Untersuchung zu einem Zusammenhang zwischen der Verbreitung der Wokeness-Bewegung in verschie-

---

[19] FEDDERSEN/GESSLER, Identitäten, 165–168.
[20] IAN BURUMA, Doing the Work. Die protestantische Ethik und der Geist der Wokeness, in: Lettre International 142 (2023), 18–21.

denen Gesellschaften und der konfessionellen Prägung dieser Gesellschaften nutzen. Eine solche Untersuchung ist aber noch ein Desiderat.

Eine noch sehr neue Entwicklung könnte diese Hypothese weiter stützen. Im Jahr 2017 veröffentlichten die Politikwissenschaftler Ulrich Brand und Markus Wissen ein Buch mit dem Titel »Imperiale Lebensweise«.[21] Es versteht sich als Kritik am globalen Kapitalismus unter Einbeziehung der ökologischen Frage, die in sieben Kapiteln ausgeführt wird. Das Buch endet mit einem achten Kapitel mit der Überschrift »Konturen einer solidarischen Lebensweise«.

Es ist hier nicht der Ort, die Triftigkeit der Argumentation in dieser Publikation unter *politikwissenschaftlichen* Aspekten zu diskutieren. Nicht alles daran wird durch den Verweis auf eine quasi-religiöse Anschlussfähigkeit bereits widerlegt. Im hier diskutierten Kontext ist jedoch eine Denkfigur von Interesse, die für die Rezeption des Buches vor allem in aktivistischen Kreisen besonders bedeutsam sein dürfte: die Gegenüberstellung von *imperial* und *solidarisch*, und zwar nicht in Bezug etwa auf politische Entitäten oder Interessen, sondern als *Lebensweisen*. Es ist sofort deutlich, dass die imperiale Lebensweise durch die solidarische überwunden werden soll und dass dies die Zukunftsvision der Autoren (und der sich auf die beziehenden Aktivisten) ist.

Diese Denkfigur lässt sich als säkulare Adaption der christlichen Unterscheidung zwischen dem Reich der Welt

---

[21] ULRICH BRAND / MARKUS WISSEN, Imperiale Lebensweise. Zur Ausbeutung von Mensch und Natur im globalen Kapitalismus, München 2017.

und dem Reich Gottes lesen, und zwar gerade in ihrer pietistischen Variante, die die pietistische Lebensweise (!) als Arbeit am Bau des Reiches Gottes verstand, wobei diese Lebensweise sich neben Frömmigkeit durch materielle Bescheidenheit und solidarischen Zusammenhalt auszeichnen sollte.[22] Hier zeigt sich ein neuer Aspekt quasi-religiöser Bearbeitung politischer Fragen der Gegenwart.

Die Wokeness-Bewegung bildet das jüngste Glied in einer Kette von Quasi-Religionen in der westlichen Moderne, deren Gemeinsamkeit die »Umwandlung der christlichen Eschatologie« in säkulare Zukunftsvisionen »einer idealen sozialen Ordnung« ist.[23] Ihren Anfang nahm diese Denkweise bei den *Jakobinern* in der Französischen Revolution: »Die Essenz dieser jakobinischen Orientierung war der Glaube an die Möglichkeit, eine Gesellschaft durch totalistische politische Aktion umzugestalten.«[24] Bei den Jakobinern finden sich entsprechend auch erste Vorstellungen von einem totalitären Revolutionsstaat, der das gesamte soziale Leben kontrollieren sollte mit dem Ziel, »einen neuen Menschen hervorzubringen«.[25]

---

[22] Vgl. GERGELY CSUKÁS, Typographie des Reiches Gottes. Die »Sammlung auserlesener Materien zum Bau des Reiches Gottes« und ihre Fortsetzungsserien, Göttingen 2020.

[23] SHMUEL EISENSTADT, Die Vielfalt der Moderne. Weilerswist 2000, 21 f.

[24] A. a. O., 32.

[25] HEINRICH AUGUST WINKLER, Geschichte des Westens. Von den Anfängen in der Antike bis zum 20. Jahrhundert. Sonderausgabe, München 2016, 363.

In der Geschichtstheorie des *Marxismus* zeigte sich dann die quasi-religiöse Adaption christlichen Denkens besonders deutlich: »Der ganze Geschichtsprozeß, wie er im Kommunistischen Manifest dargestellt wird, spiegelt das allgemeine Schema der jüdisch-christlichen Interpretation der Geschichte als eines providentiellen Heilsgeschehens auf ein sinnvolles Endziel hin.«[26] Die von Gleichheit geprägte Urgesellschaft entspricht dem Paradies, die Einführung des Privateigentums dem Sündenfall, die Geschichte als Geschichte der Klassenkämpfe der irdischen Existenz, der Kommunismus dem künftigen Reich Gottes – und die kommunistische Partei der Kirche als Gemeinschaft der Heiligen, die den Sündern den Weg zur Erlösung weist. »Die grundlegende Voraussetzung des *Kommunistischen Manifestes* ist nicht der Antagonismus von Bourgeoisie und Proletariat als zweier einander gegenüberstehender Klassen, der Antagonismus liegt vielmehr darin, daß die eine Klasse Kinder der Finsternis und die andere Kinder der Lichts sind. Ebenso ist die Endkrise der bürgerlich-kapitalistischen Welt, die Marx in Form einer wissenschaftlichen Voraussage prophezeit, ein letztes Gericht, wenngleich es durch das unerbittliche Gesetz des Geschichtsprozesses gefällt werden soll.«[27]

Aber auch, um ein weiteres Beispiel zu nennen, der *völkische Nationalismus* kann Züge einer Quasi-Religion annehmen, wenn er die »Volksgemeinschaft« als von Reinheit

---

[26] KARL LÖWITH, Weltgeschichte und Heilsgeschehen. Die theologischen Voraussetzungen der Geschichtsphilosophie. Stuttgart 2004, 54.
[27] A. a. O., 53.

geprägte neue, den Menschen verändernde Daseinsform imaginiert. Auf ganz andere Weise will der *Transhumanismus* den neuen Menschen hervorbringen: durch Verbesserung seiner biologischen Konstitution mittels technologischer Eingriffe auf wissenschaftlicher Basis. Hier ist die ideologische Basis ein szientistisches, quasi-religiös aufgeladenes Verständnis von Wissenschaft als Instrument allumfassender Erschließung und Beherrschung der Natur.

Die Vorstellung von der Erschaffung eines neuen Menschen, sei es durch die Umgestaltung seiner gesellschaftlichen Verhältnisse, sei es durch Wissenschaft und Technik, ist eine pathologische Linie in der europäischen Moderne.

4. Herausforderungen für Gesellschaft, Politik und Kirche

Die Wokeness-Bewegung verbreitete sich, von den USA kommend, etwa ab der Jahrtausendwende zunächst in kleinen universitären Kreisen. Sie führte – dies ist ein persönlicher Eindruck – in der Anfangszeit vor allem deshalb zu wenig Konflikten, weil die Universität von ihrem traditionellen Selbstverständnis her für neue Denkweisen offen ist, aber auch weil das, was aus diesen kleinen Kreisen wahrzunehmen war, außerhalb dieser Kreise von vielen nicht ernst genommen und als vorübergehende Modeerscheinung verstanden wurde. Das sollte sich allerdings gründlich ändern. So sah sich 2019 der Deutsche Hochschulverband veranlasst, in einer Resolution mit dem Titel »Zur Verteidigung der freien Debattenkultur an Universitäten« vor dieser Entwicklung zu warnen und an gefährdete Selbstverständlichkeiten zu erinnern:

»Die Toleranz gegenüber anderen Meinungen sinkt. Das hat auch Auswirkungen auf die Debattenkultur an Universitäten. Die insbesondere im anglo-amerikanischen Hochschulraum zu beobachtende Entwicklung, niemandem eine Ansicht zuzumuten, die als unangemessen empfunden werden konnte, verbreitet sich auch in Deutschland. Im Streben nach Rücksichtnahme auf weniger privilegiert scheinende gesellschaftliche Gruppierungen fordern einige Akteure das strikte Einhalten von ›Political Correctness‹. Sie beanspruchen aber zugleich die Definitionshoheit darüber, was eine Grenzüberschreitung ist. So fühlen sich einige Studierende schon verletzt, wenn an einer Universität eine Professorin bzw. ein Professor oder eine öffentliche Person mit Thesen auftritt, die der eigenen (politischen) Auffassung zuwiderlaufen. (...) Das Grundgesetz bindet die Freiheit der Lehre lediglich an die Treue zur Verfassung. Darüber hinausgehende Denk- oder Sprechverbote gibt es nicht. Wer die Welt der Universitäten betritt, muss akzeptieren, mit Vorstellungen konfrontiert zu werden, die den eigenen zuwiderlaufen. Zur Verkündung vermeintlich absoluter Wahrheiten taugen Universitäten nicht. Widersprechende Meinungen müssen respektiert und ausgehalten werden. Differenzen zu Andersdenkenden sind im argumentativen Streit auszutragen – nicht mit Boykott, Bashing, Mobbing oder gar Gewalt. (...) Damit ist unvereinbar, dass sich in letzter Zeit Ausladungen von Personen häufen, die vermeintlich unerträgliche Meinungen vertreten. (...) Für die Freiheit von Forschung und Lehre muss täglich neu eingetreten und gekämpft werden.

Jede einzelne Wissenschaftlerin und jeder einzelne Wissenschaftler steht insofern in einer besonderen Pflicht. Staat und Universitäten sind dazu aufgefordert, sie dabei zu unterstützen.«[28]

Wie eingangs erwähnt, soll hier auf die Schilderung konkreter Fallbeispiele verzichtet werden, da solche Fälle inzwischen vielfach dokumentiert und publiziert worden sind.[29] Solche publik gewordenen Konfliktfälle häufen sich in den letzten rund zehn Jahren nicht nur in den Universitäten, sondern weit darüber hinaus im gesellschaftlichen Leben. Die Wirkung der Wokeness-Bewegung auf das gesellschaftliche Leben kann man dort, wo sie für viele Menschen spürbar wird, als toxisch für die demokratische Öffentlichkeit bezeichnen. Dies zeigt sich indirekt in einer Langzeitbefragung des Allensbacher Instituts für Demoskopie, das seit Jahrzehnten regelmäßig in einer für Deutschland repräsentativen Erhebung fragt: »Haben Sie das Gefühl, dass man heute in Deutschland seine politische Meinung frei sagen kann, oder ist es besser, vorsichtig zu sein?« Während im Jahr 1990 78 % und 2014 69 % der Befragten die Position einnahmen, ihre Meinung frei sagen zu können, stürzte diese Quote auf 45 % in 2021 und 40 % in 2023 ab. Dagegen äußersten die Auffassung, vorsichtig sein zu müssen, 1990 nur

---

[28] URL: https://www.hochschulverband.de/fileadmin/redaktion/download/pdf/resolutionen/Resolution_Verteidigung_der_Debattenkultur-final.pdf (Stand 6. 3. 2024).

[29] Vgl. die oben genannte Literatur; für den Bereich der deutschen Universitäten vgl. davon vor allem die Beispiele bei Schröter, Kulturkampf, 13–88.

16 % und 2014 20 % der Befragten, 2021 und 2023 aber 44 %.[30] Auch wenn diese Befragung nicht sehr tiefgehend angelegt ist, dürfte es äußerst unwahrscheinlich sein, dass diese Entwicklung in keinem Zusammenhang mit dem in jüngster Zeit immer breiter – und sei es nur medial vermittelt – spürbaren Druck des woken Aktivismus steht, die von ihm geforderten Denk-, Sprach- und Verhaltensmuster durchzusetzen. Zugleich ruft dies auch Widerstand hervor, was zunehmend zu emotional aufgeladenen Konflikten führt, so beispielsweise bei den starken Protesten von Hörern und Zuschauern gegen Versuche, im öffentlich-rechtlichen Rundfunk und Fernsehen das »Gendern« von Sprechern und Moderatoren standardmäßig zu etablieren.

In politischer Hinsicht ist die Wokeness-Bewegung ein Treiber der Polarisierung, die zugleich den Rechtspopulismus stärkt. Diese Polarisierung mag im internationalen Vergleich in Deutschland bislang noch relativ moderat ausgeprägt sein; aber es ist offenkundig, dass der Rechtspopulismus es für sich nutzen kann, wenn woke Zumutungen in einflussreichen Teilen von Wissenschaft, Medien, Kultur und Bildungswesen auf Zustimmung stoßen, weil dies die These von der Distanz zwischen Eliten und Bevölkerungsmehrheit stützt. Auch hier ist die »Gendersprache« das deutlichste Beispiel, weil sie in eben diesen Teilen der Eliten populär ist und zugleich von der Mehrheit der Bevölkerung

---

[30] URL: https://de.statista.com/statistik/daten/studie/1067107/umfrage/umfrage-zur-meinungsaeusserung-in-deutschland/ (Stand: 6. 3. 2024).

abgelehnt wird, was seit Jahren kontinuierlich in einer Vielzahl von Befragungen und Studien nachgewiesen worden ist.[31] Die USA sind ein warnendes Beispiel dafür, wohin eine gesellschaftliche Polarisierung, die von der Wokeness-Bewegung befeuert wird, führen kann. Vor diesem Hintergrund schrieb der amerikanische Politikwissenschaftler Francis Fukuyama zur Wahl Trumps zum Präsidenten im Jahr 2016: »Obwohl vielen seiner Anhänger sicher nicht jedes seiner Statements gefallen hat, gefiel ihnen die Tatsache, dass er sich von dem Zwang, politisch korrekt aufzutreten, nicht einschüchtern ließ.«[32]

Hinzu kommt, dass die Wokeness-Bewegung durch die Rezeption postkolonialer Theorien und der Critical Race Theory einen antiwestlichen Grundzug hat. Sie ist, vereinfacht gesagt, stark von der Vorstellung beeinflusst, dass der Westen mit dem Kolonialismus den Rassismus erfunden habe, dass dieser, da er Legitimationsideologie für die Unterdrückung der »People of Color« sei, nur von Weißen ausgeübt werden könne und auch heute eine strukturelle weiße Vorherrschaft (»White Supremacy«) begründe. Vieles, was der Westen als Errungenschaften feiere, wie Aufklärung, moderne Wissenschaft und liberale Demokratie, seien letztlich als Elemente des Kolonialismus und dessen Wirkung bis heute zu sehen. Deshalb, so eine Aktivistin, gehe es darum, »europäisch bzw. westlich und *weiß* geprägte Denk-

---

[31] Vgl. zuletzt STEFFEN MAU u. a., Triggerpunkte. Konsens und Konflikt in der Gegenwartsgesellschaft, Berlin 2023, 185–197.
[32] FRANCIS FUKUYAMA, Identität. Wie der Verlust der Würde unsere Demokratie gefährdet, Hamburg ²2019, 146.

weisen, Strukturen und Normvorstellungen« zu hinterfragen.[33] Oder noch deutlicher von den Autoren der Critical Race Theory: »Unlike traditional civic rights discourse, (...) critical race theory questions the very foundation of the liberal order, including equality theory, legal reasoning, Enlightenment rationalism, and neutral principles of constitutional law.«[34]

Es ist erstaunlich, wie wenig ein solcher Generalangriff auf Grundprinzipien der freiheitlichen europäischen Gesellschaften in der Öffentlichkeit bislang zur Kenntnis und ernst genommen wurde. Aber vielleicht ändert sich das ja nach dem Schock, den nach dem Terrorangriff auf Israel vom 7. Oktober 2023 der antiisraelische Antisemitismus in propalästinensischen Demonstrationen in Deutschland bei vielen Menschen ausgelöst hat. Denn dieser Antisemitismus basiert auf einer in postkolonialen Diskursen vertretenen Ideologie, nach der Israel als westlich-weißes Kolonialprojekt gilt, mit dem die palästinensischen »People of Color« unterdrückt werden. Von dort ist es nicht weit zur Relativierung, wenn nicht gar Billigung, des Terrors der Hamas.

Was kann dies alles für den Umgang der *Kirchen* mit der Wokeness-Bewegung bedeuten? Eines jedenfalls nicht: unkritische, distanzlose Identifikation. Es ist Ausdruck einer Fehlentwicklung, wenn beispielsweise in einer Zeitschrift für die katholische Bildungsarbeit unter Bezug auf die woke

---

[33] Sina Aping, Wie können WIR eine (macht-)kritische und selbstreflektierende Auseinandersetzung über Rassismus ermöglichen? in: Informationen zur politischen Bildung, Nr. 49, Wien 2021, 12.

[34] Delgado/Stefancic, Critical Race, 3.

Rassismuskritik gefordert wird, Weiße müssten »Verbündete sein, durch und durch«.[35] Dagegen könnte der künftige Umgang der Kirchen mit der Wokeness-Bewegung von drei Leitgedanke getragen sein:

Religionskritik: Die Kirchen sollten sich offensiv mit dem quasi-religiösen Charakter der Wokeness-Bewegung auseinandersetzen, deren Umdeutung christlicher Motive theologisch widersprechen und ihr religionskritisch entgegentreten. Sie sollten auch öffentlich deutlich machen, dass mit unzähligen Sprach- und Denkverboten, Verhaltensreglementierungen und Angriffen auf kulturelles Erbe nicht eine diskriminierungsfreie Gesellschaft, sondern eine quasi-religiöse Tyrannei entsteht. Gegen die quasi-religiöse Gesetzlichkeit moralisch aufgeladener Normierungen von angeblich diskriminierungsfreien Sprechweisen sollten die Kirchen die christliche Freiheit ebenso betonen wie die Fehlbarkeit von Menschen. Zwar müssen die Kirchen die Ideen der allgemeinen Menschenwürde und der moralischen Gleichwertigkeit aller Menschen verteidigen, die tatsächlich christliche Wurzeln haben. Aus diesem Grund ist beispielsweise Rassismus – einen sachlich vertretbaren Rassismusbegriff vorausgesetzt – aus christlicher Sicht in der Tat zu verurteilen. Aber zugleich gilt es, innerweltlichen Erlösungsideen zu widersprechen und den eschatologischen Vorbehalt der Reich-Gottes-Vorstellung zu betonen. Kurz, die Kirchen sollten den christlichen Glauben gegen eine autoritäre Quasi-Religion verteidigen.

---

[35] MEIKE ELISA MÜLLER / GENNET POTT, Als Weiße Verbündete sein, durch und durch, in: AKSB-inform, 2021, 24.

Selbstkritische Reflexion: Allerdings besteht auch Anlass zu einer selbstkritischen Auseinandersetzung, was den bisherigen Umgang mit der Wokeness-Bewegung in kirchlichen Kreisen anbelangt. Die oben zitierte emphatische Forderung, Verbündete des woken Aktivismus zu sein, ist zwar pointiert formuliert, dürfte von der Intention her aber keine seltene Ausnahme sein. Beispielsweise hat es Antirassismus- und »Critical-Whiteness«-Trainings auch in kirchlichen Kontexten gegeben[36], nicht wenige kirchliche Amtsträger »gendern« (auch über die Köpfe der Kirchenmitglieder hinweg) und eine »Werkstatt«, die das Konzept der imperialen versus der solidarischen Lebensweise weiterentwickeln will, wird auch von kirchlichen Geldgebern gefördert.[37] Dies sind nur Beispiele für die Durchlässigkeit zwischen Wokeness-Bewegung und Kirchen in Deutschland, wobei dies vor allem im Linksprotestantismus besonders deutlich ausgeprägt sein dürfte. Eine selbstkritische Reflexion dieser Durchlässigkeit kann nicht darauf zielen, jede kirchliche Befassung mit den Themen und Problemen, um die es jeweils inhaltlich geht, zu beenden. Es kann auch nicht um eine politische Debatte entlang der politischen Rechts-Links-Geographie gehen, denn Kritik an der Wokeness-Bewegung wird, wie oben bereits erwähnt, auch aus dezidiert linker Perspektive geübt.[38] Worum es aber geht, ist genauer hinzusehen, reflexive Distanz zu Kontexten und Denkweisen der Wokeness-Bewe-

---

[36] Vgl. als ein Beispiel zu diesem Feld: URL: https://rassismusundkirche.de (Stand 6. 3. 2024).

[37] Vgl. URL: https://ilawerkstatt.org (Stand 6. 3. 2024).

[38] Vgl. Neiman, Links, und Feddersen/Gessler, Identitäten.

gung bei der Bearbeitung dieser Themen und Probleme zu gewinnen und deren quasi-religiöser Aufladung zu widerstehen.

Brücken bauen: Den Kirchen würde es gut anstehen, sich angesichts zunehmender Polarisierungen als Orte des Dialogs zu sehen und sich um den Bau diskursiver Brücken zu bemühen. Auf diesem Weg könnten die Kirchen zu einer Entgiftung des gesellschaftlichen Klimas beitragen und sich hierbei von einfachen Prinzipien leiten lassen: »Wer sich gegen die unkontrollierte Immigration wendet, ist weder Rassist noch xenophob. Wer sich an Gendersternchen nicht gewöhnen mag, ist nicht Sexist. Wer der Meinung ist, die Menschheit bestehe aus zwei Geschlechtern, ist nicht transphob. Wer der Auffassung ist, das islamische Kopftuch gehöre weder auf die Richter- noch vor die Schulbank, ist nicht islamophob. Wer sich für die Kunstfreiheit einer Anna Netrebko einsetzt, ist weder Putinfreund noch rechtfertigt er einen verfassungswidrigen Angriffskrieg. Impfgegner und Reichsbürger dürfen nicht in einen Topf geworfen werden. Rastalocken der weißen Rocksängerin sind nicht kulturelle Aneignung, sondern als kulturelle Öffnung willkommen.«[39]

Nicht alle, aber doch die meisten dieser das Klima vergiftenden Unterstellungen, die hier zurückgewiesen wurden, sind Ausdruck der woken Quasi-Religion. Sie hinter uns zu lassen, ist Voraussetzung für ein offenes und tolerantes Gesprächsklima, das die europäischen Gesellschaften ange-

---

[39] FRIEDHELM HUFEN, Keine wirkliche Gefahr für die Verfassung, in: Frankfurter Allgemeine Zeitung vom 25. 1. 2024, 6.

sichts der großen Herausforderungen, die die sich seit dem Ukrainekrieg grundlegend verändernde Weltlage mit sich bringt, dringend benötigen. Europa steht vor der Notwendigkeit einer kulturellen Erneuerung, wenn es für sich eine gute Zukunft in den Krisen unserer Zeit finden will, und die Kirchen könnten dazu einen wichtigen Beitrag leisten.[40]

---

[40] Vgl. dazu auch WOLFGANG SANDER, Europäische Identität. Die Erneuerung Europas aus dem Geist des Christentums, Leipzig 2022.

Das Verhältnis von Leidenschaft und Rationalität und seine Bedeutung für theologische und kirchliche Kommunikation[1]

Dietz Lange

1. Einführung

Das Tagungsthema »Emotionalisierung – Moralisierung – Radikalisierung« trifft zweifellos einen empfindlichen Nerv des gegenwärtigen kirchlichen und akademisch-theologischen Diskurses. Die Problematik hat aber auch schon früher eine Rolle gespielt. Man denke nur an die religiöse Sentimentalität der Herrnhuter in der »Sichtungszeit«, an Moralisierungstendenzen in der Aufklärungstheologie, an die Ideologisierung von Christen im Dritten Reich, in der ehemaligen DDR oder auch bei den radikalen Studenten der 1968er Jahre. Die Erinnerung an diesen Sachverhalt soll in keiner Weise das Problem verharmlosen. Im Gegenteil: Sie hat mich zu der Vermutung geführt, dass es seine Wurzeln in einer tieferliegenden, prinzipiellen Problematik hat, die in der gegenwärtigen Konstellation nur besonders krass zutage tritt.

---

[1] Die folgenden Ausführungen habe ich in vorläufiger Form am 23. 9. 2023 einigen alten Freunden aus dem früheren Löwensteiner Kreis in Loccum vorgetragen. Ihnen danke ich für konstruktive Kritik, die viel zur Klärung und Verdeutlichung beigetragen hat.

Um diese Vermutung zu erhärten, gehe ich von einem historischen Beispiel aus, das einem Theologen dazu rasch in den Sinn kommt, dem Verhältnis von Luther und Melanchthon. Luther neigte bekanntlich in verbalen Auseinandersetzungen zu emotionaler Maßlosigkeit. Er polterte gegen den Papst, gegen die aufständischen Bauern in der späteren Phase des Bauernkriegs und in seinen letzten Jahren gegen die Juden. Auf eine differenzierte Interpretation dieser ganz verschiedenen Konfrontationen kann ich mich im gegenwärtigen Kontext nicht einlassen. Mir kommt es hier nur auf die Heftigkeit an, zu der er sich in allen diesen Fällen hinreißen ließ. Seine Kritiker weisen dagegen gern auf Melanchthons ruhige und geduldige Art hin. Ist dies der Unterschied zwischen Leidenschaft und Rationalität – und verbirgt sich dahinter vielleicht sogar ein sachlicher Gegensatz? Auf den ersten Blick könnte es so aussehen. Luther hat während des Augsburger Reichstags in einem Brief an Kurfürst Johann von Sachsen geschrieben, er könne »so sanfft vnd leise nicht tretten« wie Melanchthon in den Verhandlungen dort. Doch wollte er damit keineswegs Melanchthons klares Eintreten für die Sache der Reformation in Frage stellen, ganz im Gegenteil. Das zeigt sein Urteil über Melanchthons Apologie: Sie »gefellet mir fast [= sehr] wol, vnd weis nichts dran zu bessern noch endern.«[2] Es handelt sich also lediglich um den psychologischen Unterschied der Temperamente und die daraus resultierende Verschiedenheit des Stils. Damit ist aber das Verhältnis von Leidenschaft und Rationalität noch nicht wirklich erfasst. Denn man kann Melanchthons Ziel-

---

[2] WA.B 5, 319,5–8, Brief vom 15.5.1530.

strebigkeit und Engagement mit gutem Grund leidenschaftlich nennen. Dagegen lässt sich nicht ins Feld führen, dass er kurz vor seinem Tod im April 1560 in seinem »Letzten Zettel« seiner Erwartung der Erlösung nicht nur von der Sünde und von den Drangsalen des Lebens, sondern insbesondere von der *rabies theologorum* Ausdruck verliehen hat.[3] Streitwut ist ja nicht identisch mit Leidenschaft, und Leidenschaft kann sehr wohl mit Sachlichkeit zusammengehen. Im Übrigen hat Melanchthon bei diesem Stoßseufzer mit Sicherheit nicht an Luther gedacht. Was andererseits Luther angeht, so wird ihm niemand absprechen, dass seine Wirksamkeit bei allem feurigen Temperament sehr wohl von rationaler Überlegung und Planung geprägt war.

2. Leidenschaft und Rationalität als menschliche Lebensäußerungen

Wollte man Leidenschaft und Rationalität psychologisch auf unterschiedliche Temperamente verteilen, also Leidenschaft gleichsetzen mit einem sanguinischen oder cholerischen, Rationalität dagegen mit einem ruhigen oder gar phlegmatischen Temperament, so würde daraus lediglich die Ermahnung an die Choleriker folgen, sie möchten ihrer Neigung zum Auf-

---

[3] Vgl. PHILIPP MELANCHTHON, Epistolarum lib. XIII (1560), CR 9, 1098, Nr. 6977, sowie ALBRECHT BEUTEL, Praeceptor Germaniae – Doctor ecclesiae. Melanchthons Selbstverständnis als Gelehrter, in: DERS., Protestantische Konkretionen. Studien zur Kirchengeschichte, Tübingen 1998, 124–139, 137–139.

brausen gefälligst Zügel anlegen, und die Phlegmatiker wären dazu anzuhalten, sich aus ihrer Trägheit zu mehr Engagement aufzuraffen. Damit wäre das Thema auf die banale Moral des erhobenen Zeigefingers reduziert. Im Übrigen bezeichnet schon der allgemeine Sprachgebrauch auch ein solches nachdrückliches Eintreten für eine Sache als Leidenschaft, das mit Temperamentsausbrüchen gar nichts zu tun hat, wie die in eine Briefmarkensammlung investierte Energie.

Die Phänomene Leidenschaft und Rationalität sind also mit den Mitteln empirischer Psychologie oder allgemeiner Moral nicht angemessen zu erfassen. Sie sind vielmehr auf einer tieferen Ebene zu verorten, als *fundamentale menschliche Lebensäußerungen*. Man kann sie vorläufig so voneinander unterscheiden: Leidenschaft bringt das Ich als emotional bestimmtes in einer konkreten Situation oder auch auf Dauer unmittelbar selbst mit Nachdruck zur Geltung. Ich nenne sie deshalb die *Selbstmacht* des Menschen. Rationalität dagegen stellt sich die umgebenden Personen und Sachverhalte gegenüber und betrachtet sie aus der Distanz als Gegen-stände. Ich bezeichne sie deshalb als die *Distanzmacht* des Menschen. Das ist freilich eine noch sehr weitmaschige Begriffsbestimmung, die im Folgenden zu präzisieren ist. Dabei wird sich uns eine Fülle von Gesichtspunkten aufdrängen, die bei dieser ersten Annäherung an das Thema noch ganz fern zu liegen scheinen. Nur so viel lässt sich schon jetzt sagen: Diese beiden Lebensäußerungen sind so elementar, dass das Menschsein ohne auch nur eine von beiden zwar möglich, aber zutiefst gestört ist.

Ich beschreibe nun zunächst die beiden Lebensäußerungen Leidenschaft und Rationalität je für sich und sodann in ihrem gegenseitigen Verhältnis, um die anthropologischen Voraussetzungen für die Bestimmung ihrer Rolle im kirchlichen und theologischen Diskurs zu klären.

2.1 Leidenschaft als Selbstmacht

Unter den neueren Philosophen hat besonders Helmuth Plessner Aufschlussreiches zum Thema der Leidenschaft beigetragen. Das ist nicht zuletzt seiner Doppelqualifikation als Philosoph und Biologe zu verdanken. Sie hat es ihm ermöglicht, die antinomische Struktur von Freiheit und Abhängigkeit, welche die menschliche Existenz ausmacht, in ihrer Besonderheit innerhalb der Welt des Lebendigen anschaulich und plausibel darzustellen. Er beschreibt diese Struktur als »exzentrische Positionalität«.[4] Das heißt: Der Mensch ist einerseits ebenso wie das Tier in seiner Position innerhalb der Welt gefangen, weil durch Genetik und Instinkt determiniert, andererseits aber zugleich in der Lage, sich zu transzendieren, also das Zentrum seiner Existenz außerhalb seiner selbst zu verlegen. Konkret: Der Mensch kann sich mit Empathie, Phantasie und Denken in andere Menschen und Verhältnisse sowie in die Vergangenheit oder die noch unbekannte Zukunft hineinversetzen, und er kann sich mit Gefühl, Reflexion und Humor von seiner Welt und von sich selbst distanzieren. Leidenschaft und Rationalität sind also zwei verschiedene Weisen menschlicher Selbsttranszendenz. Für die Leidenschaft bedeutet das: Sie ist

---

[4] Vgl. HELMUTH PLESSNER, Die Stufen des Organischen und der Mensch (1928), GS IV, Frankfurt 1981, 360–425.

zwar etwas, das der Mensch durch Einwirkungen seiner Umwelt »erleidet«, aber so, dass er sich zugleich aktiv über sich selbst hinaus entwirft, indem er sich mit seinem ganzen Sein für seine eigenen Interessen oder für andere Menschen einsetzt und dabei ein Maß an Gestaltungskraft entwickelt, zu dem vernunftgespeister Gleichmut gar nicht in der Lage wäre.[5]

Dabei kann es freilich geschehen, dass er seine Kräfte oder die Gegebenheiten seiner Situation falsch einschätzt, sich in Radikalismus und berserkerhafter Raserei verliert und so zum Opfer seiner Leidenschaft wird. Mit Plessner sind jedoch an dieser Stelle zwei wichtige Abgrenzungen vorzunehmen. Zum einen: Leidenschaftlicher Selbstverlust ist nicht zu verwechseln mit einer Sucht, die den Menschen nahezu unwiderstehlich in die Abhängigkeit von Alkohol, Drogen, Glücksspiel oder dem Smartphone treibt. Fanatismus und Radikalismus sind keine Formen passiven Getriebenwerdens, sondern besinnungslose Hyperaktivität. Zum anderen ist Leidenschaft vom Triebleben zu unterscheiden. Dieses repräsentiert die tierische Abhängigkeit vom Instinkt. Zwar ist Instinkt auch dem Menschen zu Eigen, doch leidenschaftliche Liebe kann ihn sich unterordnen, indem sie sich auf den anderen Menschen um seiner selbst willen richtet und damit das Ich transzendiert.[6]

---

[5] Vgl. HELMUTH PLESSNER, Über den Begriff der Leidenschaft (1950), GS VIII, Frankfurt 1983, 66–76.
[6] Vgl. HELMUTH PLESSNER, Der kategorische Konjunktiv. Ein Versuch über die Leidenschaft (1968), a. a. O., 338–352; DERS., Trieb und Leidenschaft (1971), a. a. O., 367–379.

Mithilfe dieser Abgrenzungen kann man jetzt genauer formulieren: Leidenschaft als elementare menschliche Lebensäußerung ist das intensive Über-Sich-Hinausgehen des Ich als Akt unmittelbarer emotionaler Selbstmacht, die ihn zu aktivem Einsatz für das eigene Wohl und/oder für andere Menschen und eine ihnen dienende Sache treibt. Charakteristisch ist dabei die exklusive Konzentration auf eine bestimmte Richtung der Aktivität, die potenziell für andere Erfordernisse blind macht.

2.2 Rationalität als Distanzmacht

a) Rationalität als Selbstbeherrschung

So unerlässlich Leidenschaft für notwendige Veränderungen problematisch gewordener menschlicher Gemeinschaft ist, so gewiss kann sie für Menschen, die sich von ihr radikalisieren lassen, ebenso wie für die Gesellschaft zur Gefahr werden. Zwar kann jemand durch eine Leidenschaft über sich selbst hinauswachsen, aber eben damit auch sich selbst verlieren. Das kann so geschehen, dass er sich im Bunde mit anderen in eine seiner Gestaltung entzogene, utopische Zukunft auflöst, oder umgekehrt so, dass er nostalgisch ein vergangenes, angeblich goldenes Zeitalter wieder heraufzubeschwören versucht.

Dieser Aspekt ist in der abendländischen Geschichte in vielfältiger Weise Gegenstand des Nachdenkens gewesen. Häufig hat man den Grund für den Verlust des Selbst durch die Leidenschaft in deren Emotionalität gesehen und deshalb gefordert, das Selbst müsse vollkommen zu sich auf Distanz gehen und sich gänzlich der Herrschaft des vernunftgeleiteten Willens unterwerfen. Denn die Vernunft mache die Natur des Menschen aus. So lehrten bereits die Stoiker. Nach ihnen ist die Tugend der Selbstbeherrschung (ἐγκράτεια) das Ideal wahrhaft menschlichen Lebens. Sie drängt die Leidenschaft zurück und macht gegen die von ihr angerichtete Verwirrung immun (ἀταραξία). Die Ausübung solcher leidenschaftslosen Vernunftherrschaft ist Rationalität. Sie ist für die Stoiker kein Selbstzweck, sondern, so besonders der auch als Philosoph hervorgetretene Kaiser Marc Aurel, die Voraussetzung für die Erfüllung der gesellschaftlichen Grundforderung, privat und im Kontext der πόλις für andere da zu sein, also Solidarität und Gerechtigkeit zu schaffen.[7]

Dieses Ideal der ἀταραξία, der Leidenschaftslosigkeit, ist bis heute des Nachdenkens wert. Es kann starke Persönlichkeiten hervorbringen und dann durch unaufgeregte, distanziert vernünftig argumentierende Rede und von ihr geleitetes Handeln Zündstoff entschärfen und persönliche wie gesellschaftliche Gemeinschaft stabilisieren. Freilich ist das alles andere als sicher. Für sich genommen kann Leidenschaftslosigkeit auch zur Selbstkultivierung des Individuums führen, die den sozialen Antrieb schwächt und so die Lösung anstehender Probleme gerade verhindert. Menschliches Zusammenleben kommt nicht ohne leidenschaftliche Dynamik und Konfliktbereitschaft aus, die sich von menschlicher Not innerlich berühren lässt.

---

[7] Vgl. z. B. Epiktet, Διατριβαί VII; Lucius Annaeus Seneca, Ep. ad Lucilium 82.6 (Buch X); Marc Aurel, Τὰ εἰς ἑαυτόν VIII 39; XI 4.

b) Rationalität als Instrument der Welterkenntnis
Rationalität als menschliche Lebensäußerung steht für die Praxis der Vernunft des Menschen, geistige Herrschaft auszuüben. Das gilt in zweifacher Hinsicht: Sie ist die Praxis vernünftiger Welterkenntnis, und sie ist Instrument praktischer Weltbeherrschung. Alle Erkenntnis ist, wie besonders Kant herausgearbeitet hat, zweistämmig, das heißt, sie besteht aus der Sammlung von Daten durch die Empirie und deren Ordnung durch die Vernunft. Darüber hinaus kann die Vernunft bei dem Erkenntnisprozess sozusagen sich selbst zuschauen, indem sie ihn analysiert. Das Ziel dieser Formen von Erkenntnis ist ein tendenziell stimmiges Gesamtbild der Wirklichkeit. Ein solches lässt sich jedoch nie ganz erreichen, weil die umfassenden Ideen, die am Ende dieses Prozesses stehen müssten, nämlich die Freiheit des Menschen, von sich aus einen Anfang zu machen, der Gedanke der Gesamtheit der Welt und die Idee eines letzten Grundes alles Seins (traditionell formuliert: die Gottesidee) der Beweismacht der Vernunft unzugänglich sind und lediglich vorausgesetzt werden können. Ja, selbst die Objektivität der Welterkenntnis bleibt problematisch, weil mannigfachen Formen der Voreingenommenheit ausgesetzt. Aus diesen Gründen gehört zu den zentralen Aufgaben der Rationalität auch die Einsicht in die Grenzen ihrer Erkenntnisfähigkeit.

c) Rationalität als Instrument der praktischen Weltbeherrschung
Vernünftige Welterkenntnis ermöglicht ebenso eine praktische Beherrschung der Welt. Dabei ist zuerst an die Technik zu denken, die sich die unbelebte Natur untertan macht.

Doch werden seit Humanismus und Aufklärung auch die Strukturen menschlichen Zusammenlebens nicht mehr als metaphysisch fundiert und somit als gewissermaßen schicksalhaft gegeben hingenommen, sondern sind voll und ganz Gegenstand menschlich-vernünftiger Gestaltung geworden. Freilich sind auch der Weltbeherrschung unüberschreitbare Grenzen gesetzt. Deren in der Neuzeit nicht seltene Leugnung oder Missachtung führt im Bereich gesellschaftlichen Handelns dazu, dass immer wieder Konflikte zwischen Vertretern der Erhaltung des Hergebrachten und Protagonisten reformerischer Veränderungen ausgetragen werden müssen. Diese Konflikte nehmen auf beiden Seiten leidenschaftlichen Charakter an, weil sie sich unweigerlich auf die Ebene emotionaler Betroffenheit verlagern.

d) Innere Vielfalt der Rationalität

Der Vernunft sind nicht nur Grenzen gesetzt. Sie ist auch in sich selbst plural verfasst. Auch diese Einsicht ist zuvörderst Kant zu verdanken. Er hat die theoretische Vernunft (Empirie und deren Strukturierung) von der praktischen Vernunft (Erkenntnis des moralisch Gebotenen) und der Urteilskraft (ästhetische Erkenntnis des Schönen) unterschieden. Das sind drei verschiedene Gestalten, die zwar ihren gemeinsamen Ort im menschlichen Erkenntnisvorgang haben und darin vielfältig zusammenwirken, sich aber nicht aufeinander zurückführen lassen. Diese Grundeinsicht Kants ist später weiter ausgebaut worden. So hat Dilthey Kants primär naturwissenschaftlich orientierte Sicht der theoretischen Vernunft durch die Unterscheidung von Erklärung des Gleichförmigen und Verstehen des Individuellen (Natur- und

Geisteswissenschaften) ausdifferenziert, und Wittgenstein hat eine prinzipiell unbegrenzte Zahl verschiedener nicht aufeinander reduzierbarer Sprachspiele beschrieben.[8] An dieser Vielfalt hat natürlich auch die Rationalität als praktischer Vollzug Anteil.

Die Entstehung dieser irreversiblen Vielfalt und die daraus folgende Unübersichtlichkeit stehen den Bestrebungen der Vernunft nach theoretischer Einheit im Wege. Das ist zum Anlass nicht abreißender Auseinandersetzungen zwischen Vertretern der verschiedenen kulturellen Sektionen und Institutionen geworden, die umso leidenschaftlicher geführt werden, je unvereinbarer ihre Positionen erscheinen. Ein Beispiel für viele: der Streit um Versuche, den menschlichen Geist biophysikalisch auf messbare Gehirnströme zu reduzieren.

Damit kann jetzt auch der Begriff der Rationalität definiert werden: Sie ist als die geistige Kraft des Menschen zu erklären und zu verstehen, die ihn instand setzt, sich selbst zu erkennen, die ihn umgebende Welt zu erforschen und nach selbstgesetzten Zwecken zu verändern, zugleich aber auch ihre eigenen Grenzen wahrzunehmen und die unumgängliche Vielfalt ihrer Vorgehensweisen anzuerkennen.

---

[8] Vgl. dazu DIETZ LANGE, Glaubenslehre, Bd. 1, Tübingen 2001, 39 f., nebst dem größeren Zusammenhang 37–45.

2.3 Bestimmung des Verhältnisses von Leidenschaft und Rationalität

a) Leidenschaft für die Vernunft

Bekanntlich sind es vor allem Humanismus und Aufklärung, die sich für das Eigenrecht der Vernunft gegenüber unbesehen übernommenen Grundannahmen eingesetzt haben. Man versteht ihren Einsatz aber nur dann ganz, wenn man das Pathos ihres *sapere aude* in Betracht zieht. Das »*aude*«, das Wagnis, bezeichnet die Leidenschaft, mit der man für die Befreiung des Menschen aus seiner »selbstverschuldeten Unmündigkeit« gestritten hat. Das Eingehen dieses Wagnisses ist seither ein Markenzeichen abendländischer Rationalität. Bei aller Kritik an der Tradition haben sich freilich die führenden Vertreter der Aufklärung, zumindest in Deutschland, bis hin zur idealistischen Philosophie als Christen verstanden und die Vernunft als gottgegeben begriffen, ja, sie haben sich geradezu als Fortsetzer der reformatorischen Emanzipation von der römischen Kirche gesehen. Für diese Sicht sprechen nicht zuletzt die aufgeklärten Ideale von Freiheit, Gleichheit und Brüderlichkeit, die, anhaltendem kirchlichem Widerstand zum Trotz, in hohem Maß auf christliche Motive zurückgehen.

Freilich galt die aufklärerische Leidenschaft in Westeuropa schon früh, in Deutschland seit dem Linkshegelianismus, immer stärker der Kritik aller Religion. Dabei verrät sie einen Hang, die Vernunft absolut zu setzen und ihre Grenzen zu leugnen. In der Konsequenz schlägt sie dann nicht selten in die Unvernunft des Fanatismus um. Das ist das Ende jeglicher Rationalität der sachlichen, friedlichen Kommunikation. An ihre Stelle tritt die Gewalt, die man mit

Heideggers witzigem Ausdruck den »defizienten Modus« vernünftiger Kommunikation nennen könnte. Das berühmteste Beispiel ist der auf die Französische Revolution folgende Terror, der auf verblüffende Weise das einstige Grauen der katholischen Inquisition spiegelt.

b) Leidenschaftslose Rationalität

Die der Leidenschaft für die Vernunft entgegengesetzte Form des Verhältnisses ist die leidenschaftslose Rationalität. Sie schlägt sich nieder in strikt konventioneller, alle Ausschläge ins Über- oder Untervernünftige meidender verbaler Kommunikation und dementsprechend in reibungslosen, störungsfreien sozialen Abläufen. Solche Rationalität kann sehr wohl notwendige Veränderungen zuwege bringen. Aber sie neigt dazu, Ordnung zum höchsten sozialen Wert zu deklarieren. Das führt tendenziell zur totalen technokratischen Kontrolle. Je differenzierter eine Gesellschaft ist, desto stärker ist diese Tendenz. Nicht zufällig sind in den letzten Jahrzehnten in der westlichen Welt dezidiert funktionalistische Gesellschaftstheorien ausgebildet worden, die genau dies zum Ausdruck bringen.

Ein solcher Zustand, in dem die Einzelnen sich nur noch als Rädchen in einer großen Maschine empfinden, deren Mechanismus sie nicht durchschauen können und der sie deshalb auch der eigenen Rolle im Ganzen ungewiss werden lässt, inspiriert sie nicht zum Engagement, sondern zur Resignation, ermutigt sie jedoch auf die Dauer zum leidenschaftlichen Ausbruch. Der gegenwärtig grassierende Populismus samt den von ihm transportierten irrationalen Verschwörungstheorien ist nicht zuletzt eine Reaktion auf die Ödnis eines – zumindest leidlich – funktionierenden, aber begeisterungsfreien sozialen und politischen Betriebs.

c) Der Antagonismus von Leidenschaft und Rationalität
Die Selbstmacht der Leidenschaft und die Distanzmacht der Rationalität sind einander entgegengesetzt. Dennoch sind beide, die vorwärts drängende Kraft der Leidenschaft und das Abwägen von Möglichkeiten und Grenzen durch die Rationalität, für ein wahrhaft menschliches Verhalten unerlässlich. Freilich lassen sie sich nicht einfach additiv zu einer Synthese verbinden. Vielmehr verlangt unbändige Leidenschaft im Reden und Handeln nach Bändigung durch Rationalität und umgekehrt die sich auf das Unverfängliche und Machbare beschränkende Rationalität nach der elementaren Kraft der für das darüber hinausliegende Wesentliche und Wünschbare wagnisbereiten Leidenschaft. Das gilt für den persönlichen Bereich ebenso wie für das öffentliche Verhalten. Leidenschaft und Rationalität sind stets und überall in Auseinandersetzung begriffen.

Darum ist Streit zwischen einzelnen Menschen und zwischen gesellschaftlichen Gruppen zwar in vielen Einzelfällen, aber nicht prinzipiell vermeidbar. Das zeigt sich insbesondere dann, wenn es um vitale Interessen geht, sei es um die individuelle Position innerhalb einer Familie oder einer Schulklasse, sei es um nationale, ökonomische oder religiöse Interessen von großen gesellschaftlichen Gruppen oder ganzen Bevölkerungen. In allen diesen Fällen lädt sich ein Streit leicht emotional auf, wird also leidenschaftlich. Will man vermeiden, dass er in Unsachlichkeit und Ehrabschneidung ausartet oder gar zu physischer Gewalt eskaliert, so müssen die Beteiligten nach Möglichkeit dazu bewegt werden, jeglichen Anspruch auf absolute Wahrheit und absolute Berechtigung der eigenen Position zu suspendieren und die Interessen Andersartiger und Andersdenkender zu respektieren. Doch je vitaler die unterschiedlichen Interessen sind, desto schwerer ist so eine Deeskalation zu erreichen. Deshalb bedarf es eines zumindest gewohnheitsmäßig etablierten Systems gleicher Rechte. Da sich im gesellschaftlichen Bereich diese Probleme potenzieren, muss es hier die Möglichkeit juristischer Sanktionierung solcher Äußerungen und Aktionen geben, die erkennbar den sozialen Frieden gefährden.

3. Leidenschaft und Rationalität im christlich-religiösen Diskurs

Religion ist eine menschliche Lebensäußerung besonderer Art. Sie versteht sich als Antwort auf eine transzendente, also göttliche Initiative, die ihr als Grund des Seins schlechthin gilt. Sie ist deshalb mehr als bloß eine kulturelle Erscheinung neben anderen. Auf Grund ihres existenziellen Interesses ist sie primär von Leidenschaft geprägt. Doch begreift sie ihre Leidenschaft als einen Impuls, den sie nicht eigener Lebenskraft, sondern göttlicher Inspiration verdankt. Wie ist nun die Funktion dieser religiösen Leidenschaft genauer zu bestimmen?

Der Jurist Ernst-Wolfgang Böckenförde und (mit anderer Begründung) der Soziologe Niklas Luhmann haben der Religion die Funktion der Sinngebung zugewiesen.⁹ Dieser Gedanke ist von vielen Theologen begeistert aufgenommen worden. Doch ist demgegenüber die kritische Frage zu stellen, wer oder was das Subjekt der Sinngebung sein soll. Böckenförde antwortet: »der religiöse Glaube seiner [des Staates] Bürger«. Der Singular lässt darauf schließen, dass Böckenförde damit das Christentum gemeint hat. Bei Luhmann ist dies nach meiner Vermutung ebenso der Fall. Das ist insofern merkwürdig, als beiden Denkern an sich klar ist, dass das Christentum seine Monopolposition im Abendland aufgrund des weltanschaulichen und religiösen Pluralismus verloren hat. Nichtsdestoweniger sprechen heute etliche liberale evangelische Theologen – mit oder ohne Berufung auf die beiden eben Genannten – von »der« Religion als Sinngebungsinstanz, die dann *de facto* mit ihrer eigenen identisch ist.

Im Unterschied dazu muss an dieser Stelle zuerst der spezielle Status der Religion *überhaupt,* und damit der verschiedenen nebeneinander existierenden Religionen, bestimmt werden. Er besteht in ihrem Bezug zur Transzendenz, zum Heiligen. Theologen und Religionsphilosophen von Friedrich Schleiermacher über Otto Pfleiderer bis zu Nathan Söderblom haben diesen Bezug auf göttliche Offenbarung zurückgeführt, die dem einzelnen Subjekt *Daseinsgewissheit* verschafft. Offenbarung ist nun aber zum einen nicht

---

[9] Vgl. ERNST-WOLFGANG BÖCKENFÖRDE, Die Entstehung des Staates als Vorgang der Säkularisation, in: DERS., Staat – Gesellschaft – Freiheit, Frankfurt 1976, 42–64, 61; NIKLAS LUHMANN, Funktion der Religion (stw 407), Frankfurt ³1992, 9–71, bes. 50–54.

demonstrierbar und berechtigt deshalb die an sie Glaubenden nicht zu einer gesellschaftlich privilegierten Position. Offenbarung macht sich zum anderen in der Geschichte nur in der Gebrochenheit durch die jeweiligen kulturellen Gegebenheiten geltend. Begleitet das Bewusstsein dieser Gebrochenheit den religiösen Glauben, so wird es zur kritischen Anfrage an dessen Gewissheit. Diese Sicht der Dinge hält zum vernünftigen Verzicht auf die Durchsetzung des jeder Religion eigenen Absolutheitsanspruchs an und verhindert, dass die religiöse Leidenschaft zur Feindseligkeit gegen andere entstellt wird. Das gilt unbeschadet der Glaubensüberzeugung des einzelnen religiösen Subjekts selbst, das sich sehr wohl in seiner Lebensgestaltung dem Heiligen absolut verpflichtet weiß. Denn nur mit uneingeschränkter Hingabe kann es sich dem Heiligen gegenüber angemessen verhalten.

Vor dem skizzierten Hintergrund beschreibe ich im Folgenden verschiedene Formen der Zuordnung von Leidenschaft und Rationalität im Horizont des Religiösen. Dabei beschränke ich mich von hier an ausdrücklich auf eine spezifisch christliche Sicht und lasse die Fragen eines interreligiösen Dialogs offen.

3.1 Leidenschaftslose Ergebung

Ich beginne mit einer aller Leidenschaft gegenüber kritischen Position, sozusagen dem christlichen Pendant zur Stoa. Solche Kritik wird exemplarisch vom mittelalterlichen Mönchtum repräsentiert. Charakteristisch dafür ist das einflussreiche Werk des Thomas a Kempis, *De imitatione Christi*, das auch

Luther sehr geschätzt hat.[10] Für Thomas ist es nicht wie in der Stoa die vernunftgeleitete Besonnenheit, die durch Leidenschaft gefährdet ist, sondern der durch das Gebot der Nächstenliebe motivierte Friede unter den Menschen (I 6,6f.). Der moralische Akzent dieses Gedankens ist so stark, dass Leidenschaft geradezu als Laster erscheint (I 11,6f.). Als Gegenmittel empfiehlt Thomas Geduld und Demut bis hin zur Verachtung seiner selbst (I 13,2 + 15f.). An dieser Stelle ist der Gegensatz zu dem stoischen Ideal der ihrer selbst mächtigen Persönlichkeit am deutlichsten. Zwar erfordert der Kampf gegen das Drängen der Leidenschaft auch in diesem Kontext große Kraft. Aber diese Kraft hat hier den Charakter asketischer Selbstverneinung: Der Mensch kann seiner Bestimmung nur so gerecht werden, dass er sich selbst und seiner ichbezogenen Leidenschaft abstirbt und sich der allbeherrschenden Macht Gottes ausliefert (I 6,3). Ein Selbstzweck ist das hier ebenso wenig wie im Fall der stoischen Selbstbeherrschung. Denn sich selbst abzusterben heißt für Thomas, das Leiden Christi auf sich zu nehmen. Dieses Leiden ist Ausdruck der übermächtigen Liebe Gottes. Sie teilt sich dem Menschen mit, lässt ihn Christus gleichförmig werden, und wird so zu einer elementaren Lebenskraft, die auf seine Mitmenschen ausstrahlt. Es bleibt freilich zu fragen, ob man diese Lebenskraft nicht eine – von Gott geweckte – *Leidenschaft* nennen müsste.

---

[10] THOMAS VON KEMPEN, De imitatione Christi libri quattuor (1441), Stellenangaben im Text (Buch, Kapitel und Abschnitt) nach der deutschen Übersetzung von Wolf-Friedrich Schäufele, in: GTCh 12, Leipzig 2022.

3.2 Heilige Leidenschaft

In diametralem Gegensatz zu der eben beschriebenen Option steht ein in der gesamten Kirchengeschichte anzutreffender Typus betont leidenschaftlicher Religiosität, der die göttliche Inspiration mit der menschlichen Leidenschaft als Selbstmacht zu einer ununterscheidbaren Einheit verschmilzt. Diese Sicht deckt eine breite Skala ab. Auf der einen Seite stehen elitäre, aber friedliche Ekstatiker von der Urkirche bis zu den heutigen Pfingstkirchen. Auf der anderen Seite finden sich streitbare Fanatiker, von den Ketzerjägern des Mittelalters bis zu den politisierten amerikanischen Evangelikalen in der Gegenwart. Dazu tritt drittens eine sozusagen weiche Gestalt, wie sie beispielsweise in der anfangs erwähnten Sentimentalität der Zinzendorf-Gemeinde zutage trat und heute in eher diffuser Gestalt anzutreffen ist. Das Gemeinsame dieser sehr unterschiedlichen Erscheinungsformen besteht darin, dass die religiöse Selbstgewissheit sich der Distanzmacht der Vernunft verweigert. Fromme dieser Art leben in einer religiösen Parallelwelt. Von ihrer vermeintlich sicheren Position aus verachten sie die angeblich böse Außenwelt oder gehen aggressiv gegen sie vor. Intern unterdrücken und ahnden sie rigoros jeglichen Zweifel, jede Abweichung von ihren Standards, sei es durch psychischen und moralischen Druck oder auch durch physischen Zwang.

3.3 Rationalität im Dienst der Leidenschaft

Eine andere Form des Verhältnisses von Emotion und Rationalität in der Religion ist der Versuch von Amtskirchen, die Vernunft für die religiöse Leidenschaft zu instrumentalisieren. Dabei wird die Vernunft von vornherein mit einem durch autoritativ vorgegebene Kriterien konstruierten Zaun der Rechtgläubigkeit umhegt und verliert so ihre Eigenständigkeit. Zugleich aber verwandelt sie die Selbstmacht der Leidenschaft in eine der Rationalität analoge kirchlich-dogmatische Distanzmacht. Einfacher ausgedrückt: Aus dem Glauben an den fordernden und versöhnenden Gott wird der Glaube an die kirchliche Lehre, dass Gott fordert und versöhnt. Auf diese Weise versucht man, das inspirierende Wirken des Heiligen Geistes rational zu domestizieren, um die weitere Entwicklung der christlichen Religion zu steuern und in den einmal festgelegten Bahnen zu halten. Das klassische Beispiel dafür ist der römische Anspruch auf Unfehlbarkeit *in rebus fidei et morum*. Der Vatikan legitimiert die Rigidität dieser Position nach außen mit dem Anspruch, den Heiligen Geist Gottes objektiv und dauerhaft zu besitzen. Daraus folgt intern das seelsorgerliche Argument, die »Mutter« Kirche könne und müsse ihre Glieder durch ihre gottgegebene Weisheit vor allen Anfechtungen des Glaubens schützen.

Die Versuchung zu solcher Bevormundung ist auch evangelischen Kirchen und Gemeinschaften nicht fremd. Sie nimmt hier nur andere Formen an. Es handelt sich hier insbesondere um die in Amerika entstandene, von vornherein dezidiert antimoderne fundamentalistische Bewegung. Hier bedient man sich einer mit der natürlichen Vernunft konkurrierenden »heiligen« Rationalität. Aller modernen Wissenschaft gegenüber beruft man sich auf die Irrtumslosigkeit der Bibel, die durch wörtliche göttliche Inspiration garantiert sei.[11] Das motiviert eine rigide Kontrolle der Rechtgläubigkeit, die aber praktisch eher »von unten« durch die Gemeindeglieder ausgeübt wird. Aus der genannten Grundüberzeugung schöpft man die Kraft zur leidenschaftlichen Bekämpfung aller natürlichen Rationalität in der Schriftauslegung. Der ungeschichtliche und autoritäre Charakter der Argumentation gilt dieser Sonder-Rationalität als ultimativer Wahrheitsbeweis.

3.4 Eine neuprotestantische Synthese

Ein bedeutender Repräsentant der bis heute wirksamen neuprotestantischen Synthese von religiöser Leidenschaft und freier Vernunft ist Rudolf Otto mit seinem berühmten Buch über das Heilige.[12] Zwar hat er darin das Transzendente, Göttliche als das »Ganz Andere«, »Irrationale« bestimmt, als *mysterium tremendum* und *fascinans*, das abgrundtiefe Furcht auslöst und unwiderstehliche Anziehungskraft ausübt. Damit nimmt es primär die Leidenschaft des Menschen

---

[11] Diese Grundthese ist programmatisch festgeschrieben in den Programmschriften Niagara Creed von 1878, dem Chicago Statement on Biblical Inerrancy von 1978 sowie dem Chicago Statement on Hermeneutics von 1982.

[12] Vgl. RUDOLF OTTO, Das Heilige. Über das Irrationale in der Idee des Göttlichen und sein Verhältnis zum Rationalen, Breslau 1917, hier nach ^{10}1923 zitiert. Danach die folgenden Seitenzahlen im Text.

in Anspruch. Soweit scheint Otto eher ein Repräsentant des vielgestaltigen theologischen Aufbruchs im Schatten der Katastrophe des I. Weltkrieges zu sein, der die bürgerlich-liberale, schiedlich-friedliche Synthese von Leidenschaft und Vernunft eigentlich verabschieden wollte. Doch nun versucht er, dieses Neue zurückzubinden an Grundannahmen der Epoche Schleiermachers und des Deutschen Idealismus. Dazu führt er die Unterscheidung des »Numinosen« vom »Heiligen« ein. Wenn das Numinose, d. i. das Göttliche, auf die dem Menschen innewohnende religiöse Anlage trifft, erweckt es sie zu einem »religiösen Trieb« (143-145), der »Drang und Wille« (135), »stärkster Affekt« (130), also Leidenschaft ist. Die Verschmelzung dieser Leidenschaft mit der Vernunft zu einer unlöslichen Einheit nennt Otto das Heilige (14f. 20f. 40f.). Dieses sei das Numinose als »das vollkommen mit rationalen, zwecksetzenden, persönlichen und sittlichen Momenten Durchdrungene und Gesättigte«, also eine harmonische Synthese von leidenschaftlicher Religiosität mit freier Rationalität (137). Diese Synthese durchläuft in der Geschichte der Religion einen kulturellen Entwicklungsprozess, bis sie im Christentum – und speziell im Protestantismus – ihre höchste Stufe erreicht (94. 137-139). Auch mit diesem evolutionären Verständnis folgt Otto dem Deutschen Idealismus, obwohl die religionswissenschaftliche Forschung es inzwischen vielfach in Frage gestellt hatte.

Wenn jedoch das Numinose im strengen Sinn das »Ganz Andere« ist, dann kann es keine solche harmonische Synthese mit dem Relativen eingehen. Vielmehr gerät der sich ihm ausliefernde Mensch immer wieder durch Zweifel, Unentschlossenheit oder auch ausdrücklichen Widerstand in

Gegensatz zum Numinosen, so dass die Verbindung von religiöser Leidenschaft und Vernunft stets prekär bleibt. Für diese spannungsgeladene Wirklichkeit ist in Ottos Entwurf kein Platz.[13]

3.5 Leidenschaftslose Alltagsrationalität

Während alle bisher diskutierten Formen religiöser Rede Vernunft und Leidenschaft als an die Unbedingtheit des Heiligen gebunden verstehen, wenngleich in ganz unterschiedlicher Weise, greift heute in der Kirche eine Redeweise um sich, die das Heilige immer mehr aus dem Blick verliert. Da verkünden Prediger und Predigerinnen mit dem Anspruch, im Namen Gottes zu sprechen, Allerweltsweisheiten, die man in jeder Illustrierten lesen kann. Die großen Themen des christlichen Glaubens kommen da nur noch als Schablonen vor. Von religiöser Leidenschaft, ja überhaupt von religiösem Profil, kann unter diesen Umständen keine Rede mehr sein. Zugleich ist Rationalität auf die Banalität opportunistischer Zweckmäßigkeit (»mein Publikum soll sich bei mir wohlfühlen«) reduziert. Gerhard Ebeling hat diesen dramatischen Relevanzverlust, der sich seit langem angebahnt hat, als »institutionalisierte Belanglosigkeit« bezeichnet. Heute würde man das religiös verbrämten Populismus nennen.

---

[13] Vgl. dazu auch Ottos Darstellung der Rechtfertigungslehre Luthers in seinem Buch *Sünde und Urschuld*, München 1932, 43–60, in der Luthers grundlegender Gedanke, dass der Gerechtfertigte als Mensch weiterhin Sünder ist, der lebenslang der Buße bedarf, keine Rolle spielt.

Eine andere Gestalt zeitgenössischer heutiger religiöser Substanzlosigkeit ist die Ersetzung des Heiligen durch Moralismus. Da verlangen Kirchenvertreter z. B. im gegenwärtigen Konflikt von der Ukraine die Bereitschaft zu einem sofortigen Friedensschluss. Dass das Land damit die eigene Bevölkerung sowie weite Teile der ehemaligen Sowjetunion schutzlos russischer Aggression und Unterdrückung ausliefern und damit ebenso Schuld auf sich laden würde wie durch die Tötung gegnerischer Soldaten bei der Landesverteidigung, wird dabei ignoriert. Indessen gehört die Einsicht, dass ethische Konfliktsituationen wie diese immer ein Element unvermeidbarer Schuld enthalten, die der Vergebung bedarf, konstitutiv zu einem christlichen Verständnis der Sünde des Menschen.[14] Der Fehler eines solchen realitätsfernen und selbstgerechten Moralismus besteht nicht nur in einer intellektuellen Simplifizierung der Wirklichkeit. Vielmehr vergiftet er das Anliegen des Friedens und verkehrt dessen christlichen Sinn in sein Gegenteil.

3.6 Dialektik von religiöser Leidenschaft und Rationalität

Dieser grobe Überblick ermöglicht es jetzt, einen eigenen Vorschlag für die Bestimmung des Verhältnisses von Leidenschaft und Vernunft in der religiösen Rede zu formulieren. Dabei gehe ich von der Voraussetzung aus, dass religiöse Leidenschaft für eine profilierte Position als treibende Kraft unumgänglich ist. Diese Leidenschaft ist die durch das Hei-

---

[14] Zur Bedeutung der ethischen Konfliktsituation vgl. DIETZ LANGE, Ethik in evangelischer Perspektive, Göttingen ²2002, 383–410.

lige inspirierte und geleitete unmittelbare Selbstmacht des Menschen. Als solche ist sie freilich stets in der Versuchung, sich zu verselbstständigen und in Fanatismus zu explodieren oder in Schwärmerei zu verpuffen. Deshalb bedarf sie der antithetischen Leidenschaft für die eigenständige Distanzmacht der Rationalität, die ihre Freiheit der Schöpfung durch Gott verdankt. Ihre konstruktive Aufgabe besteht darin, die der religiösen Leidenschaft innewohnende göttliche Geisteskraft in natürliche, gemeinschaftliche Lebenspraxis, also in handfeste irdische Realität zu übersetzen, wie unvollkommen diese am Ende auch ausfallen mag. In dem dazu erforderlichen rationalen Diskurs setzt sich, ganz wie in nichtreligiösen Zusammenhängen, das »stärkere« Argument durch. Dazu gehört freilich immer das Bewusstsein der Relativität dieses Komparativs, das jeglichen Versuch einer Verfügung über das Heilige kategorisch verbietet.

In jedem Fall aber muss die religiöse Leidenschaft der Stachel im Fleisch der Vernunft bleiben, der ständig auf das Wagnis des Außerordentlichen, des die realen Möglichkeiten Übersteigenden dringt. Diese Funktion religiöser Leidenschaft hat sich seit Thomas Morus (1477/78–1535) die Vernunft angeeignet, indem sie säkulare Sozialutopien ausbildete. Utopische Zukunftsvorstellungen sind auch für Christen unentbehrlich, aber nur unter einer Bedingung. Sie müssen als experimentelle Leitbilder der Vernunft verstanden werden, also jederzeit korrigierbar bleiben. Sie dürfen also nicht mit dem Reich Gottes verwechselt werden. Die Vernunft muss deshalb verhindern, dass sie unter der Hand zu verbindlichen Zielen werden, die dann verbissen oder gar gewaltsam verfolgt werden.[15]

Die religiöse Betrachtung verschärft den Gegensatz zwischen der Selbstmacht der Leidenschaft und der Distanzmacht der Rationalität unendlich durch die Dimension des Übernatürlichen. Weil aber beide als gottgegeben begriffen werden, befördert und intensiviert die Konfrontation mit dem Unbedingten zugleich auch ihr Zusammenwirken. Der Wechsel zwischen beiden Impulsen kommt nie zur Ruhe, weil das Unbedingte nie mit menschlichen Zuständen oder Aktivitäten identisch wird. Das Verhältnis von Leidenschaft und Rationalität hat damit Teil an der Dialektik des Bedingten und Unbedingten.

Die Auseinandersetzung zwischen Leidenschaft und Rationalität in christlich-religiöser Rede hat ihren primären Ort im religiösen Subjekt. Sie spiegelt sich in den äußeren Konflikten, die das von ihnen geprägte Reden und Handeln unvermeidlich auslöst. An der religiösen Leidenschaft nimmt anders geartete Religiosität Anstoß, und die mit einem transzendenten Grund des Seins rechnende Rationalität wird von außen als naiv belächelt. Das hat bereits der Apostel Paulus so gesehen, wenn er an die Korinther schrieb: »Wir predigen den gekreuzigten Christus, den Juden ein Ärgernis und den Griechen eine Torheit, denen aber, die berufen sind, Juden und Griechen, predigen wir Christus als Gottes Kraft und Gottes Weisheit« (I Kor 1, 23 f.). Was die selbstsichere Wut bei den einen und den intellektuellen Stolz bei den anderen

---

[15] Vgl. dazu Dietz Lange, Zum Verhältnis von Utopie und Reich Gottes. Probleme der Begründung einer christlichen Ethik in der modernen Gesellschaft, in: ZThK 83 (1986), 507–542, 537–542, bes. 538.

überwindet, ist demnach weder der Druck emotionaler Machtausübung noch die Überzeugungskraft rationaler Argumentation, sondern die Liebe des in Christus wirksamen Gottes. Dass diese Liebe die schlechthin überlegene Macht und Weisheit ist, bleibt freilich im Kreuz Jesu verborgen und erschließt sich nur dem Glauben.

3.7 Die doppelte Verantwortlichkeit religiöser Rede

Religiöse Rede wird niemals isoliert geführt, sondern hat, ob privat oder öffentlich, stets Zuhörer und Zuhörerinnen im Blick. Nächst Gott ist sie auch diesen gegenüber verantwortlich. Insofern ist sie, ob als Predigt oder als seelsorgerliche Beratung, immer zugleich soziales Handeln. Ihre Aufgabe besteht darin, die Folgen der inneren Bindung an das Heilige für die Alltagsprobleme und Sorgen der Menschen zu explizieren. Man kann sie deshalb als einen Anwendungsfall der Zwei-Reiche-Lehre bezeichnen. Diese ist ja mehr als bloß eine sozialethische Theorie. Sie soll umfassend das Verhältnis des einzelnen Menschen zum Glauben einerseits und zu allen Aspekten weltlicher Lebenspraxis andererseits bestimmen. Sie stellt also nicht weniger als den »Schnittpunkt aller theologischen Perspektiven« dar.[16] Die beiden »Reiche« bezeichnen nicht zwei verschiedene Institutionen wie Kirche und Staat, sondern, mit Gerhard Ebeling geredet, zwei verschiedene *Foren*, das Forum Gottes und das Forum der Menschen, vor denen jeder sich für sein Reden und Handeln zu

---

[16] Vgl. GERHARD EBELING, Leitsätze zur Zweireichelehre, in: DERS., Wort und Glaube, Bd. 3, Tübingen 1975, 574–592, 578, These 12.

verantworten hat. Diese Foren lassen sich nicht gegeneinander ausspielen,[17] denn sie unterstehen beide der Herrschaft Gottes. Anders ausgedrückt: Für seinen Glauben ist der Mensch unmittelbar Gott, für die Art religiöser Rede unmittelbar den anderen Menschen, mittelbar jedoch ebenfalls Gott verantwortlich. Christen müssen heute das Forum Gottes in einer Welt, die zunehmend ohne ihn auszukommen meint, auf neue Weise bezeugen, ohne den Schutz religiöser Konventionen oder zahlenmäßiger Mehrheiten, allein durch den Einsatz religiöser Leidenschaft und redlicher Vernunft in Rede und Lebensführung.

Dass christlich-religiöse Rede stets sowohl *coram Deo* als auch *coram hominibus* zu verantworten ist, gilt in anderer Weise auch für den wissenschaftlich-theologischen Diskurs. Wissenschaftliche Theologie ist zwar nicht selbst religiöse Rede, sondern Reflexion über sie. Aber sie beschreibt die »Identität des Christentums«[18] nicht wie die Religionswissenschaft von außen, sondern von innen, denn sie wird von Christen betrieben. Zugleich verleiht ihr freilich die Reflexionsebene eine Position der Distanz. Das ermöglicht ihr als öffentlicher Rede, nicht nur der Kirche, sondern ebenso der *scientific community* und der pluralistischen Öffentlichkeit Rechenschaft abzulegen.[19]

---

[17] Vgl. a. a. O., 580, These 20.
[18] Mit der Verwendung dieses Begriffs folge ich STEPHEN SYKES, The Identity of Christianity. Theologians and the Essence of Christianity from Schleiermacher to Barth, London 1984, um die Probleme des historisch belasteten Terminus »Wesen« des Christentums zu umgehen.
[19] Vgl. DAVID TRACY, The Analogical Imagination, New York 1981,

Leidenschaft für die Sache des Christentums verbunden mit Rationalität gehört also zur unmittelbaren religiösen Rede und ebenso zur theologischen Reflexion über sie. Beiden geht es sowohl um die Sache des Glaubens als auch um einen realistischen und zugleich liebevollen Bezug zum wirklichen Leben. Zwar hat die Unmittelbarkeit der Leidenschaft intern in der Gemeinschaft der sich zum Glauben Bekennenden das relativ größere Gewicht, während dieses in der Theologie der vernünftigen Argumentation zukommt. Aber das ist nur ein relativer Unterschied. Weder dürfen Prediger und Predigerinnen gegen die von der Vernunft gebotene Wahrhaftigkeit und gegen gesicherte Erkenntnis verstoßen, noch dürfen akademische Theologen und Theologinnen in den Streitfragen des Glaubens neutral bleiben.

Es bleibt also bei einem spannungsgeladenen Wechselspiel von Leidenschaft und Rationalität in der religiösen und theologischen Rede. Der Glaube des einzelnen Subjekts ist deshalb zugleich leidenschaftliche Gewissheit und unaufhebbare Schwebe. Gegenüber anderen Menschen stehen wir vor der Frage, was wir einander im Sinne leidenschaftlicher Nächstenliebe oder auf Grund vernünftig-pragmatischer Abwägung zumuten *dürfen* und was wir einander im Namen sowohl der religiösen Leidenschaft als auch des vernünftigen Wirklichkeitssinnes zumuten *müssen*. Wie beides im Einzelfall zu gewichten ist, muss der verantwortlichen Entscheidung der Einzelnen und dem darauf aufbauenden engagier-

---

3-46; Ingolf U. Dalferth, Kombinatorische Theologie (QD 130), 1991, 49-58; Dietz Lange, Die drei öffentlichen Rechenschaftspflichten der Theologie, in: ZThK 96 (1999), 286-298.

ten Dialog in der jeweiligen Situation überlassen bleiben. Nur so lassen sich die Scylla der Nonchalance und die Charybdis des Radikalismus vermeiden.

Als Zusammenfassung der vorstehenden Überlegungen mag ein Satz des schwedischen Hofpredigers Abraham Pettersson (1724–1763) dienen. Er steht in dem von ihm verfassten Pfarrerspiegel, der als Plakat bis heute in den meisten schwedischen Sakristeien – und in meinem Arbeitszimmer – hängt, und lautet: »Mache jede Predigt so, als ob sie die letzte wäre, sowohl für dich als auch für den Zuhörer.«[20] Der Prediger wird freilich zugleich die vernünftige Hoffnung hegen, noch mehr »letzte Predigten« halten zu können. Deswegen wird er gelassen bleiben und den religiösen Ernst mit einer vernünftigen Betrachtung der »vorletzten« Wirklichkeit verbinden. Mit Jesu Bergpredigt geredet: »Es ist genug, dass jeder Tag seine eigene Plage hat« (Mt 6,34).

---

[20] Der schwedische Text mit dem Titel »Du. HErrans. Tjenare« lautet auf der Originaltafel, die sich in der Sakristei der Riddarholmskirche in Stockholm befindet: »Gör. Hvar. Predikan. Såsom. Hon. Blefve. Den. Sidsta. Både. För. Dig. Och. Åhöraren.« Zitiert nach BENKT-ERIK BENKTSON, Du Herrens tjänare. En analys av Abraham Petterssons teologiska typ, Lund 1968, 351.

Moralisierung

Begründung und Begrenzung des Moralischen

Eine Skizze zum Neubau der Sittlichkeit bei Jesus von Nazareth

Jan Dochhorn

1. Das Scheitern des Moralischen und der Nutzen einer Besinnung auf Jesus von Nazareth

Es gibt ein Scheitern des Moralischen in unseren Gesellschaften (vornehmlich in westlich dominierten Kulturen), und das heißt: Moraldiskurse werden destruktiv; sie laufen dann überwiegend nicht auf ein Tun des Guten und ein besseres Leben infolge dieses Tuns hinaus, sondern kollektiv auf seelisches wie materielles Leid und individuell auf die Erniedrigung von Menschen. Es geht damit vielfach eine (Selbst-) Erhöhung von (Gut-) Tätern einher, wobei dieser von den Tätern für sich selbst erzielte (Pseudo-) Gewinn kaum je so groß ist wie das von ihnen angerichtete Elend.[1]

---

[1] Zur oben vorgenommenen Bilanzierung vgl. CARLO M. CIPOLLA, Die Prinzipien der menschlichen Dummheit, in: DERS, Allegro ma non troppo, aus dem Italienischen von Moshe Kahn, Berlin ⁴2024 (*1988 [italienisch]), 49–82. Im Anschluss an die humoristische Gesellschaftsanalyse Cipollas wird man die Gut-Täter überwiegend nicht als Banditen zu bezeichnen haben (als solche, die sich auf Kosten anderer einen Vorteil verschaffen; Bilanzeffekt: +1/-1; Gesamtbilanz: 0), sondern als Dummköpfe, die anderen schaden und selber entweder nichts davon haben oder gar einen Verlust (Bi-

Es wird über dieses Phänomen in anderen Beiträgen zu diesem Band mehr zu verhandeln sein als hier; nur vier Aspekte sind gesondert hervorzuheben: 1. Allfällig ist das Phänomen »Moral für andere«: Viele »gute« Menschen können es mit ihrem Gewissen nicht vereinbaren, dass Mitmenschen unmoralisch handeln, reden oder denken, und gehen gegen diese Mitmenschen dann vor – gewöhnlich mit unlauteren, und das will heißen: unmoralischen Mitteln. 2. Kriterium des Moralischen ist oft gesunkenes Kulturgut christlicher Provenienz. So ist etwa von der Schuld von Kollektiven die Rede (der Deutschen, der Weißen etc.), auffälligerweise zeitgleich mit einem auffälligen Schweigen über (individuale) Sünde und (menschheitlich-kollektive) Erbsünde in den Kirchen. 3. Bezogen ist das Moralische oft eher auf Gesellschaftliches als auf Moralisches: Sozialethik verdrängt Individualethik. Die moralische Forderung erscheint dabei gewöhnlich als eine Forderung an die Gesellschaft: Mora-

---

lanzeffekt: -1/0 oder -1/-1; Gesamtbilanz: -1 oder -2). Ich verweise auf Cipollas Traktat über die Dummheit aus zwei Gründen: 1. Zu demonstrieren ist, dass sich Böses, welches sich eben auch in der Pervertierung des Moralischen manifestiert, nicht primär als rational gesteuertes Handeln verstehen lässt denn vielmehr als unbewusste Dynamik (die sich dann in dummem Tun äußert). Böses ist nicht primär Durchtriebenheit, als vielmehr *Ge*triebenheit, ist weniger Willen als vielmehr Schwäche. Eine satanologische Erklärung des Bösen kommt diesem besser bei als die Idee von einer Vorsätzlichkeit des Bösen, wie man sie bei Gericht benötigt. 2. Ohne Humor wird man mit dem Phänomen des Bösen nicht fertig. Auch Jesus hatte Humor; vielleicht lässt sich dies auch zuweilen in diesem Artikel erkennen.

lisch ist nicht eigenes Tun, sondern die Forderung, dass etwas getan werden müsse – von der Gesellschaft, und das heißt: von anderen. Auch so äußert sich Moral für andere.
4. Mit Moralismus ist oft Bigotterie verbunden: Die Generation Klima, die der älteren Generation vorwirft, ihr die Zukunft geklaut zu haben, ist auch die Generation Vielflieger; führende Vertreter der Klimabewegung leben uns auch vor, wie man anspruchsvoll (Ressourcen beanspruchend) auf Reisen geht.[2]

Alle oben genannten Punkte können Anlässe zu einer Besinnung auf christliche Ursprünge sein: Kritik an einer Moral für andere kann man bei Jesus (und Paulus) lernen, Kritik an der Bigotterie ebenfalls.[3] Was den Fokus auf der Sozialethik betrifft, so wird man beim Urchristentum beobachten können, dass dieser bei ihm eher schwächer ausgeprägt ist, was auf eine Fehlgewichtung in »unser« Deontologie deuten könnte. Aber es bleibt zu konstatieren, dass wir damit nicht bei dem wären, was die frühen Christen beabsichtigen, sondern eher bei dem von ihnen – fast schon unwissend – Unterlassen, weswegen dieser Aspekt hier nicht sehr zur

---

[2] Vgl. STEFFEN FRÜNDT, Von wegen Flugscham – Gen Z und Millennials fliegen öfter als Boomer, WELT vom 28.08.2023, URL: https://www.welt.de/wirtschaft/article246938790/Klimabewusste-Jugend-Gen-Z-und-Millennials-fliegen-oefter-als-Boomer.html (Stand: 15.06.2024).

[3] Dass eine solche Möglichkeit besteht, habe wiederum ich gelernt von SEBASTIAN MOLL, vgl. DERS., Jesus war kein Vegetarier, Berlin 2011; DERS., Du sollst nicht atmen. Warum wir am besten das Atmen einstellen sollten und andere Erkenntnisse aus dem Jetzt. Mit Cartoons von Thomas Plaßmann, Asslar 2013.

Geltung kommt. In besonderem Maße kann der zweite Punkt Anlass zu einer Besinnung auf christliche Ursprünge sein: Gesunkenem Kulturgut eignet Unbewusstheit, und Unbewusstes entgeht der Kontrolle und kann damit eine unkontrollierte, auch gefährliche Dynamik entfalten. Bewusstmachung wird erforderlich, und dabei kann helfen, wenn man erkundet, wo dasjenige herkommt, das in den Zustand gesteigerter Bewusstheit zu heben ist.

Aber es gibt noch einen anderen Grund für den Rekurs auf christliche Ursprünge und dabei speziell auf Jesus von Nazareth: Eine Krise des Moralischen gibt es nicht nur heutzutage, sondern gab es auch in Jesu Zeit; ich spreche in diesem Zusammenhang von einer Krise der Gerechtigkeit im frühen Judentum.[4] Sie hat produktive Reaktionen ausgelöst, bei jüdischen Zeitgenossen Jesu und bei Jesus selbst. Man kann von solchen Parallelen lernen, und einen solchen Lernvorgang hoffe ich zu befördern, indem ich anschließend skizziere, wie Jesus von Nazareth mit Grundfragen des Moralischen umging.

Mit dem Wort »Grundfragen« deute ich etwas an, das für das hier gezeichnete Bild entscheidend sein wird: Jesus hat vom Tun des Guten nicht »einfach so« geredet und hat auch nicht »einfach so« Gutes getan, sondern geht aus von systemhaften Voraussetzungen: Ethische Sätze bilden bei ihm nicht eine Fläche, sondern ein raumartiges Gebilde mit Strukturen von Hierarchisierung, von denen her sich auch

---

[4] Vgl. JAN DOCHHORN: Zur Krise der Gerechtigkeit im frühen Judentum. Reflexionen über das Entstehungsmilieu des frühen Christentums, in: Biblische Notizen 155 (2012), 77–111.

eine Relativierung ethischer Sätze ergibt. Mit der Begründung des Moralischen ist dann eine Begrenzung des Moralischen verbunden; Moralisches gilt nicht absolut, sondern relativ – aufgrund höherer Sätze ethischen oder außerethischen Inhalts. Vielfach ist es gerade diese fundamentalethische Arbeit Jesu, aufgrund derer sich bei ihm Abweichung ergibt von dem, was Mitmenschen dachten, auch Anlass zu Konflikt, zu lebensgefährlichem Konflikt. In diesem Sinne soll hier von einem »Neubau der Sittlichkeit« bei Jesus die Rede sein. Sprachlich mag diese Wendung etwas antiquiert erscheinen – und kommt nicht zuletzt damit an ihr Ziel: Sie konnotiert überkommene (veraltete?) Rede von der eigenständig denkenden wie auch neuschaffenden Persönlichkeit und scheint gerade so geeignet, Jesus von Nazareth als einen theologisch – und ethisch – kreativen Denker vor Augen zu führen.

Eine ausgearbeitete Methodologie kann nicht Sache einer kurzen Skizze sein. Gleichwohl sind hier – zur besseren Orientierung – einige Merkmale des hier vollzogenen Forschungsvorgangs zu benennen: 1. Es liegt hier nicht eine Gesamtdarstellung über Jesu Reden vom Tun des Guten vor, sondern eher eine Rhapsodie, ein (Im-) Provisorium.[5] Zur Ethik Jesu von Nazareth wird also nicht »alles« geboten, sondern einiges, von dem her sich aber der Eindruck von etwas Systemischem

---

[5] Gesamtdarstellungen zur Ethik Jesu sind anderenorts zu haben, vgl. etwa PAUL WERNLE, Jesus, Tübingen 1917 (*1916), 102–204; GERD THEISSEN / ANNETTE MERZ, The Historical Jesus. A Comprehensive Guide, London 2006 (*1998; deutsche Originalausgabe 1996), 347–403.

ergibt, wie wenn von einem größeren Bauwerk nur Ansätze des räumlich Vorhandenen gezeigt werden, etwa ein Gebäudeflügel. Vor Augen geführt wird hier in der Hauptsache ein bestimmter Zusammenhang: Jesus sah sich als der Menschensohn und damit als der neue Adam, begabt mit der urzeitlichen Herrschersouveränität des Menschen, die sich auf Naturgegebenheiten gleichermaßen wie auf das Gesetz bezog und die er weitergeben konnte an Mitmenschen, nicht zuletzt seine Jünger; Menschensohn und Mensch konnten für ihn, mit Urmenschen-Souveränität ausgestattet, frei über Natur und Gesetz verfügen. Es liegt hier eine These zur synoptischen Menschensohn-Überlieferung vor, die meines Wissens in der Jesusforschung neu ist[6]; sie beruht auf Vorarbeiten, die ich bereits veröffentlicht habe[7], bleibt aber präliminär, auch

---

[6] Für einen ersten Überblick über die Jesusforschung vgl. DAVID S. DU TOIT, Redefining Jesus. Current Trends in Jesus Research, in: MICHAEL LABAHN / ANDREAS SCHMIDT, Jesus, Mark and Q. The Teaching of Jesus and its Earliest Records, in: Journal for the Study of the New Testament 214 (2001), 82-124; THEISSEN/MERZ, Jesus, 1-15; PER BILDE, The Originality of Jesus. A Critical Discussion and a Comparative Attempt (Studia Aarhusiana Neotestamentica 1), Göttingen 2013, 49-68. Zur nahezu unübersehbaren Diskussion um den Menschensohn vgl. MOGENS MÜLLER, The Expression »Son of Man« and the Development of Christology. A History of Interpretation (Copenhagen International Seminar), Sheffield/Oakville 2008.

[7] Vgl. DOCHHORN, Krise; DERS., Man and the Son of Man in Mk 2:27-28. An Exegesis of Mk 2:23-28 focussing on the Christological Discourse in Mk 2:27-28 with an Epilogue concerning Pauline Parallels, in: EVE-MARIE BECKER u. a. (Hrsg.), Mark and Paul. Comparative Essays, Part II: For and against Pauline Influence on Mark

in diesem Beitrag. Eine wichtige Voraussetzung ist religionsgeschichtliche Arbeit mit parabiblischen Texten, unter anderem dem Jubiläenbuch, dem Testament Salomos, dem Testament Hiobs, der Apokalypse des Mose und der Vita Adae et Evae, die ich mit neutestamentlichen Daten in Verbindung bringe.[8] Und festzuhalten ist: Viele Themen kommen in die-

---

(Beihefte zur Zeitschrift für die neutestamentliche Wissenschaft 199), Berlin 2014, 147-168; DERS., Von Jesus zu Paulus. Zur Entwicklungsgeschichte der Theologie des Gesetzes im Urchristentum, in: UDO RÜTERSWÖRDEN (Hrsg.), Ist die Tora Gesetz? Zum Gesetzesverständnis im Alten Testament, Frühjudentum und Neuen Testament (Biblisch-Theologische Studien 167), Göttingen 2017, 1-54; DERS., Die Versuchung Jesu bei Lukas und Matthäus. Eine Geschichte von der Selbstfindung des Dämonenbezwingers und neuen Salomo, in: JÖRN BOCKMANN / JULIA GOLD (Hrsg.), Turpiloquium. Kommunikation mit Teufeln und Dämonen in Mittelalter und früher Neuzeit (Würzburger Beiträge zur Deutschen Philologie 41), Würzburg 2017, 233-257.

[8] Zu den parabiblischen Texten können hier nicht durchweg Literaturangaben gemacht werden; es muss ein genereller Verweis auf ein Repertorium genügen; vgl. JEAN CLAUDE HAELEWYCK, Clavis Apocryphorum Veteris Testamenti, Turnhout 1998. Halbwegs aktuelle und passable Übersetzungen finden sich bei JAMES HAMILTON CHARLESWORTH, The Old Testament Pseudepigrapha, New York etc. 1983-1985 (2 Bände). Eine in Jerusalem entstandene Hellenisten-Literatur erhebe ich und korreliere sie mit Paulus bei JAN DOCHHORN, Der Adammythos bei Paulus und im hellenistischen Judentum Jerusalems. Eine theologische und religionsgeschichtliche Studie zu Rm 7,7-25 (Wissenschaftliche Untersuchungen zum Neuen Testament 469), Tübingen 2021, 546-620, vgl. speziell 615-618 über ein vorpaulinisch-christliches Milieu in Jerusalem und seine palästinischen Hintergründe.

sem Beitrag nicht vor, etwa die Reich-Gottes-Verkündigung, Glauben und Gebet, Liebesethik etc. Der Vorteil des Verfahrens: Es verlautet tendentiell eher Neues über Jesus. 2. Traditionsgeschichtliche Arbeit weist hier ein besonderes Profil auf, bedingt durch ein Konzept von religiöser wie kultureller Umwelt, mit dem diese nicht zuständlich, sondern dynamisch verstanden wird. Kreative theologische Arbeit hat – wie gewöhnlich auch sonst – bei Jesus einen Kontext, und das bedeutet näherhin: Jesus ist kreativ geworden, nicht weil andere bloß konventionell gewesen wären, so dass speziell Jüdisches bei ihm nur Hintergrund wäre, von dem er sich durch Eigenheit abhöbe, sondern er wurde kreativ neben oder auch in Auseinandersetzung mit der Kreativität von anderen; er hat nicht Kluges gesagt, weil andere Dummes (und bloß Übernommenes) gesagt hätten, sondern es gab Kluges neben ihm, mit dem er koexistierte oder sich befasste.[9] 3. Eine Dif-

---

[9] Das methodische Bemühen um den Kontext ist, wenn auch nicht ausschließlich, so doch zu einem guten Teil einem hermeneutischen Anliegen geschuldet, das für moderne Theologie und Exegese nicht untypisch ist: Jüdisches, das nun einmal in der Hauptsache die Umwelt Jesu darstellt, soll in seinem Eigenwert gewürdigt werden. In der Forschung zum Historischen Jesus seit dem letzten Viertel des 20. Jahrhunderts (die sogenannte »Dritte Suche« / »Third Quest«) geht damit ein Bekenntnis zur jüdischen Identität des Historischen Jesus einher, vgl. hierzu TOM HOLMÉN, The Jewishness of Jesus in the Third Quest, in: MICHAEL LABAHN / ANDREAS SCHMIDT, Jesus, Mark and Q. The Teaching of Jesus and its Earliest Records (Journal for the Study of the New Testament; Supplement Series 214), Sheffield 2001, 82–124; THEISSEN/MERZ: Jesus, 143–162. Zu beachten ist dabei jedoch, dass eine – durchaus affirmative – Wahrnahme des Jüdischen bei Jesus keineswegs erst

ferenzierung zwischen Historisch-Jesuanischem und Nicht-Historisch-Jesuanischem in der Jesusüberlieferung wird hier zwar vorgenommen, kaum aber mit der nötigen Ausführlichkeit.[10] Erst recht wird hier nicht verhandelt, was es bedeutet, dass Jesus von Nazareth als ein Gegenstand der Geschichtswissenschaft auch der Gott-Christus der Christenheit ist. 4. Mit der Differenzierung zwischen Jesuanischem und Postjesuanisch-Kirchlichem in der Jesusüberlieferung hängt eine Fragestellung zusammen, die den theologischen Gehalt der Quellen betrifft: Zu unterscheiden ist, ob Jesus-Traditionen ethischen Gehalts (jüdische) Menschen generell betreffen oder Christen und in Verbindung damit, ob sie anthropolo-

---

eine Angelegenheit moderner Jesusforschung ist. Man vergleiche etwa, was man unter der Überschrift »Volkstum und Eigenart« findet bei WERNLE: Jesus, 1–40. Jüdisches begegnet dort als etwas, das Jesus tief und fortbleibend prägt, vor dem sich dann seine Eigenart abhebt, freilich auch diese nicht notwendigerweise so, wie Licht aus dem Schatten hervortritt. Ein Unterschied zu Wernle ergibt sich in diesem Beitrag, von sachlichen Konkreta abgesehen, vor allem dahingehend, dass Judentum hier nicht primär als Prägung verstanden wird, sondern als Diskurskontext – und nicht primär als etwas Statisches, das Zuständliches bei Jesus hinterlässt, sondern als prozesshaft-dynamisches Geschehen, mit dem gedanklich Neues entsteht und auf das Jesus kreativ reagieren kann.

[10] Die Analyse der Schichtungsverhältnisse in der Jesusüberlieferung ist notorisch umstritten, heute wie seit Beginn der sogenannten kritischen Forschung. Wie ein führender Jesusforscher, nämlich John P. Meier, im Jahre 2009 speziell Überlieferung zur Ethik Jesu diachron analysiert, lässt sich erkunden bei WILLIAM R. G. LOADER, Jesus and the Law Revisited, HTS Teologiese Studies 67, Art. 824 (online).

gischer oder ekklesiologischer Natur sind. Nicht immer gelingt diese Unterscheidung, und auch das kann etwas bedeuten (nämlich dass eine Grenzziehung von Kirche und Nicht-Kirche nicht immer intendiert ist). Und nicht immer kann die Differenzierung von Ekklesiologie und Anthropologie hier explizit vorgenommen werden. 5. Ein Bezug auf Aktuell-Gesellschaftliches ist hier nicht als Daueraufgabe verstanden, findet aber gelegentlich statt und dann auch nicht ohne Absicht. Ich gehe davon aus, dass Gegenwart Vergangenheit und Vergangenheit Gegenwart beleuchten kann; ebenso sind aber auch die Risiken zu berücksichtigen, in der Hauptsache Anachronismus und Projektion. Ein erster Schritt zur Risikowahrnehmung kann darin bestehen, dass man aktuelle Bezüge explizit herstellt, so dass sie dem Autor also nach Möglichkeit nicht unterlaufen, sondern von ihm absichtlich namhaft gemacht werden.

Was ist nun nachfolgend darzustellen? Am Anfang soll es um den gesellschaftlichen Kontext Jesu gehen: Dieser ist im Wesentlichen das palästinische Judentum, das sich in einem Zustand der Krise befand, der nicht nur Gewalt, sondern auch kulturelle Innovation auslöste, unter den jüdischen Zeitgenossen Jesu ähnlich wie auch bei ihm selbst und der sich ihm anschließenden Bewegung (2). Darauf soll – ohne Anspruch auf Vollständigkeit – Grundlegendes zum Neubau der Sittlichkeit bei Jesus skizziert werden (3). Ein kurzer Ausblick wird am Ende stehen; er wird nicht ganz unerörtert sein lassen, dass Jesus von Nazareth gewaltsam gestorben ist (4).

2. Krise, Neubau der Sittlichkeit und Lebensreform im jüdischen Kontext Jesu

Palästina, näherhin das jüdische Palästina, war zur Zeit Jesu eine Gesellschaft in der Krise, schon seit Längerem. Vom Ende her – Tempelzerstörung und die Katastrophe Bar Kochbas – können wir sagen, was in der Hauptsache nicht stimmte: Die Juden kamen mit dem Phänomen imperialer Herrschaft nicht zurecht; sie taten sich offensichtlich etwas schwerer mit der Fremdherrschaft als andere unterjochte Völker, und das war der Fall schon unter griechischer bzw. seleukidischer Dominanz sowie dann schließlich unter den Römern mit ihren herodianischen Vasallen.

Ein bestimmtes Phänomen, das für die Genese des Christentums besonders relevant war, soll in diesem Zusammenhang einmal besonders gewürdigt werden: Unsere literarischen Quellen lassen seit dem Beginn der hellenistischen Zeit Einwirkungen von Dämonen auf Menschen und nicht zuletzt dämonische Besessenheit mehr und mehr zur Sprache kommen. Schon ältere Henochüberlieferung im Wächterengelbuch, wohl dem 3. Jh. v. Chr. entstammend, bietet eine Ätiologie der Dämonen (sie stammen aus den illegitimen Ehen der Wächterengel mit Menschen), vgl. 1 Hen 15–16. Das Jubiläenbuch, abgefasst in der Mitte des zweiten Jahrhunderts vor Christus, weiß dann von Büchern des Noah, die gegen Dämonen helfen sollen (Lib Jub 10,12–14). Josephus führt einige Zeit danach, im ersten Jahrhundert nach Christus, exorzistisches Wissen auf König Salomo zurück, vgl. Antiquitates VIII,46–48, wo Josephus von dem Exorzisten Eleazar berichtet, der in der Gegenwart Vespasians und des römischen Heeres einem Besessenen den Dämonen aus der Nase gezogen hat. Ein Wissen um Salomo als Exorzisten scheint hier vorausgesetzt. Wahrscheinlich ist es zeitgleich aufgekommen mit der im Testament Salomos bezeugten Vorstellung, Salomo habe den Tempel mit Hilfe der Dämonen erbaut, die er dann im Tempel eingeschlossen habe.[11] Eine solche Überlieferung ergibt Sinn im Zusammenhang mit dem Tempelbau des Herodes: Der leistet eben, so die wenig freundliche Implikation, nicht, was beim Tempelbau Salomos damals möglich war: Damals waren die Dämonen unter Kontrolle, heute hat man permanent Ärger damit, trotz der Marmorpracht in Jerusalem. Der Exorzist Salomo dürfte ein Anti-Herodes sein, zumindest zu einem guten Teil.[12]

---

[11] Zum Testament Salomos vgl. jetzt Felix Albrecht unter Mitarbeit von Jan Dochhorn (Hrsg.), Editionen und Studien zum Testamentum Salomonis (Parabiblica 1), Tübingen 2023. Dort finden sich auch von mir Beiträge zur Interpretation des Test Sal und zu seiner Bedeutung für die neutestamentliche Wissenschaft. Die oben nachfolgend skizzierte These zum Herodes-Bezug der Kernerzählung des Test Sal trage ich dort noch nicht vor.

[12] Die Kernerzählung des Test Sal wird nicht nur jüdischen Antiherodianismus bedient haben: War der Exorzist Salomo erst einmal etabliert und dann durch erfolgreiche Exorzismen beglaubigt, so konnte er auch interessant werden für religiös indifferente Juden oder sogar Heiden. Solche Menschen konnten dann das Wirken Jesu dahingehend interpretieren, dass er wie Salomo die Dämonen mit Hilfe des Oberdämonen Beelzebul ausgetrieben habe, vgl. Lk 11,15 (dort wird die Beelzebul-Theorie von unspezifizierten »bestimmten Leuten« = τινες vorgetragen; in den Parallelen sind dies Gegner Jesu: bei Markus Schriftgelehrte aus Jerusalem, bei Matthäus Pharisäer, vgl. Mk 3,22; Mt 12,24), s. dazu Jan Doch-

Welche Dynamik liegt dem solchermaßen ausgeprägten Dämonismus in Palästina zugrunde? Die Geschichte vom Besessenen in Gerasa (Mk 5,1–20 par) lässt ahnen, was sozialpsychologisch/tiefenpsychologisch hinter dem Phänomen der Besessenheit steckt. Jesus treibt dort einen Dämon aus, der zugleich eine Vielheit von Dämonen ist; die Dämonen fahren in eine Schweineherde, die sich in das Meer stürzt (in den See Genezareth). Der Dämon, der dem Irrsinnigen dort von Jesus ausgetrieben wird, heißt »Legion« (λεγιών; Mk 5,9), ist also symbolisch isotop mit einem römischen Besatzungsheer. Und es ist auch erkennbar, was man dieser Besatzung wünscht: Der Dämon wie die Römer sollen zusammen mit den von ihnen so gern gegessenen Schweinen in das Meer fahren![13] Die Juden litten unter der römischen Besatzung, ob herodianisch vermittelt oder nicht. Es ist eben nicht egal, wer einen regiert – eigene Leute oder Fremdmächte –, und nationale Souveränität ist keine Nebensache. Eine Generation von Akademikern, die Ethnizität tendenziell delegitimiert (entweder durch Dekonstruktion oder durch Dämonisierung)[14], muss dies wahrnehmen lernen.

HORN: Warum das Testament Salomos wichtig ist. Ein Beitrag aus neutestamentlicher Sicht, in: ALBRECHT, Testamentum Salomonis, 265–270.

[13] Diese Interpretation der Gerasa-Episode verdanke ich GERD THEISSEN: Soziologie der Jesusbewegung (Kaiser Taschenbücher 35), München 1977, 95–96, wo auch der oben erläuterte Zusammenhang von Dämonismus und Besatzungsherrschaft reflektiert wird.

[14] Was oben zu einem modernen Umgang mit Ethnizität gesagt ist, lässt sich folgendermaßen explizieren: 1. *Dekonstruktion* des Ethnischen liegt vor, wenn diesem gänzlich oder in einer bestimmten

Die Juden Palästinas blieben angesichts der Malaise nicht apathisch, was andeuten kann, dass die Fremdherrschaft nicht so drückend war wie etwa eine totalitäre Kultur. Es lässt sich eine Vielfalt kreativer Versuche beobachten, Israel und ein seinem Gott entsprechendes Leben neu zu bestimmen. Gemeinsam ist diesen Versuchen oftmals ein Zug ins Grundsätzliche: Die Gemeinschaft von Qumran, der Jachad, wie ihn qumranische Texte nennen, übte heftige Kritik am Jerusalemer Tempelkult, mied ihn vielleicht sogar ganz; sie

> Hinsicht Nichtvorhandensein oder Irrelevanz zugeschrieben wird, hauptsächlich folgendermaßen: a. Ethnizität ist sozial konstruiert und damit nicht wirklich ein Seiendes. Warum ein Konstruiertes nicht ein Seiendes sein soll, bedürfte der Klärung. b. Ethnizität mag es geben, aber wirklich relevant sind Klassenkonflikte und Einkommensunterschiede; dies ist der Standpunkt einer herkömmlichen und gewöhnlich marxistisch inspirierten Sozialkritik. Ansätze einer Sozialkritik, die der neuzeitlichen ähnelt, findet man im frühen Christentum übrigens weniger bei Jesus als vielmehr bei seinem Bruder Jakobus, wenn der Jakobusbrief denn auf ihn zurückgeht, vgl. die Kritik der Reichen in Jak 5,1-5, die unter anderem Großgrundbesitzern etwas wie Mehrwertabzweigung vorwirft. 2. *Dämonisierung* von Ethnizität läuft auf die Einschätzung hinaus, dass diese gefährlich sei, Kriege auslöse, überwunden werden müsse.
> Gewöhnlich koexistieren die hier skizzierten Konzepte zur Ethnizität eher als dass sie miteinander disharmonieren; progressive Menschen und Ideologien vertreten mitunter alle gleichzeitig. Dies deutet einen Mangel an Reflexion an; es ist wahrscheinlich, dass Leugnung und Dämonisierung eines Phänomens, wenn koexistierend, die Verkennung des Phänomens als gemeinsame Ursache hat. Auch die Überhöhung des Phänomens wird auf Verkennung beruhen, was hier indes nicht entfaltet werden kann.

profilierte sich durch Verwendung eines an der Sonne orientierten (Fest-) Kalenders und durch spezielle Ritualhandlungen, entwickelte auch eine unabhängige Halakha.[15] Ähnlich fundamental könnte der Ansatz bei Johannes dem Täufer gewesen sein, der sich ausweislich des Josephus in Palästina erheblicher Popularität erfreute (vgl. Antiquitates XVIII,116–119): Die Taufe im Jordan implizierte vermutlich eine Rückkehr ganz zu den Anfängen Israels, zur Landnahme. Schon bei der Stadt Adam, während der Überquerung des Jordans, hätten sie gesündigt, warf Hosea Israel vor (Hos 6,7), und eine ganz ähnliche Kritik äußerte möglicherweise Johannes – in dem Sinne, dass für eine rechte Begründung jüdischen Lebens der Einzelne wie Israel ganz von vorne beginnen müsse, auch wenn dies nicht unbedingt eine konkrete politische Bedeutung haben musste.[16] Eine solche gewann dasselbe Motiv bei Theudas, der den Jordandurchzug gewaltsam wiederholen wollte – mit für ihn und

---

[15] Es ist umstritten, welche Werke unter den Qumranfunden zum Jachad gehören und wie der Jachad sich entwickelte und positionierte; selbst eine Verbindung des Jachads zu dem Gebäudekomplex in Qumran steht in Frage. Zur Orientierung vgl. DANIEL STÖKL / BEN EZRA, Qumran (Jüdische Studien 3), Tübingen 2016.

[16] Ansätze zu einer Begründung und Entfaltung des oben zu Johannes dem Täufer Vermuteten finden sich bei DOCHHORN, Adammythos, 526–529 und DERS., Βηθαβαρᾶ in Joh 1,26. Eine Variante und ihre religionsgeschichtlichen Hintergründe, demnächst veröffentlicht von Jörg Frey. Es ist eher untypisch für die bisherige Forschung zum Historischen Täufer, vgl. zu dieser KNUT BACKHAUS, Echoes from the Wilderness. The Historical John the Baptist, in: TOM HOLMÉN / STANLEY E. PORTER (Hrsg.), Handbook for the Study of the Historical Jesus, Leiden etc. 2011 (4 Bände), II, 1747–1785.

seine Anhänger letalen Folgen (Josephus, Antiquitates XX,97-99; vgl. Acta 5,36). Eine Tendenz zum Fundamentalen ist vermutlich auch den Pharisäern nicht abzusprechen: Die synoptischen Evangelien, nach wie vor die auskunftsstärksten Quellen zu dieser Bewegung, lassen einen Perfektionismus auch in der Regelung des Details erkennen (vgl. etwa Mk 2,24; 7,2-4; Lk 11,42 par), aufgrund dessen man annehmen kann, dass es den Pharisäern um Heiligung des ganzen Lebens ging, was ebenfalls auf ein Bemühen um einen Neubau der Sittlichkeit von Grund auf hindeutet.

Es passt zu dieser Szenerie auch die erkennbare Prominenz des Gerechtigkeitsideals im frühen Judentum. Ein beredtes Zeugnis ist das Testament Hiobs, das Hiob nicht als klagend Leidenden darstellt, sondern als einen, der sich als ein »Gerechter« zu rühmen vermag (Test Hiob 41,3), der gegen den Teufel für den monotheistischen Glauben kämpft – und zuvor ein Wohltäter war, gesegnet mit geradezu sagenhaftem Reichtum, von dem er einen Teil (nicht den größeren!) für eine umfangreiche und geschäftsmäßige Sozialfürsorge einsetzte (Test Hiob 9-15). Und dazu kam ihm, als er dann kämpfte und litt, in der kosmischen Ordnung eine gerade pivotale Stellung zu: Er war dem Teufel überlegen; er hat ihn, während er von Würmern zerfressen auf seinem Dunghaufen saß, durch Standhaftigkeit besiegt (Test Hiob 27). Und er konnte sich in dieser Lage als Inhaber eines himmlischen Königreichs bezeichnen, das seinen Ort hat »zur Rechten des Vaters« (Test Hiob 33).[17]

---

[17] Zum Test Hiob vgl. den Text bei SEBASTIAN P. BROCK (Hrsg.), Testa-

Nicht allen übrigens erschien das Leitbild des Gerechten, wie wir es etwa im Testament Hiobs finden, ohne weiteres plausibel: Das Testament Abrahams weiß zwar ähnlich wie das Test Hiob von der kosmischen Superiorität des Gerechten, macht sich aber genau daran anknüpfend über den Gerechten lustig: Abraham kann dem Erzengel Michael wie auch dem Tod, die ihn vom Sterben überzeugen wollen, erfolgreich hinhaltenden Widerstand leisten, wirkt durch solchen Starrsinn aber auch lächerlich. Vor seinem Tod darf er auf dem Thronwagen Gottes die Welt besichtigen und blamiert sich bei dieser Gelegenheit gründlich: Weil er Sünder sofort bestrafen will, richtet er beinahe die Welt zugrunde. Gott hindert ihn daran, und er muss lernen: Gott regiert die Welt durch Langmut besser als ein Gerechter, der durch moralisierenden Perfektionismus verantwortungsunfähig geworden ist (vgl. Test Abr 10; 15).[18] Eine Krise der Gerechtigkeit deutet sich an; man weiß, auch ohne Jesusbewegung, zumindest in Teilen des Judentums der Zeit um eine Frag-

> mentum Iobi (zusammen mit JEAN-CHARLES PICARD, Apocalypsis Baruchi Graece) (Pseudepigrapha Veteris Testamenti Graece 2), Leiden 1967 und als Übersetzung BERND SCHALLER, Das Testament Hiobs, in: Unterweisung in lehrhafter Form (JSHRZ 3,3), Gütersloh 1979. Test Job 33 (»zur Rechten des Vaters«) ist relevant für die Vorgeschichte der neutestamentlichen Christologie; es handelt sich nicht um einen christlichen Text.

[18] Zum Test Abr vgl. den Text bei FRANCIS SCHMIDT (Hrsg.), Le Testament grec d'Abraham. Introduction, édition critique des deux recensions grecques, traduction (Texte und Studien zum antiken Judentum 11), Tübingen 1986 und den Kommentar (mit Übersetzung) bei DALE C. ALLISON, Jr., Testament of Abraham (Commentaries on Early Jewish Literature o. Z.), Berlin/New York 2003.

würdigkeit des Leitideals Gerechtigkeit.[19] Auch dieses Wissen deutet auf einen fundamentalethischen Zugang zum Moralischen. Interessanterweise äußert er sich beim Testament Abrahams in Gestalt humorvoller Satire, die im Übrigen weniger auf Aktivismus als vielmehr auf Nichthandeln zielt. Ein Nachdenken über frommes Leben von Grund auf ist nicht notwendigerweise radikal im Sinne dessen, was wir als radikal verstehen, bei dem immer ein Moment des Aggressiven mitschwingt – und dann auch des Tuns vor dem Verstehen.

Radikal in diesem Sinne war der militante Widerstand gegen Rom, bei dem man, wie mir scheint, am Wenigsten einen Zug zu fundamentaler Lebensreform wahrzunehmen hat[20]: Das Programm des Judas Galiläus, demzufolge Steuern an den Kaiser illegitim seien, weil dem Herrschaftsanspruch des Gottes Israels zuwider (Josephus, Antiquitates XVIII,4–10.23–25; Bellum II,118.433; VII,253), lässt sich propagieren, ohne dass man grundsätzlich darüber nachdenken müsste, was eigentlich Judentum ist. Fundamental und Radikal sind voneinander verschieden: Das eine orientiert sich mit oder ohne Tun an Grundlagen, das andere handelt kompromisslos und erweckt dabei den Anschein, von Grundlagen herzukommen, obwohl diese oftmals gar nicht recht inspiziert worden sind. Beide Formen des Denkens können koexistie-

---

[19] Vgl. hierzu Dochhorn, Krise.
[20] Josephus lässt immerhin verlauten, die Zeloten folgten der Lehre der Pharisäer (Jos, Ant XVIII,23), was Konventionalität andeuten mag: Sie schlossen sich einem Mainstream an und hatten vorrangig ein politisches Programm.

ren in Gesellschaften, die in einen produktiven Krisen-Modus geraten sind. Sie werden auch vielfach verwechselt.

3. Der Neubau der Sittlichkeit bei Jesus

Es war, wie wir gesehen haben, in Palästina umstritten, auf kulturell produktive Weise umstritten, wie jüdisches Leben auszusehen hat. Zu denjenigen, die am Streit und an der kulturellen Produktivität in der Entwicklung jüdischen Selbstverstehens teilnahmen, gehörten dann auch Jesus und seine Bewegung. Wie einflussreich diese Faktion innerhalb des palästinischen Judentums als eines Ganzen war, kann hier nicht ganz ausgelotet werden. Möglicherweise war die Täuferbewegung prominenter, auch nach der Hinrichtung des Täufers; darauf könnte das Streitgespräch zur Vollmacht Jesu angesichts der Tempelreinigung in Mk 11,27–33 deuten.[21] Eine zunehmend relevante Größe, die schließlich über die Grenzen des Judentums hinausging, wurde die Jesusbewegung bzw. das Christentum wohl erst nachösterlich.

Wie sieht nun der Beitrag Jesu und seiner Anhänger zur Frage nach dem richtigen jüdischen Leben, wie sieht die Ethik Jesu von Nazareth aus? Um diese in einigen Grundzügen darzustellen, gehe ich hier einen für christliche Theologie typischen Weg: Ich setze bei der Person Jesu ein, bei

---

[21] Zur Vollmachtsfrage in Mk 11,27–33 vgl. JOHN P. MEIER, A Marginal Jew. Rethinking the Historical Jesus, New York etc. 1991–2016 (5 Bände), II (1994), 163–167; 220–223. Meier hält die Perikope für historisch, wohl zu Recht.

der Frage, wer Jesus eigentlich ist, wie er zu verstehen ist und wie er sich selbst verstanden hat. Ich werde zunächst darstellen, was uns die Taufperikope und die Versuchungsgeschichte über die Anfänge Jesu zu berichten haben (3.1), und dann werde ich einen speziellen Aspekt jesuanischer Christologie und Anthropologie vor Augen führen: ein von der Gestalt des Urmenschen Adam her begründetes Wissen um die Vollmacht des Menschensohnes und des Menschen (3.2), aufgrund dessen, wenn auch nicht durchgehend, deutlicher hervortritt, was dann im Einzelnen über Grundlagen jesuanischer Ethik verlauten wird (3.3–3.6).

3.1 Personwerdung Jesu: Taufe und Versuchung

Die Evangelien stellen uns, wo sie das öffentliche Wirken Jesu zu schildern beginnen, Jesus als einen erwachsenen Mann vor Augen; sein Lebensalter bleibt unbestimmt bei Markus, kann ungenau kalkuliert werden bei Matthäus[22] und wird auf »etwa Anfang dreißig« angesetzt bei Lukas (Lk 3,23; ἀρχόμενος ὡσεὶ ἐτῶν τριάκοντα); bei Irenäus gibt es eine johanneisch grundierte Tradition, nach der Jesus fünfzig Jahre alt geworden ist (Irenäus, Adversus Haereses II,22); sie müsste meines Erachtens stärker beachtet werden (war Jesus zu Beginn seiner Wirksamkeit älter? Hat er mehr als nur ein Jahr, mehr als nur drei Jahre gewirkt?).[23] Es ist bei Jesus also einiges an Werde-

---

[22] Bei Matthäus wird Jesus zur Zeit des Herodes geboren und zur Zeit des Pontius Pilatus gekreuzigt. Ein chronologisches Konzept liegt nicht unbedingt zugrunde.

[23] Irenäus widerlegt in Adv Haer II,22 (STIEREN I,355–360) gnostische

gang zu vermuten. Was immer Jesus in seinen ersten Jahrzehnten geprägt haben mag, wäre daher durchaus zu erörtern. Aber als entscheidend tritt uns in den Evangelien, speziell den synoptischen, etwas anderes vor Augen: Jesu Taufe und Versuchung (Mk 1,1-13 par). Mit diesen Perikopen erfahren wir zuerst, dass Jesus der Gottessohn ist, und dann wird uns vor Augen geführt, wie Jesus in Auseinandersetzung mit dem Teufel für sich klarstellt, was diese Gottessohnschaft erst einmal nicht bedeutet. Die Perikopen von Taufe und Versuchung berichten damit von etwas, das wir als Personwerdung im engeren Sinne bezeichnen können, als Initiation von Personalität (mit der ein vorhergehender Werdegang revidiert, reinterpretiert oder auch vervollkommnet werden kann): Jemand erfährt, wer er ist, und definiert dann dieses Wissen um sich selbst durch Abgrenzung gegen falsche Interpretationen dieses Wissens.

Spekulationen, die an eine einjährige Wirksamkeit Jesu und ein Lebensalter von dreißig Jahren bei der Kreuzigung anknüpfen (nach der Altersangabe in Lk 3,23 und der Rede von dem Jahr des Herrn in Lk 4,19). Er nimmt dabei Bezug auf Joh 8,26.27, wo Gegner Jesus vorhalten, er sei noch nicht 50 Jahre alt (also, wie Irenäus folgert, kurz davor), resümiert die johanneische Tradition von den drei Passahfahrten Jesu und beruft sich auf mündliche Überlieferungen des Herrenjüngers Johannes, welche »alle Ältesten« (*omnes seniores*) von ihm in der Asia empfangen hätten; dieser habe mit ihnen bis zur Zeit Trajans gelebt. Bei alledem kennt Irenäus die lukanischen Traditionen durchaus – und verfährt mit ihnen kaum sehr trittsicher; es deuten sich Rupturen im Traditionsuntergrund an. MEIER kennt die Irenäusstelle, vgl. DERS., Maginal Jew (1991-2016; wie Anm. 21), I (1991), 378, wird mit ihr aber etwas zu schnell fertig.

Beide Perikopen dürften in starkem Maße historische Ereignisse widerspiegeln. Für die Tradition von der Taufe gilt dies, weil Jesus mit ihr dem Täufer Johannes untergeordnet erscheint und sich einer Taufe zur Vergebung der Sünden unterzieht, was schwerlich von Christen erfunden sein wird (Matthäus muss es begründen, und Johannes retuschiert die Taufe weg; vgl. Mt 3,14-15; Joh 1,29-34). Und die Versuchungsgeschichte, wie wir sie aus Lukas und Matthäus rekonstruieren können, wird zu einem guten Teil Widerfahrnis des historischen Jesus reflektieren, weil sie sich von einer für den historischen Jesus (und nicht so sehr die missionierende Kirche) typischen Praxis her erklären lässt: Sie kann verstanden werden als Erzählung davon, wie der Exorzist Jesus in einem enthusiastischen und mit Schriftmeditation verbundenem Erleben seine eigene Rolle als Exorzist von Gott her zu verstehen lernte.[24] Wenden wir uns nun der Taufüberlieferung und derjenigen von der Versuchung im Einzelnen zu:

A. *Taufe Jesu*: Aufgrund der Perikope von der Taufe Jesu können wir annehmen, dass Jesus sich der Predigt Johannes des Täufers anschloss, wie auch immer dies im Einzelnen zu denken ist. Vielleicht war er schon durch erfolgreich prak-

---

[24] Vgl. hierzu Dochhorn, Versuchung. Dass Visionserzählungen auch einen Erlebnisgehalt widerspiegeln können, wird in der Forschung neuerdings stärker berücksichtigt; zur Methodik vgl. John J. Pilch, Altered States of Conciousness: A Kitbashed Model, Biblical Theology Bulletin 26 (1996), 133-138; Ders, Psychological and Psychoanalytical Approaches to Interpreting the Bible in Social-Scientific Context, Biblical Theology Bulletin 27 (1997), 112-116.

tizierte Exorzismen in eine ahndungsvolle Unruhe versetzt worden; das lässt sich schwer ermessen.[25] Jedenfalls erfuhr er sich dann, während er von Johannes getauft wurde, durch eine Vision als der Sohn Gottes (Mk 1,9-11 par), was wohl unter anderem heißt, dass er sich als jemand wahrnehmen konnte, der entsprechend zeitgenössischer Überlieferung von Salomo als Dämonenbezwinger über die Dämonen Gewalt hat. Dieser Schluss lag nahe, denn der Gottessohntitel hat Salomoaffinität: Salomo ist, der Nathanweissagung in 2 Sam 7,14 zufolge, ein Sohn Gottes, so nun auch Jesus; das Buch von der Weisheit Salomos identifiziert den in Ps 2 redenden Zionskönig, der dort als »heute gezeugter« Sohn Gottes prädiziert wird (Vers 7), mit Salomo[26], und von einer ähnlichen Auslegung dieses Psalms her dürfte in der Taufperikope auf Jesus der Gottessohntitel bezogen sein und

---

[25] Dass es eine der Johannestaufe und damit dem eigentlichen Wirken Jesu vorhergehende Vorgeschichte des Exorzisten Jesu gegeben habe, nimmt aufgrund einer diachronen Analyse der synoptischen Beelzebul-Perikopen JOEL MARCUS an, vgl. DERS., The Beelzebul Controversy and the Eschatologies of Jesus, in: BRUCE CHILTON / CRAIG A. EVANS (Hrsg.), Authenticating the Activities of Jesus (New Testament Tools and Studies 28,2) Leiden etc. 1999, 247-277.

[26] Dies geht hervor daraus, dass die Sapientia Salomonis mit einer Anrede an die »Richter der Erde« beginnt (οἱ κρίνοντες τὴν γῆν; Sap Sal 1,1), die an den Schlussabschnitt von Ps 2 anklingt, vgl. Ps 2,10-12. Vgl. hierzu JAN DOCHHORN, Der Zionskönig von Ps 2 und die Konstruktion von Autorschaft in der Sapientia Salomonis. Mit einem Beitrag zu den Psalmen Salomos und zur frühen Jesusüberlieferung, demnächst veröffentlicht von Felix Albrecht und Reinhard Gregor Kratz.

wird wohl auch schon Jesus sich selbst anhand visionären Erlebens als Gottessohn gesehen haben.[27]

B. *Versuchung Jesu*: In einer Begegnung mit dem Satan, der damals im palästinischen Judentum ausweislich nicht zuletzt des Jubiläenbuches als ein Israel und dem Frommen entgegenstehender Akteur des Bösen denkbar und erfahrbar war, lernte Jesus dann, was ganz ähnlich auch der gerechte Abraham des Abrahamtestaments zu lernen hatte: Eine singuläre Hoheitsstellung, hier die des Gottessohns, ist genauso von Gott her zu denken wie mit Risiken verbunden: Sich selber fehlende Nahrung zu verschaffen (warum eigentlich nicht?), hieße missachten, dass man ausweislich der Heiligen Schrift vom Worte Gottes lebt (Lk 4,3-4 par // Dtn 8,3). Die Weltherrschaft zu erringen (warum eigentlich nicht, wenn man einen königlichen Titel trägt?), wäre nur über den Umweg der Proskynese vor dem Teufel denkbar, und dieser Umweg wäre ein Abweg, weil damit das in der

---

[27] Zu beachten ist: Der Gottessohntitel, wie er hier hergeleitet und gedeutet wird, prädiziert den Menschen Jesus als König (mit einer an Salomo erinnernden Konnotation); im Sinne einer Gott-Christologie wird er wohl erst später interpretiert worden sein, freilich kaum sehr viel später. Dies ist hier nicht zu erörtern. Ebenso offen muss die Frage bleiben, wie exklusiv die Gottessohnschaft Jesu hier zu verstehen ist. Ich nehme an: Wir sollen hier niemand anderen als den Gottessohn sehen denn Jesus, so wie wir in Test Hiob 33 auch niemand anderen denn Hiob als Inhaber eines Königtums zur Rechten des Vaters sehen sollen. Die pivotale Rolle des vor Gott allen anderen gegenüber Herausragenden kann im frühen Judentum nach Gottes Rat vielen zukommen, aber wir sollen jeweils nur den einen sehen, dem sie aktuell zukommt.

Heiligen Schrift vorgezeichnete Gottesverhältnis verfehlt würde (Lk 4,5-8 // Dtn 6,13). Und eine biblische Zusage auszuprobieren, nämlich diejenige von Psalm 91, derzufolge Gott für seinen Schutzbefohlenen die Engel anweist, ihn auf Händen zu tragen, dass sein Fuß nicht an einen Stein stoße (Lk 4,11 nach Ps 91,12), bedeutet aus Vertrauen Versuchung machen (Lk 4,9-12). Es stand wohl dieser Abschnitt, in dem neben Jesus auch der Teufel die Heilige Schrift zitiert, nicht nur bei Lukas, sondern wohl schon ursprünglich, in der Logienquelle Q, am Ende.[28] Mit ihm wird die ganze Perikope erschließbar als Erzählung über den Exorzisten Jesus: Psalm 91 stand im Judentum mit exorzistischer Praxis in Verbindung[29]; der Targum zu Ps 91 sieht den ganzen Psalm als Worte Davids an seinen Sohn Salomo und unterzieht zentrale Gehalte des Psalms einer dämonologischen Deutung.[30] In dem Stein, an dem sich der Schutzbefohlene Gottes nicht den Fuß stoßen sollte, sieht der Targum den »bösen Trieb« (יצרא בישא), den man auch mit dem Satan identifizieren konnte. Eine ähnliche Textinterpretation hat vielleicht schon Jesus vorgelegen[31], der dann das Satanische in einer Gott

---

[28] Vgl. hierzu DOCHHORN, Versuchung Jesu, 8-11.
[29] Vgl. hierzu a. a. O., 12-13.
[30] Vgl. hierzu a. a. O., 13-15.
[31] Die Identifikation von Satan und bösem Trieb ist in einer rabbinischen Tradition wohl aus dem 3. Jh. n. Chr. bezeugt (sie läuft unter dem Namen von Resch Laqisch), und überhaupt ist die Rede vom bösen Trieb typisch für rabbinische Literatur. Wir sind mit Tg Ps 91,12 nicht unmittelbar in der Zeit Jesu. Gleichwohl kann der Targum auf alter Psalmenauslegung beruhen; seine Satanologie kann alt sein, weil die Konzeption vom bösen Trieb schon in der Zwei-

nicht vertrauenden, sondern auf die Probe stellenden Aneignung des Psalmwortes identifizierte.

In der synoptischen Versuchungsgeschichte liegen meines Erachtens Erfahrungen Jesu vor, die von grundsätzlicher Bedeutung für sein Programm sind, insofern sie es absichern gegen basale und zugleich naheliegende Irrtümer: Der Weg der Weltherrschaft etwa wäre derjenige des Radikalismus; es hat dergleichen schon vorher im Judentum gegeben und auch danach, und in der Weltgeschichte dann sowieso. Dieser Weg ist fundamental falsch, gerade weil – dem Grundverkehrten des Radikalismus entsprechend – mit ihm Fundamentales nicht verstanden worden ist, hier Fundamentales mit Hinblick auf Gott. Und in der Entdeckung des Teuflischen in der eigenmächtig angeeigneten Heilszusage, liegt etwas noch Grundsätzlicheres vor, das auch eine Kritik (eine genaue und nicht nur zutrauliche Beobachtung) des Religiösen impliziert: Der Teufel kann die Bibel zitieren; auch im als unhinterfragbar gültig Geglaubten kann einem das unglaublich Böse begegnen.

Es tritt hier jemand heraus aus den Geleisen des Überkommenen, des einfach nur Übernommenen. Daraus kann kulturell Produktives erwachsen, aber es geht nicht immer gut. Wir können Interessantes, aber auch Bedrohliches erwarten. Solchermaßen gewarnt und eingestimmt, können wir nun übergehen zu fünf Kernmerkmalen einer Ethik Jesu. Darzustellen ist dabei zuerst (in §2) ein für die Ethik Jesu grundlegendes anthropologisches Programm, mit dem

---

Geister-Lehre von von 1Q Seræhk Ha-Jachad einen Vorläufer haben kann. Vgl. DOCHHORN, Versuchung, 27–29.

christologische Implikationen verbunden sind: Jesus verstand sich selbst und die Menschheit in Kategorien einer aktuell vollzogenen Adamologie. Mit ihm realisiert sich für ihn und den Menschen überhaupt die urzeitliche Hoheit des Urmenschen.

3.2 Vollmacht – die christologische und anthropologische Grundlage

Jesus wusste sich mit einer Vollmacht ausgestattet, die er freilich wohl als paradigmatisch eher denn als exklusiv ansah. Zum Ausdruck kommt dies besonders deutlich am Ende der Perikope vom Ährenraufen am Sabbat, in Mk 2,27-28[32]: »Der Sabbat ist um des Menschen willen entstanden, nicht der Mensch um des Sabbats willen. So ist Herr der Menschensohn auch des Sabbats«, sagt dort der markinische Jesus; es kann auch schon der historische gewesen sein, denn das Gesagte passt gut in eine größere jesuanische Konstellation, die nachfolgend ausgeführt wird.

Umgesetzt wird in Mk 2,27-28 das Nebeneinander von Mensch und Menschensohn in Ps 8,5, wo es heißt: »Was ist der Mensch, dass du (scil. Gott) seiner gedenkest, oder der Menschensohn, dass du dich seiner annehmest?« Es geht in Ps 8 generell um die gottunmittelbare Superiorität des Menschen in der Weltordnung, um die es auch in Mk 2,27-28 geht; es betreibt hier jemand Psalmen-Exegese, wie schon

---

[32] Zur Perikope vom Ährenraufen vgl. DOCHHORN, Man; ferner HEINZ-WOLFGANG KUHN, Ältere Sammlungen im Markusevangelium (Studien zur Umwelt des Neuen Testamentes 8), Göttingen 1971, 72-81.

in der Versuchungsgeschichte; dort war es Jesus von Nazareth selbst (und nicht erst frühe Christen), hier wohl auch.[33] Die Kernbotschaft ist hier: Aus der kosmischen Superiorität des Menschen, wie sie von Ps 8 bekannt ist, folgt seine prinzipielle Vorrangigkeit auch den Ansprüchen des Sabbats gegenüber. Umgesetzt wird hier etwas, das ich als jesuanischen Humanismus bezeichne: Aus der Weltherrschaft des Menschen, dem von der Urzeit her gegebenen und speziell aus Gen 1,26-28 her bekannten *dominium terrae* des Menschen ergibt sich Souveränität auch im Hinblick auf gesetzliche bzw. moralische Forderungen.[34] Diese Souveränität manifestiert sich paradigmatisch in der Hoheit des Menschensohns, als der sich Jesus identifiziert und der für den Menschen *par excellence* steht, den Menschen, wie er eigentlich von der schöpfungsmäßigen Ur-Ordnung her sein sollte. Der Menschensohn soll eschatologisch realisieren, was urzeitlich feststeht, nämlich dass der Mensch Herr der Weltordnung ist, dass er als das Ebenbild Gottes über die Tiere herrscht und nicht umgekehrt (vgl. Gen 1,26-28).

---

[33] Es ist hier mit den in Anm. 32 genannten Studien festzuhalten, dass Mk 2,27-28 den Abschluss einer vormarkinischen Streitgesprächsammlung bildet und schon vor Markus am Ende der Perikope vom Ährenraufen stand. Kuhn indes sieht Mk 2,28 als christologische Abschwächung der Aussage über die Vollmacht des Menschen in Mk 2,27 (vgl. ebd., 74). Dagegen ist hier festzuhalten: Mk 2,27-28 gehören zusammen, basieren gemeinsam auf Ps 8,5. Dass christologische Aussagen »abschwächend« wirken könnten, wird man für das frühe Christentum auch nicht annehmen sollen.

[34] Zum jesuanischen und urchristlichen Humanismus sowie seinen jüdischen Hintergründen vgl. Dochhorn, Von Jesus zu Paulus, 15-25.

Dieser Gedanke, so typisch er wohl ist für jesuanische Theologie, dürfte schon in der Menschensohnperikope des Danielbuches angelegt sein, vgl. Dan 7: Nicht die tierhaften Weltmächte, die im Verlaufe der Weltgeschichte Israel unterdrückten, werden am Ende herrschen, sondern ein Menschengestaltiger, der Menschensohn, der für Israel steht. Damit ist eine Ordnung eschatologisch realisiert, die der urzeitlichen Ordnung entspricht: Der Mensch herrscht, nicht das Tier; Israel als das eigentlich Menschliche herrscht und nicht die wilden Weltmächte. Es ist von dieser israelbezogenen Konnotation des Menschensohns her verständlich, dass diesem Titel das Messianische eignen kann, dass Messias und Menschensohn überlappen.[35]

Wie weit dies bei Jesus der Fall war, wie weit er sich also auch als Messias sah, muss hier nicht eingehender geklärt werden; immerhin wird er sich, wie schon mitgeteilt, als Gottessohn gesehen haben, und dies ist herkömmlich ein messianischer Titel (vgl. Ps 2, wo er auf den Zionskönig geht). Wichtig scheint hier indes vor allem: Es dominiert bei Jesus die adamitisch-humanistische Fassung dieser Vorstellungen von Hoheit, und passend dazu steht in der synoptischen Christologie und wohl schon bei Jesus selbst der Titel Menschensohn im Vordergrund.[36]

---

[35] Zu den adamitischen Konnotationen der Menschensohnvorstellung vgl. DOCHHORN, Adammythos, 490–493.

[36] Ein messianisches Selbstverständnis Jesu wird in der neueren Jesusforschung (»Third Quest« / »Dritte Suche«) verstärkt angenommen, vgl. BILDE, Originality, 67.

Jesus als dem Menschensohn eignet kosmische Suprematie und damit auch Suprematie über die Moral. Sie eignet ihm nicht exklusiv, sondern paradigmatisch, denn sie kommt generell dem Menschen zu. Jesus reicht sie dementsprechend an seine Jünger weiter, die darum am Sabbat ihren Hunger durch Ährenraufen stillen dürfen, obwohl Pharisäer der Meinung sind, dass sie das um des Sabbats willen nicht dürften.

Festzuhalten ist bei dem zweierlei: A. *Die kosmische Suprematie ist wirklich eine kosmische*: Dementsprechend kann Jesus auch Feigenbäumen das Verdorren befehlen, wenn sie, im Übrigen jahreszeittypisch, nicht das Erwünschte hergeben (vgl. Mk 11,12–14.20–21). Und Jesus kann über Wind und Wasser gebieten (Mk 4,35–41; 6,45–52), wie weit auch immer wir hier Erlebtes vorliegen haben oder doch eher bloß Erzähltes.[37] Die Gläubigen, also nicht nur Jesus, können mitunter auch einen Berg ins Meer versetzen (Mk 11,22–23).[38] Auch die Macht über die Dämonen

---

[37] Ein Erlebnisgrund sogenannter Naturwunder ist nicht von vornherein auszuschließen; vgl. exemplarisch BRUCE J. MALINA, Assessing the Historicity of Jesus' Walking on the Sea. Insights from Cross-Cultural Social Psychology, in: BRUCE CHILTON / CRAIG A. EVANS (Hrsg.), Authenticating the Activities of Jesus (New Testament Tools and Studies 28/2), Leiden etc. 1999, 351–371. Bei den Perikopen von der Sturmstillung und dem Wandeln Jesu auf dem See bleibt zu klären, inwiefern es hier um die Hoheit des paradigmatischen Menschen und inwiefern um die Hoheit des *Jesus qua deus* geht; ich nehme an, dass beide Hoheiten einander überlappen, jedenfalls im gegenwärtigen Textbestand.

[38] Das Wort vom bergeversetzenden Glauben findet in 1 Kor 13,2 eine Entsprechung und wird damit in seiner Anciennität bestätigt.

hängt damit zusammen; diese begründet Jesus mit einer Vision vom Sturz des Satans vom Himmel, die eine gleichzeitige Ermächtigung seiner selbst impliziert und die er dann ähnlich wie in der Perikope vom Ährenraufen an seine Jünger weiterreicht (vgl. Lk 10,17-20).[39] Erneut haben wir hier

> Paulus wird dort jesuanische Überlieferung aufnehmen. Interessanterweise nimmt er sie kritisch auf; der bergeversetzende Glaube ist »nicht alles«. Es zeigt sich hier eine Souveränität auch im Umgang mit der Jesusüberlieferung, die paradigmatisch ist und sich nachfolgend immer wieder zu erkennen geben wird: Christen können frei disponieren – auch über Herrenworte.
>
> [39] Die Perikope vom Sturz des Satans in Lk 10,17-20 alludiert wie die Versuchungsgeschichte Ps 91, vgl. Lk 10,19 // Ps 91,13; der alludierte Vers schließt sich an denjenigen an, den der Teufel in der Versuchungsgeschichte zitiert. Vielleicht referiert Lk 10,17-20 auf das mit der Versuchungsgeschichte bezeichnete Initiationserlebnis Jesu, wenn nicht bei Lukas, dann in der ihm vorausliegenden Überlieferung.
> Lk 10,17-20 basiert auf der Tradition vom endzeitlichen Teufelsfall, die von dem Hinweis auf ein endzeitliches (Auf-) Stehen Michaels in Dan 12,1 ausgeht; dieses Stehen Michaels ist in der Zukunftserwartung des Danielbuches isotop mit der Parusie und Erhöhung des Menschensohns in Dan 7,13-14; man hat aus diesem Stehen Michaels auf ein gleichzeitiges Fallen des Teufels geschlossen, womit dann Erhöhung des Menschensohns und Fall des Teufels zusammengehörig wurden. Dieser Zusammenhang ist im Hintergrund von Lk 10,17-20 gleichermaßen wie Mk 2,27-28 zu denken. Zum eschatologischen Teufelsfall vgl. JAN DOCHHORN, Daniel 12,1 und der eschatologische Teufelsfall, in: JÖRG FREY / ENNO EDZARD POPKES (Hrsg.), Dualismus, Dämonologie und diabolische Figuren. Religionshistorische Beobachtungen und theologische Reflexionen (Wissenschaftliche Untersuchungen zum Neuen Testament, 2. Reihe), Tübingen 2018, 187-221, ferner DERS., Adammythos,

visionäres Erleben; ein Moment ekstatischen Erfahrens ist zu beobachten, und wunderhafte Begebenheiten treten hinzu. Die Freiheit auch im moralischen Urteilen beruht auf einer Lebenspraxis, die durch Überlegenheit auch gegenüber Naturmächten gegründet ist. Von Kontrafaktizität sollte man hier nicht reden; damit würde vorschnell das Faktische der Erfahrung in Abrede gestellt. Enthusiastische Religiosität passt als Begriff schon besser, aber damit kann ein Missverständnis verbunden sein: Das Enthusiastische verstehen wir als irregulär. Kosmische Superiorität aber ist nicht Regeldurchbrechung, sondern das Gegenteil, nämlich die Rekonstitution von Regelhaftigkeit: Es wird mit ihr – vermöge der von Gott her gewollten Gegenwart des Menschensohns – zu endzeitlicher Wirklichkeit die Manifestation einer Urordnung, die Verwirklichung also dessen, was eigentlich gilt: Eigentlich pfeift nicht der Sturm nach uns, sondern pfeifen wir nach dem Sturm; es sieht nur anders aus, ist auch empirisch anders, aber das Empirische ist vorläufig. B. *Der jesuanische Humanismus ist gutenteils auch frühjüdisch*: Schon Ps 8 und die Menschensohnidee des Danielbuchs setzen eine kosmische Suprematie des Menschen voraus, und die Zweigeisterlehre der Sektenrolle von Qumran (besser: Sêrækh Ha-Jachad) sieht als das endzeitliche Heilsgut der Frommen die »Herrlichkeit Adams« (כבוד אדם; 1Q S IV,23); gemeint ist wohl das ursprüngliche *dominium terrae* des

---

557–559, wo die Entstehung einer satanologischen Tradition in Test Hiob 17–18 aufgezeigt wird und in dem Zusammenhang Neues über die Vor- und Wirkungsgeschichte von Dan 12,1 verlautet.

Menschen, das in der Zweigeisterlehre eingangs erwähnt wird (1Q S III,17–18). Laut der Apokalypse des Mose konnte – auch nach der Vertreibung aus dem Paradies – Adams Sohn Seth als das Ebenbild Gottes mühelos über ein wildes Tier gebieten (Apc Mos 10–12). Die von der Apokalypse des Mose abhängige Vita Adae et Evae weiß von der ursprünglichen Rangüberlegenheit Adams gegenüber den Engeln; ihm sollen als dem Ebenbild Gottes die Engel die Proskynese erweisen, und der Teufel, ein ehemaliger Engel, weigert sich – mit der Folge, dass er aus der Himmelwelt verstoßen wird und fortan ein Feind des Menschen ist (Vit Ad 11–17). Auch die bereits erwähnte Vollmacht und Hoheit des Gerechten im Testament Abrahams und im Testament Hiobs gehört in diesen Zusammenhang. Der Weisheit Salomos zufolge nennt sich der Gerechte »Knecht Gottes« und ist »Sohn Gottes« (Sap Sal 2,13.18). Wir finden hier – im frühen Judentum weit verbreitet – Hoheitsaussagen, die Menschen betreffen und dabei christologischen Prädikationen und Titeln sehr nahe kommen. Aus dem frühjüdischen Humanismus kommt zu einem guten Teil die Christologie, wie ja auch in der jesuanischen Verkündigung der Menschensohntitel aus dem jesuanischen Humanismus kommt, auf ihm aufruht, in ihm kulminiert.

Nicht zu übersehen ist, dass die dem frühjüdischen Humanismus zugehörigen Superioritätsaussagen sehr oft eher eine Teilmenge der Menschheit oder gar nur einen einzelnen Menschen betreffen, vorzugsweise die Gerechten oder herausragende Persönlichkeiten, die auch herausragend Fromme sind. Das ist in der Jesusbewegung nicht anders: Zuallererst gelten die Hoheitsaussagen Jesus, und dann sind es zunächst einmal die Jünger, an die Jesus Hoheit übereignet, etwa indem sie am Sabbat Missliebiges zu tun befugt sind zwecks Stillung des Hungers. Der Grund für diese Begrenztheit ist nicht notwendigerweise ausschließlich darin zu suchen, dass die anderen Menschen durch Ablehnung der Botschaft Jesu sich von etwas ausschlössen, das ihnen eigentlich zukommen könnte: Die in Lk 22,30 // Mt 19,18 erwähnte Herrschaft über die zwölf Stämme Israels jedenfalls ist nicht allgemeinmenschlich, nicht einmal allgemeinchristlich, sondern wird von Jesus den zwölf Jüngern verheißen. Der hier angesprochene Humanismus realisiert sich exemplarisch und elitär, dabei aber tendenziell ohne ausdrückliche Exklusion.

Wir sind in diesem Abschnitt, einsetzend bei der markinischen Perikope vom Ährenraufen am Sabbat, sehr schnell zu anthropologischen und christologischen Aussagen gekommen, die außerethischer Natur sind und zugleich Ethik fundamentieren. Näher am eigentlich Ethischen wird sich befinden, was nun anschließend zu erörtern ist, wobei freilich der soeben nachgezeichnete jesuanische Humanismus sich auch dort vielfach als formativ erweisen und Außerethisches nicht zu kurz kommen wird. Es wird nachfolgend die Rede sein von der Lebensdienlichkeit (und damit Begrenztheit) des Moralischen bei Jesus (3.3), sodann in 3.4 von einer Herleitung ethischer Sätze aus der Urzeit (mit der Thora relativiert erscheint) und danach von Tendenzen zu Selbstverzicht (3.5) und Handlungsgrundorientierung (3.6) bei Jesus.

3.3 Moral ist lebensdienlich

Es gibt sich in jesuanischer Überlieferung vielfach ein fundamentalmoralischer Grundsatz zu erkennen, demzufolge Moral dem Leben und nicht Leben der Moral dient. Explizit wird dies bei dem schon Mitgeteilten: Aus dem, was ich als jesuanischen Humanismus charakterisiert habe, resultiert Superiorität des Menschen dem Sabbat gegenüber und nicht umgekehrt. Anderswo wird der Anspruch der Sabbathalakha ohne eine solche ins Anthropologische und dann auch Christologische gehende Begründung relativiert: Es reicht dann die Auskunft, dass am Sabbat Heilung möglich sein müsse (vgl. Mk 3,1-5). Referenz auf analoge Alltagspraxis kann es in diesbezüglichen Jesusworten ebenfalls geben: Man kümmere sich ja schließlich auch um das liebe Vieh am Sabbat (Lk 13,15) und rette an diesem Tage Söhne und Rinder aus der Grube (Lk 14,5).

Für ein Ethos der Lebensdienlichkeit kann, wie sich hier zeigt, jesuanische Überlieferung offenbar genauso fundamentalethisch und damit theoretisch wie auch alltagspraktisch argumentieren; es wird dann von der Deontologie (einer deduktiv angelegten Pflichtenlehre) genauso abgesehen wie von der Ontologie (einer Herleitung von Imperativen aus Wesensaussagen); man bleibt im Empirischen, bei dem, was ohnehin Praxis ist, und bildet dazu Analogien, die man um lebensdienlichen Handelns willen benötigt. Was lebensdienlich ist, wird dabei nicht expliziert, sondern ist bereits geklärt. Es schließt sich der Kreis: Jesuanischer Humanismus umfängt das Essentielle des Menschen und seinen existentiellen Lebensvollzug gleichermaßen und vereint damit Innen und Außen, vereint nahezu schon Extreme.

Es steht zu vermuten, dass die hier beschriebene Haltung Jesu, so wahr sie prinzipiell gegründet ist, einer konkreten Erfordernis entspricht: Die frühe Jesusbewegung war eine Heilerbewegung[40], die sich durch Wundertaten speziell Jesu hervortat, Heilungen wie Exorzismen. Wunder aber sind, so scheint es auch bei Jesus der Fall zu sein, kontingent und können nicht so ohne weiteres vertagt werden: Jesus spürt angesichts der Berührung der blutflüssigen Frau, dass eine Kraft von ihm ausgeht (Mk 5,30); die Kraft scheint zu ihm zu gehören, aber nicht ganz seiner Kontrolle unterworfen. In Nazareth kann er wegen der ihm gegenüber skeptischen Haltung der Bewohner nur wenige Heilungen vollbringen (Mk 6,1-6). Dem Wunder eignet ein Moment der Unverfügbarkeit. Man kann das theologisch begründen (Unverfügbarkeit Gottes), aber auch ein Rekurs auf Naturwissenschaftliches und näherhin Psychologisches muss nicht

---

[40] Es ist in der neueren Jesusforschung nicht unüblich, Jesus vornehmlich von seinen (Wunder-)taten her zu bestimmen, zur Orientierung vgl. STEVAN DAVIES, The Historical Jesus as a Prophet / Healer. A Different Paradigm, in: Neotestamentica 30 (1996), 21–38 (Präsentation einer größeren Monographie desselben Autors; Jesu wurde als Lehrer erst wichtig mit dem sozialen Aufstieg der Kirche; Jesus ist vergleichbar den Begründern afrikanischer Pfingstbewegungen wie etwa Simon Kimbangu oder Isaiah Shembe; gemeinsam ist auch der koloniale Kontext; Jesus verfügte wie diejenigen, die er heilte, über ein dissoziatives Bewusstsein; auf das alternierte, geistbesessene Bewusstsein gehen Ich-Aussagen über den Sohn = das Geist-Ich im Johannesevangelium zurück); vgl. auch PIETER E. CRAFFERT, The Life of a Galilean Shaman. Jesus of Nazareth in Anthropological-Historical Perspective, Cambridge 2008.

fehlgehen: Was wir in der Jesusüberlieferung an Wunderhaftem vermuten können, dürfte sich mit dem Gegenstandsbereich der Parapsychologie zu einem guten Teil überlappen, und auch da gilt: Was dort empirisch vorfällt, ist gewiss nicht ohne Grund nie Bestandteil einer industriellen Praxis geworden (was für an industrieller Praxis orientierte Menschen mit naturwissenschaftlicher Bildung wohl immer wieder bedeutet, dass es derlei gar nicht gebe).[41] Wie dem auch sei, zur Praxis einer Heilerbewegung passt es nicht, wenn sich ihr halakhische Regeln etwa zum Sabbat entgegenstellen, durch die eine Heilung einer womöglich lebenslangen Krankheit unmöglich wird. Ein Konflikt ist da unausweichlich, und Jesus ist ihn eingegangen.[42]

Das hier beschriebene Ethos der Lebensdienlichkeit steht für ein Gegenteil von Fundamentalismus[43], was nun exkurs-

---

[41] Einen zumindest interessanten Zugang zur Parapsychologie bietet HANS DRIESCH, Parapsychologie. Mit einem Nachwort von Hans Bender, Frankfurt am Main ⁴1984. Es werden dort nicht nur mentale Phänomene wie Telepathie, sondern auch physische wie Levitationen etc. behandelt. Zu neuer Forschungsliteratur führt das Journal of Parapsychology (*peer-reviewed*, herausgegeben von der Parapsychological Association).

[42] Für THEISSEN/MERZ, Jesus, 369–370 geht Jesus die Konflikte um Heilung am Sabbat wegen seiner Wanderexistenz ein. Mir scheint das nicht so plausibel: Muss Jesus denn unbedingt am Sabbat weiterziehen? Kann er, sollte er nicht noch bis Sonntag oder gar Montag warten? Wandercharismatiker haben doch auch Station gemacht!

[43] Nachfolgend werden Schlaglichter einer Phänomenologie des Fundamentalistischen geboten. Die Ausführungen bleiben abstrakt und sollen gerade damit anwendbar sein, auf Tendenzen im religiösen

haft zu entfalten ist: A. Fundamentalismus, speziell moralischer Fundamentalismus, tendiert zu einer flächigen Auffassung des Moralischen: Moralische Forderungen gelten ihm gewöhnlich alle in gleicher Weise; gilt eine nicht, ist das Fordern an sich gefährdet, und es gilt gar nichts mehr. Mangelhaft ausgebildet oder gänzlich fehlend ist hier eine hierarchisierende Sicht auf moralische Forderungen, die zwischen Grundsätzlichem und Konkretem unterscheidet und die konkrete Forderung aufgrund von Grundsätzlichem zu relativieren vermag. Was moralischem Fundamentalismus fehlt, mehr oder weniger, ist damit interessanterweise ein Blick auf Fundamente des Moralischen. B. Moralischem Fundamentalismus gelten moralische Forderungen *per se* und nicht *propter quid*, sie gelten an sich und nicht eines Zweckes wegen, von dem her die konkrete moralische Forderung auch relativiert werden kann. Der Zweck, der nicht berücksichtigt wird, kann ein dem Moralischen übergeordneter sein, der mit dem – transempirischen – Wesen, der *essentia* des Menschen assoziiert ist (etwa seine kosmische Suprematie), er kann aber auch etwas mit Alltagserfordernissen zu tun haben, denen ein an Sätzen der Moral orientierter Moralismus sich überlegen dünkt, und ist damit an der *existentia* des Menschen orientiert. Moralischer Funda-

> Kontext Jesu etwa, aber auch anderweitig; ihn auch auf Öko-Fundamentalismus zu beziehen, halte ich für machbar, muss dies aber dem geneigten Leser überlassen. Zum Begriff vgl. CHRISTIAN GREMMELS, Art. Fundamentalismus, in: Historisches Wörterbuch der Philosophie 2 (Basel 1971), 1133 (er hebt auf den amerikanischen Antidarwinismus und die Opposition gegen die Bibelkritik in Deutschland ab; das Phänomen ist universaler).

mentalismus verfehlt das Hohe der Theorie (der Wesensschau, hier der anthropologischen Wesensschau) wie das Niedere des Lebens (die ganz praktischen Lebens-Erfordernisse). Er ist zugleich unangemessen abstrakt wie nicht abstrakt genug. C. Moralischer Fundamentalismus ist strukturell irritabel und dann auch erregbar. Wenn meine Mitmenschen moralische Forderungen »einfach« einhalten, kann ich mich sicher fühlen – als Teil einer damit konstituierten Gemeinschaft. Beginnen sie aber, über moralische Forderungen aufgrund höherer Prinzipien zu disponieren, so ist ihr Verhalten für mich nicht mehr ohne Weiteres voraussagbar, ohne dass ich ihnen mühelos Amoralität nachweisen könnte. Empörung ist fast schon unausweichlich, und sie steigert sich, wenn der über Moral disponierende Mitmensch nicht als offenkundig amoralisch zu behaften ist. Was sich hier zusammenbraut, kann letal sein – für den, der über die empörende Freiheit verfügt. D. Gilt ein moralischer Satz nicht absolut, weil absolut etwas ist, das intellektuell schwerer fasslich ist als dieser Satz, so kann ich mich auf diesen Satz nicht mehr bedingungslos berufen, um mit seiner Hilfe mich über andere zu erheben, die ihn nicht einhalten. Nahezu ungültig gemacht werden damit vor allem solche Sätze, deren Befolgung in der Hauptsache der Identitätsabsicherung dienen, gewöhnlich Gebote, die so unnütz sind wie unaufwändig zu befolgen, an denen sich aber ausmacht, ob jemand zu »den Guten« gehört oder nicht. Ährenraufen am Sabbat kann im Grunde jeder mit etwas Mühewaltung vermeiden; Taten der Barmherzigkeit dürften mehr Ressourcen erfordern. Umso mehr bietet es sich an, so ein kleines Gebot zu einer großen Sache zu machen, wenn es darum geht, zu definieren, wer dazugehört – zu »uns«, den Guten. Mit einem nicht-fundamentalistischen Ethos entfallen solche Möglichkeiten einer sekundären und tendenziell auch pervertierten Anwendung von Moral. Es eignet ihm ein nicht-narzisstischer Zug, zugleich auch ein Moment der Identitätsaufweichung. Passend dazu gibt es in der Ethik der Jesusüberlieferung eine starke Tendenz, Selbsterhebung durch Moral auszuschließen, vgl. etwa die Sätze vom Splitter im Auge des Nächsten und dem Balken im eigenen Auge (Lk 4,41–42 // Mt 7,3–5). Ebenso findet sich in ihr eine Neugierde und Aufgeschlossenheit für abweichende Identität: Ohne jüdische Identität hinter sich zu lassen (die Gerasener-Erzählung etwa teilt jüdischen Nationalismus ohne Weiteres), nimmt sie Träger fremder Identität wahr, und zwar nicht als der Belehrung bedürftig, sondern als Inhaber vorbildhaften Handelns: Am barmherzigen Samariter beobachtet Jesus gutes Tun (ob er die Geschichte nun erfindet oder nicht), von der syrophönizischen Frau lässt er sich zu einer Wunderheilung überreden, vgl. Lk 10,30–37 und Mk 7,24–31. Mindestens die letztgenannte Perikope lässt in Umrissen die spätere Heidenmission erahnen; an deren Anfang stand, wie es scheint, nicht zuletzt eine Neugierde auf »die Anderen«, die eben »auch etwas können«.

3.4 Urordnung

Vom Alltagspraktischen kehren wir zurück in den Bereich des Prinzipiellen: Es gibt in der synoptischen Jesusüberlieferung einen Rekurs auf die Urordnung, durch den ein Gebot des Mose faktisch abrogiert wird. Dies findet statt bei dem jesuanischen Ehescheidungsverbot, wie es zuerst bei Markus überliefert ist (Mk 10,1-12): »Um euer Hartherzigkeit willen«, so sagt Jesus dort, »hat Moses euch dieses Gebot geschrieben« (Mk 10,5), nämlich dass ein Mann eine Frau durch einen Scheidebrief entlassen könne (Mk 10,4, vgl. Dtn 24,1.3); es ist Jesus zufolge aber »vom Anfang der Schöpfung« her anders: Als Mann und Frau habe Gott die Menschen erschaffen, deswegen verlasse der Mann seine Eltern und ziehe zu seiner Frau etc. (vgl. Gen 1,27; 2,24); was Gott zusammengefügt habe, solle der Mensch nicht scheiden, so dass also keinerlei Ehescheidung in Frage komme (Mk 10,6-9).

Was Jesus hier zitiert und auslegt, kennen wir aus den Menschenschöpfungsberichten der Thora (s. o.). Mit diesen ist Jesus zufolge eine ursprünglich von Gott intendierte Ordnung gegeben, die höherwertiger ist als das, was Mose, hier wohl als ein von Gott unabhängig agierender Autor zu denken, bloß in Akkomodation an etwas Böses bei den Israeliten geboten habe. Es tut sich hier so einiges auf, auch religionsgeschichtlich: Jesus differenziert zwischen zwei verschiedenen Autoren des Gesetzes; die Herkunft des Gesetzes ausschließlich von Gott steht in Frage. Genau dies wird bei dem christlichen Gnostiker Ptolemaios in seinem Brief an Flora dann zum Ausgangspunkt für eine Gesetzeslehre, die zwischen Göttlichem, Mosaischem und Ältestentraditionen im Gesetz unterscheidet und das Göttliche am Gesetz dann dem Demiurgen zuordnet (und weder dem Teufel noch dem Vater des Erlösers).[44] Jesus gehört hier zur Vorgeschichte der

---

[44] Der Brief des Ptolemaios an die Flora findet sich bei Epiphanius,

Gnosis, was religionsgeschichtlich kaum überraschen wird, aber es liegt eben nicht nur ein historisches Kontinuum vor, sondern auch ein gedankliches; es wurde nicht ganz in Verkennung des Jesuanischen, was bei Gnostikern aus dem Jesuanischen wurde.

Auch in anderer Hinsicht ist erstaunlich, was Jesus hier tut: Ein Thoragebot wird aufgehoben mit Blick auf urzeitlich von Gott Intendiertes. Man findet beides in der Thora als Buch, die damit unangetastet erscheint, aber nicht ganz so unangetastet scheint die Thora als Lebensordnung, das mit der Sinaioffenbarung verbundene Normengefüge. Es scheint umgekehrt, was bisher im Hinblick auf das Thema Thoragebote und Urzeit im Judentum unternommen wurde: Bisher, speziell im Jubiläenbuch und in den Testamenten der zwölf Patriarchen, zeigte man sich bemüht, eine zumindest partielle Befolgung der Thoragebote auch für die Patriarchen und die Urzeit der Menschen nachzuweisen; die Thoragebote waren dann das eigentlich Normative, und die Urzeit hatte an diesem teil, konnte auf diese Weise als israelaffin

---

Panarion XXXIII,3-7; neben dem Text von HOLL in der Berliner Akademieausgabe ist immer noch lesenswert derjenige bei ADOLF HARNACK (Hrsg.), Ptolemaeus. Brief an die Flora (Kleine Texte für Vorlesungen und Übungen 9), Bonn 1912. Ptolemaios wendet sich gegen vorhergehende Theorien, die sich ebenfalls um eine Herleitung des Gesetzes bemühten; er weiß von Leuten, die das Gesetz dem Teufel zuschreiben (§1,5 bei HARNACK, 3); vgl. hierzu etwa den wohl früher datierenden Satornil bei Irenäus, Adversus Haereses I,24,2, der »die Prophetien« (vielleicht generell die heiligen Schriften Israels) teils auf den Satan, teils auf die Weltschöpfer-Engel zurückführt.

gelten, aber eben mit der israelischen Thoraobservanz als einem aus der Zukunft sich abschattendem Vorbild und nicht umgekehrt als das für die Thora Vorbild gebende.[45] Bei Jesus erscheint dieses Gefälle umgekehrt, jedenfalls in dem genannten Punkt: Das eigentlich Normative ist gegeben mit dem Urakt der Schöpfung, mit dem Urzeitlichen; eines der Thoragebote hingegen steht für einen späteren Pragmatismus, dem auf nicht ganz geklärte Weise etwas Dubioses anhaftet. Es ist mit ihm Depravation verbunden; das Thoragebot steht für verminderte Normativität.

Wie kommt Jesus auf sowas? Es ergibt sich ein Ansatzpunkt von dem her, was schon erwähnt wurde: Die kosmische Suprematie des Menschen, ein entscheidendes Motiv der Menschensohnkonzeption (bzw. einer jesuanischen Menschensohn-»Christologie«), ist urzeitorientiert, und damit ergibt sich Normbegründendes und zugleich Normrelativierendes aus der Urzeit. Von der Urzeit her dann auch die Thora zu relativieren, liegt da nicht mehr fern. Und noch ein anderes Motiv tritt hinzu: Urzeitgeschehen ist in der Ehescheidungsperikope auch Handeln Gottes, speziell Handeln des Schöpfers (was Gott – bei der Menschenschöpfung – zusammengefügt hat, soll der Mensch nicht scheiden). Vom Schöpfungshandeln Gottes aber leitet Jesus Ethisches auch sonst ab: Der matthäische Jesus begründet Feindesliebe un-

---

[45] Für das Jubiläenbuch kann hier verwiesen werden auf JAMES C. VANDERKAM, The Origins and Purposes of the Book of Jubilees, in: MATTHIAS ALBANI u. a. (Hrsg.): Studies in the Book of Jubilees (Texte und Studien zum antiken Judentum 65), Tübingen 1997, 3–24.

ter anderem damit, dass Gott seine Sonne über Gute wie Böse aufgehen lasse (Mt 5,45); der lukanische weist zu demselben Zweck darauf hin, dass Gott freundlich sei gegen Undankbare und Böse (Lk 6,35), was wohl inhaltlich auf das Gleiche hinausläuft.

Eine Tendenz zur fundamentalethischen Begründung und zugleich Relativierung von Moral ist dabei durchgehend zu bemerken; auch das hatten wir schon. Das Fundamentalethische wiederum kann ein moralischer Grundsatz sein, aber auch jenseits des Moralischen liegen: Das urzeitliche Ehescheidungsgebot ist ein moralischer Grundsatz, die kosmische Suprematie des Menschen ist moraljenseitig.

Die Relativierung von Moralischem besteht übrigens beim Ehescheidungsverbot in einer Verschärfung des Geforderten: Relativiert und faktisch aufgehoben ist das Gebot des Mose, den Scheidebrief betreffend, und anstelle dessen ist Ehescheidung unbedingt untersagt. Freie Disposition über Moralisches kann die Last des Moralischen erleichtern ebenso wie erschweren, je nach Sachlage. Die damit einhergehende Verunsicherung ist nicht zu unterschätzen. Man weiß dann nämlich kaum noch, wo man gesundem Egoismus auch einmal freie Bahn geben kann. Im Umgang mit der Ehefrau jedenfalls scheint es nicht mehr möglich zu sein. Dafür darf man am Sabbat Ähren raufen. Nicht jeder (und speziell: nicht jeder Mann) lässt sich gerne auf eine solche (Um-) Verteilung von Freiräumen ein.

3.5 Selbstverzicht

Von Moral und Selbstbezüglichkeit war schon die Rede: Das jesuanische Ethos wehrt dem Moralmissbrauch zwecks Selbsterhöhung gegenüber dem Nächsten, und es schützt die Frau gegen den Egoismus des Ehemannes, der sie einfach mit einem Scheidebrief entlassen will. Es deutet sich etwas an, das für Moral nicht untypisch ist: Moral verbietet etwas, das ich tun will, und steht damit dem entgegen, was ich vorderhand als mein Eigeninteresse verstehe. Dies ist empirisch wie essenziell mit Moral verbunden, und es ist dies auch allgemein bekannt, wobei noch fraglich erscheint, in welchem Maße es zu den Haupteigenschaften der Moral gehört oder gehören muss (wie sehr es also ihr Wesen, wenn ihm gleich zweifelsfrei zugehörig, auch bestimmt). Es scheint, dass dieses dem Ich widerstrebende Moment der Moral in der jesuanischen Ethik perfektioniert wird, zumindest in einigen Strata der Jesusüberlieferung, insbesondere in der Liebesparänese der großen Reden Bergpredigt und Feldrede (Mt 5–7; Lk 6,20–49). Deutlich wird dies zum Beispiel in Lk 6,27–36: Verschiedene Handlungsanweisungen verbinden sich dort, Feindesliebe betreffend wie etwa Leihen in aussichtslosen Fällen, und sie scheinen in der Hauptsache auf Eines hinauszulaufen: Geben und Nehmen, eine Gegenseitigkeit nicht ohne Miteinander, ist bloß das, was auch die Sünder tun, aber dies liefe am Ende auf eine +1/-1-Bilanz auf beiden Seiten hinaus, während für das Gute eher die -1/-1-Bilanz auf meiner Seite steht (mit eschatologischer Lohnerwartung: +2 zuzüglich Aufschlag).[46]

---

[46] Es kann hier nicht diskutiert werden, was in Lk 6,27–36 jesuanisch

Nicht immer ist mir die tiefe Weisheit dieser Konstruktion auf Anhieb erkenntlich. Es scheint mir hier übersehen, dass Mutualität sehr wohl Solidarität schaffen kann (speziell allerdings, wenn die Gegenerwartung auf künftige Gegenhilfe im Augenblick des Helfens sistiert wird). Und es bleibt auch zu beobachten, dass diese Konstruktion bei Paulus allenfalls nachklingt, und zwar da, wo es einmal praktisch wird, nämlich bei gemeinschaftsgefährdenden Rechtsstreitigkeiten unter Christen (1 Kor 6): Paulus bringt hier die Option des Rechts-

> ist und was nicht. Vgl. MICHAEL WOLTER, Das Lukasevangelium (Handbuch zum Neuen Testament 5), Tübingen 2008, 254–260, der seine Analyse der Perikope abschließt mit »Bewunderung« für die »Geschlossenheit des ethischen Konzepts, das *Lukas* hier vorgelegt hat« (260). Die Hervorhebung stammt von mir; für Wolter geht es hier um ein lukanisches, nicht ein jesuanisches Konzept. Hierzu eine allgemeine Bemerkung: Die historische Skepsis der Bultmannschule hinsichtlich des Historischen Jesus ist weniger passé, als man aufgrund einer neuen Offenheit für historische Rekonstruktion in der Jesusforschung annehmen mag (vgl. hierzu die Literatur in Anmerkung 6). Die Skepsis kann sich schlicht darin äußern, dass statt Jesusforschung eine Evangelienexegese betrieben wird, die nicht Jesus rekonstruiert, sondern die Theologie der Evangelisten und dabei die Frage der Historizität teilweise bewusst offenlässt. Methodisch hat das seine Bewandtnis: Ein Lukaskommentar kommentiert Lukas und nicht Jesus. Aber: Lukas ist um Jesu willen geschrieben worden; verfehlt man Lukas also nicht doch, wenn man die Frage nicht stellt, was sein Bericht mit historischer Realität zu tun hat? Evangelienkommentierung ist hermeneutisch und wissenschaftsdidaktisch ein schwieriges Unterfangen. Wolter übrigens blendet die historische Fragestellung weder aus noch verfolgt er sie systematisch; das Gebot der Feindesliebe geht für ihn höchstwahrscheinlich auf den historischen Jesus zurück; ebd., 255–256).

verzichts, ja des Sich-Schädigen-Lassens ins Spiel, ohne sie freilich den Christen aufzuerlegen.

Aber ich muss nicht begeistert beipflichten, um wahrnehmen zu können, dass auch hier von Grundsätzlichem her Ethik betrieben wird: Gebote werden nicht »einfach so« gegeben, sie gelten nicht flächig so, wie sie sind, und bloß deshalb, weil sie Gebote sind, sondern aufgrund eines fundamentierenden Leitgedankens, hier den des Selbstverzichts. Mit ihm ist das spezielle Moment einer grundsätzlichen Infragestellung des handelnden Subjekts selbst verbunden: Moral geht hier einher mit der das Selbst prinzipiell aufhebenden Frage, ob man sich etwa gegenwärtig anschicke, im eigenen Interesse zu handeln. Es kann aus dieser Frage durchaus Handlungsfreiheit erwachsen, denn es gibt ja vieles Unterschiedliches, das jeweils dem anderen nützt und dem eigenen Interesse nicht nützt oder entgegensteht, und man kann frei disponierend nach dem je Passendsten suchen. Aber es ist unschwer einsehbar, dass eine solche Freiheit als Bürde empfunden werden kann. Und als lästig kann derjenige wahrgenommen werden, der solche Grundsätze überhaupt erst einmal aufstellt. Indes haben wir keine Handhabe dafür, dass man Jesus um seiner Selbstverzichtsethik willen umbringen wollte.

3.6 Handlungsgrundorientierung

Wir kommen abschließend zu einem Aspekt jesuanischer Ethik, der ebenfalls grundsätzlicher Natur ist. Die Rede soll sein von einer Tendenz in der Jesustradition, Ethik von den Anfängen und den Ursachen des Handelns her zu konstruieren: Schon der kleinste Anfang des Bösen ist Böses, schon der innere Wunsch nach Bösem ist Böses, vom Wesen des Täters her ist die Tat zu erklären – und gleichzeitig: Böses liegt inwendig auch da zugrunde, wo das Handeln äußerlich gut aussieht. Ich bezeichne diese Tendenz als Handlungsgrundorientierung; in der Forschung sind unter anderem die nicht ganz deckungsgleichen Begriffe Radikalisierung und Innerlichkeit im Schwange, die ich hier einmal zurückstelle.[47] An einigen Beispielen soll diese Handlungsgrundorientierung nun erörtert werden:

1. »Wer eine Frau ansieht, sie zu begehren, hat mit ihr im Herzen schon die Ehe gebrochen«; so verschärft der matthäische Jesus in den Antithesen der Bergpredigt das aus dem Dekalog überkommene Verbot des Ehebruchs (vgl. Mt 5,28). Es scheint nicht sicher, dass hier auch der historische Jesus sich zu Wort meldet, denn es handelt sich um matthäisches Sondergut, wie übrigens überhaupt die Antithesen eine typisch matthäische Komposition sind (mit Vorläufern, vgl. die oben diskutierte Ehescheidungstradition bei Markus). Aber auch bloß matthäisch Bezeugtes ist nicht immer gleich sekundär. Hervorzuheben ist an diesem Satz nicht so sehr, dass er nicht eine Handlungsaufforderung als vielmehr eine Feststellung ist, denn moralischen Druck in Richtung auf ein bestimmtes Handeln erzeugt er auch so. Wichtiger

---

[47] Zum Begriff Verinnerlichung vgl. WERNLE, Jesus, 119–121, zum Begriff Radikalisierung THEISSEN, Soziologie, der von einem ethischen Radikalismus in der synoptischen Tradition schreibt, der auf die Wandercharismatiker zurückgehe; THEISSEN/MERZ: Jesus, 359–365 sprechen von einer Intensivierung und Erleichterung (*intensification, relaxation*) der Thora in der Jesusbewegung.

ist: Was hier als Verschärfung wirkt, hat mit einer (Neu-)Ausrichtung der Aufmerksamkeit vom Resultat einer Handlung auf die Anfänge einer Handlung zu tun, die im Personinneren liegen. Ob dann auch schon der Begriff Verinnerlichung zutrifft, muss anderenorts geklärt werden; es scheint mir nicht ganz sicher, ob ein Interesse an dem, was wir als Gemütsleben bezeichnen, hier auch vorliegt. Analoges gilt für den Begriff der Radikalisierung, mit dem verunklarende Konnotationen verbunden sein können (etwa dahingehend, dass dieses Ethos etwas Antibürgerliches oder auch Unerbittliches und Gewalthaftes an sich hätte).

2. In der zuerst bei Markus überlieferten Perikope vom Händewaschen der Pharisäer, stellt der markinische Jesus den Grundsatz auf, dass Unreinheit nicht von außen, sondern von innen komme, vgl. Mk 7,17-23 und speziell Mk 7,15. Unreinheit ist hier zunächst einmal primär moralisch verstanden (was nicht neu sein muss) und gilt nicht als etwas, das durch äußerlich Kontagiöses verursacht ist, sondern wird als vom Herzen des Menschen ausgehend wahrgenommen. Es zählt damit moralisch nicht ein Äußeres, sondern ein Inneres, von dem her ein Tun beginnt, ein Handlungsgrund. Die Historizität von Mk 7,15 ist sehr umstritten; wenn Jesus hier die Grundlage der Unterscheidung von Rein und Unrein aufheben sollte, dann bliebe zu klären, warum es zu diesem Thema in der Gemeinde von Rom noch Diskussionen gegeben haben sollte, vgl. Rm 14. Hat Jesus die Christen nicht überzeugt? Oder ist sein Ausspruch so grundsätzlich nicht gemeint gewesen? Oder beruht Jesuanisches hier auf paulinischer Theologie (etwa Rm 14,14), so dass es nicht auf den Historischen Jesus zurückginge?

3. Auf die Logienquelle gehen Jesusworte zurück, laut denen von einem guten Baum gute Früchte hervorgehen etc. und dementsprechend das Herz des Menschen dessen Handlungsgrund ist, vgl. Lk 6,43-45 // Mt 12,33-35; dazu Mt 7,16-18; man hat es hier wohl mit Historisch-Jesuanischem zu tun. Es eignet diesen Worten ein truistischer Zug, womit aber ein tieferer Zusammenhang sinnenfällig gemacht wird, der nicht selbstverständlich ist: Das Urteil über das Handeln von Menschen, beobachtende Ethik, geht auf eine Schau ihres Wesens hinaus und kommt dann auch von dieser Wesensschau wieder auf das Tun zurück. Wir haben es hier mit einem ontologischen Erkenntnisvorgang zu tun, der auf Handlungsgründe, Inneres, Wesen hinzielt und nicht bei einer Oberfläche bleibt.

4. Der lukanische Jesus konzediert seinen Mitmenschen (im gegebenen Falle den jüdischen), sie seien in der Lage, ihren Kindern Gutes zu geben, obwohl sie böse seien (Lk 11,13). Das Sichtbare des guten Tuns scheint hier vor einem Hintergrund stattzufinden, der – jedenfalls in der aktuell angesprochenen Situation (Hilfe für die Kinder) – hinter dem Sichtbaren bleibt und damit nicht sichtbar ist; etwas wie eine transempirische Natur des Menschen oder ein Inneres deutet sich an, mit dem es auch dann nicht gut steht, wenn es mit dem Handeln gut aussieht.

Damit ist Beunruhigendes verbunden: Wenn ich Gutes tue, bin ich der Frage nicht enthoben, ob »es« prinzipiell mit mir stimmt, ob ich nicht, als ein Persönganzes genommen, böse bin. Wieder einmal erfolgt damit ein Rekurs auf Grundlagen von Handlung und Handlungsweisung, mit dem ich zugleich genötigt bin, mich mit mehr zu befassen als mit dem vordergründig Moralischem, und hier mit der Frage, ob ich nicht hintergründig böse sein könnte. Wahrnehmung des Moralischen ist auch hier nicht flächig, und sie irritiert. Und ich stelle fest: Befehl und Gehorsam könnte einfacher sein. Wer bloß pariert, muss sich nicht fragen, ob »es« mit ihm stimmt. Und umgekehrt: Wer Freiheit hat, wer über Moral disponieren kann und muss, der sieht sich auch zur Skepsis hinsichtlich seiner selbst gerufen.

Auf eigentümliche Weise koexistieren damit in jesuanischer Ethik kosmische Suprematie des Menschen und etwas, das an die Lehre vom *peccatum originans* als Konstitutivum der menschlichen Existenz[48] erinnert. Ungeklärt muss hier bleiben, inwieweit dieser Sündenpessimismus anthropologisch gemeint ist und inwieweit auch ekklesiologisch: Sind »wir«, die Christen, mitgemeint, wenn Menschen von Jesus als dem Wesen nach Böse angeredet werden, oder ist vorchristliche Existenz im Blick? Paulinische Hamartiologie, paulinische Rede vom Sündenverhängnis, konstatiert Analoges für die vor- und außerchristliche Menschheit, womit also in dem Falle bei ihm nicht-ekklesiologische Aussagen vorliegen.[49] Bei Lukas kann es anders sein, und bei Jesus

---

[48] Mit Absicht ist von Existenz die Rede: Existenziell, nicht essentiell ist der Mensch von der Sünde verderbt.

[49] Sündunterworfenheit ist für Paulus ein außerchristliches Phänomen; die Lehre vom Simul iustus et peccator ist nicht paulinisch; dies konstatiere ich, vorhandene Forschungsansätze fortführend, in meinem Buch zum Adammythos bei Paulus. Vgl. hierzu auch JAN DOCHHORN, Neue Erkundungen zum Werden und Wesen der Theologie des Paulus. Ein Bericht aus eigener Forschung mit Fokus auf der Nomologie, Zeitschrift für Neues Testament 53 (2024), 51–68.

sollte man ekklesiologische Rede nicht ausschließen; er muss nicht nur Juden als Juden belehrt haben, es kann seine Unterweisung auch schon Juden betreffen mit Hinblick auf deren Zugehörigkeit zu einer Gemeinschaft, die in Kontinuität steht mit der Kirche.

4. Abschluss

Freiheit ist unbequem. Wer sie bringt, macht sich nicht so ohne weiteres beliebt. Es ist vielen in der Weltgeschichte so ergangen, und ein Ergehen dieser Art ist für Christen durch Jesus zu vorbildhafter Geltung gelangt. Dass Jesus wegen seiner Ethik umgebracht worden sei, ist damit noch nicht gesagt; die Passionsüberlieferung lässt uns hinsichtlich der Motive derer, die Jesu Hinrichtung betrieben und umgesetzt haben, ziemlich weitgehend im Unklaren, was hier nicht erörtert werden kann. Immerhin einen Tötungsbeschluss, der indessen wohl folgenlos geblieben ist, hat Jesus ausgelöst mit seinem freien Disponieren über Gebote: Anlässlich einer Heilung am Sabbat machten sich die Pharisäer und Herodianer Gedanken, wie sie Jesus beiseiteschaffen könnten. Dass daran die Pharisäer beteiligt waren, mag angesichts der Pharisäerpolemik der Evangelien wenig verwunderlich erscheinen, ist aber gar nicht so selbstverständlich. Ein wichtiges Indiz spricht dafür, dass speziell die Pharisäer Jesus gar nicht durchweg ferngestanden haben: Ausweislich Lk 13,31 haben Pharisäer versucht, Jesus vor Nachstellungen des Herodes zu warnen.

Man lernt auch daraus etwas, das hier am Ende stehen soll: Es scheitert, wer ungewohnte Handlungsmaximen aufstellt, mitunter schon an Nahestehenden, die es erst einmal gut meinen und dann das Verständnis verlieren. Leben ist lebensgefährlich, und wer sich auf das Leben in einer intensivierten Gestalt, mit dem Guten, einlässt, kann ganz besonders in Gefahr geraten.

Sakralisierter Moralismus?
Versuchungen und Herausforderungen kirchlichen Handelns heute

Jörg Dierken

1. Versuchungen

Um die Kirchen steht es nicht gut – jedenfalls wenn man Großtrends wie massiv rückläufige Mitgliedschaft, erheblich abnehmende Gottesdienstbesuchszahlen, deutliche Rückgänge bei der Nachfrage nach Kasualien und verringerte Vertrautheit mit den Symbolen der christlichen Tradition anschaut. Diese Trends sind mit unterschiedlicher Intensität überall in Deutschland sichtbar, mit Spitzen in Ostdeutschland. Natürlich gibt es Regionen mit noch größerem Rückgang an Kirchlichkeit wie etwa Tschechien, und natürlich gibt es Kirchen, in denen es hinter monumentalen Fassaden noch mehr bröckelt. Man braucht nur an den Katholizismus hierzulande zu denken. Er ist indes in einen weltkirchlichen Zusammenhang eingebettet, in dem es auch gegenläufige Entwicklungen gibt. Allerdings erschweren die damit verbundenen Beharrungskräfte in Sachen Sexualmoral und geschlechtsbezogene Amtshierarchie hiesige Reformprozesse, die schon angesichts der hausgemachten Probleme im Zusammenhang mit sexuellem Missbrauch dringlich sind. Dessen schleppende Aufarbeitung hat in der Öffentlichkeit ein Bild vom Katholizismus entstehen lassen, in dem er eher einer dubios-düsteren, tendenziell kriminellen Organisation ähnelt als einer lichtvoll-hellen Gemeinschaft des Glaubens und der Liebe.

Das färbt auch auf die evangelischen Kirchen ab, zumal auch sie keineswegs frei von dem vielschichtigen Problem des Missbrauchs sind und sich im Umgang damit schwertun. Weder beschweigendes Aussitzen noch hektische Verdachtshermeneutik, die selbstexkulpierend wirken soll, markieren hier zielführende Wege. Die jüngsten Entwicklungen um den Rücktritt der EKD-Ratsvorsitzenden sprechen für sich. Eine ehemals gegenüber sexueller Diversität intolerante Moral wirft lange Schatten. Ihnen entkommt man nicht, wenn behauptet wird, dass die archaischen Geschlechter- und Generationenverhältnisse aus der Bibel nun plötzlich die bunten Farben von Queerness widerspiegeln. Mit der Sexualethik hat der Protestantismus freilich ein geringeres ökumenisches Problem als der Katholizismus. Bei dem international wachsenden pentecostalen Christentum bildet indes die Wirtschaftsfreundlichkeit des Wohlstandsevangeliums eine Kontrastlinie zu den hiesigen evangelischen Landeskirchen. Aufgrund ihrer religionsverfassungsrechtlichen Stellung verfügen sie immer noch über erhebliche ökonomische Ressourcen, sie scheinen sich daher kapitalismuskritische Rhetorik leisten zu können.[1] Ob das dem Empfinden der insgesamt fraglos noch großen Zahl von Mitgliedern, die die

---

[1] Sie ist nach ARMIN NASSEHI gleichsam der *cantus firmus* des großen Nein gegen steigende gesellschaftliche Komplexität aufgrund von sozialer Differenzierung. Vgl. DERS., Das große Nein. Eigendynamik und Tragik des gesellschaftlichen Protests, Hamburg 2020, v. a. 80 ff.

Kirchen tragen, entspricht, mag dahingestellt bleiben. Dass die Kirchen aufs Ganze gesehen noch immer zu den mitgliederstärksten Organisationen gehören, geht in der Klagelitanei, die überall zu vernehmen ist, leicht unter. Dabei fungiert zumindest untergründig der Rückblick in vergangene Zeiten als Maßstab für die Gegenwart.[2] Dass es dazu kommt, darf angesichts der Permanenz von Strukturanpassungsdebatten – vulgo: Sparprogrammen – allerdings auch nicht wundern.

Eine Versuchung in dieser Lage scheint darin zu liegen, die Kirche als parteiähnliche Organisation zur Durchsetzung des Wahren und Guten, des *bonum commune*, zu machen. Dieses Ansinnen schreibt Grundintuitionen der sog. ›Öffentlichen Theologie‹ fort,[3] deren Selbstbeschreibung unaus-

---

[2] Das ist ein Grundproblem von solchen Säkularisierungstheorien, die den Maßstab einer weitgehend religiösen Integration der Gesellschaft mit Deckungsgleichheit von Christenmenschen und Bürgern anlegen und dann Transformationen und Differenzierungen als Verlustgeschichte beschreiben. Die Dimensionen des Verlustes auszublenden, ist freilich auch keine – gegenläufige – Option. Zu fragen ist allerdings, für wen und warum Säkularisierung als Verlustgeschichte beschrieben wird – und was daraus folgt. – Vgl. dazu Jörg Dierken, Religion am Ende – am Ende (doch) Religion? Soziologische und theologische Perspektiven, in: Ders., Ganzheit und Kontrafaktizität. Religion in der Sphäre des Sozialen, Tübingen 2014, 23 ff.

[3] Vgl. zum Stichwort Öffentliche Theologie den Band: Florian Höhne / Friederike van Oorschoot (Hrsg.), Grundtexte Öffentlicher Theologie, Leipzig 2015; die Programmformel geht auf Wolfgang Huber zurück. Vgl. Ders., Kirche und Öffentlichkeit, München 1991. Zur besonnen-abwägenden Analyse der Öffentlichen

gesprochen mit dem Gegenbild einer vorgeblich das Licht der Öffentlichkeit scheuenden, mithin klandestinen Theologie operiert. Ohne die weit verzweigte Debatte um das Programm der Öffentlichen Theologie und dessen Fortentwicklung hier aufrollen zu können, lässt sich als Nenner festhalten, dass die Kirchen mit ihren institutionellen und organisatorischen Potentialen in der politischen Öffentlichkeit sozialmoralische Positionen nach vorn bringen mögen, die sich mit ethischen Grundprinzipien des Christlichen berühren. Stichwortartig sei auf Formeln wie Einsatz für ›Gerechtigkeit, Frieden und Bewahrung der Schöpfung‹ aus dem ökumenischen Konziliaren Prozess oder die aus der Befreiungstheologie stammende Formel von der ›Option für die Armen‹ verwiesen.[4] Solche Globalformeln sind gewiss nicht falsch, man wird jedenfalls keinen Grunddissens zu ethi-

---

Theologie mit liberal-theologischer Positionierung vgl. ARNULF VON SCHELIHA, Zum Programm der »Öffentlichen Theologie«. Ein Debattenbeitrag, in: ULRICH H. J. KÖRTNER u. a. (Hrsg.), Konzepte und Räume der »Öffentlichen Theologie«, Leipzig 2020, 43–54; DERS., Die Rolle der Kirchen im gesellschaftlichen und politischen Diskurs der Gegenwart, in: DERS., Religionspolitik, Tübingen 2018, 99–129.

[4] Sie durchzieht das Oeuvre des ehemaligen EKD-Ratsvorsitzenden und Huber-Schülers HEINRICH BEDFORD-STROHM, vgl. schon DERS., Vorrang für die Armen. Auf dem Weg zu einer theologischen Theorie der Gerechtigkeit, Gütersloh 1993; darin findet sich auch die Formel ›Option für die Armen‹. Vgl. exemplarisch dazu aus späterer Zeit: https://www.evangelisch.de/inhalte/82453/28-04-2013/bedford-strohm-kirche-ist-option-fuer-die-armen-verpflichtet. Vgl. zur Auseinandersetzung damit ARNULF VON SCHELIHA, Protestantische Ethik des Politischen, Tübingen 2013, 237 ff.

schen Kräften des Christentums, insbesondere der Gottebenbildlichkeit aller Menschen und der die urbildliche Gottesliebe abbildenden Nächstenliebe, feststellen können. Offen ist aber, mit welchen politischen Aktivitäten solche Programmformeln verbunden werden sollen und welche Rolle die Kirchen dabei spielen. Spätestens hier beginnt der politische Streit. Geht es um Befähigungsgerechtigkeit oder Verteilungsgerechtigkeit? Ist Armutsbekämpfung eine Option neben anderen, welche ökonomischen Wege sollte Sozialpolitik heute einschlagen? Was meint Einsatz für den Frieden angesichts der Realität von Angriffskrieg und monströsem Terror? Ist Bewahrung der Schöpfung eine Aufgabe des Menschen? Und wenn ja, von wem und wie?

Solche und weitere Fragen führen hinein in politische Debatten, die tunlichst mit Argumenten zu führen sind.[5] Die Versuchung der Kirchen besteht angesichts der Unübersichtlichkeit politischer Debatten darin, mit einer an die moralischen Grundintuitionen zurückgekoppelten Beschreibung bestimmte politische Fragen zu besetzen, sie damit der politischen Debatte zu entziehen und dies durch Zeichenhandlungen zu bekräftigen. Eine vermeintlich durch religiöse Betroffenheit privilegierte Einsicht in das *bonum commune*, die sich verbunden weiß mit einem ›Wächteramt‹ der Kirchen

---

[5] Dieses Anliegen von Rochus Leonhardt im Kontext seiner Vorschläge zum Umgang mit der AfD, die Gesamtdeutschland als ›DDR 2.0‹ perhorresziert, sei gern unterstrichen. Vgl. Ders., Die politische Kultur Deutschlands im Schatten des Rechtspopulismus, in: Johann Hinrich Claussen u. a., Christentum von rechts. Theologische Erkundungen und Kritik, Tübingen 2021, 147–189.

für das politisch Gebotene,⁶ wird mit bestimmten politischen Positionen kurzgeschlossen. Symbolträchtige Aktionen sollen gegenteilige Bedenken und Positionen als nicht satisfaktionsfähig ausschließen. Exemplarisch sei auf die Mitwirkung der EKD beim Ankauf eines Schiffes zur Rettung von Flüchtlingen auf dem Mittelmeer, die Einladung der Sprecherin der Aktivisten der sog. ›Letzen Generation‹ bei der EKD-Synode 2022 mit entsprechenden Solidaritätsbekundungen und die Beschlüsse zum Tempolimit für die höhere Geistlichkeit verwiesen.⁷ So sehr es außer Frage steht, dass Schiffbrüchige zu retten sind, so sehr kann gefragt werden, welche Rolle den Kirchen dabei gegenüber ihrem sonstigen diakonischen Handelns zukommt, welche Hintergründe des humanitären Dramas in den Inkonzinnitäten des Asyl- und Zuwanderungsrecht liegen und was das für das Schlepperunwesen bedeutet. Ganz aktuell kann auch nach dem durch Zuwanderung verstärkten Antisemtismus gegenüber der Solidarität mit Israel und der Erinnerungspolitik angesichts der Shoah gefragt werden. Wenn Klimaschutz zu Recht auf der politischen Agenda steht und eine ethische Aufgabe darstellt, bleibt fraglich, ob die Rechtsmeinung von Aktivisten zu Beschlüssen zum Klimaschutz, die vorgeblich

---

⁶ Vgl. Friedrich Wilhelm Graf, Vom Munus Propheticum Christi zum prophetischen Wächteramt der Kirche? Erwägungen zum Verhältnis von Christologie und Ekklesiologie, in: ZEE 32 (1988), 88–106.
⁷ Vgl. dazu Gerhard Wegener, Lasst uns woke und munter sein, URL: https://zeitzeichen.net/node/10282. (Stand: 16.06.2024) Dort auch Links zu weiteren Stimmen und Positionen.

Nötigung und Sachbeschädigung rechtfertigen oder geradezu erzwingen soll, etwas anderes bewirkt als mediale Aufmerksamkeit. Diese folgt dem Muster der im Milieu der Kreativen verorteten, diskursenthobenen gesellschaftlichen Singularitätenlogik[8] – die sich von der provozierten Ablehnung weiter nährt. Spätestens die Weigerung von Teilen der höheren Geistlichkeit, sich an die Tempobeschlüsse der Synode zu halten oder sie mit vermeintlich besseren verkehrsflusstechnischen Argumenten etwas zu modifizieren,[9] zeigt, wie partikular die Positionierung für das behauptete *bonum commune* ist, für das in aktivistischer Manier Partei genommen wird. Die aktivistische Versuchung wird gesteigert, wenn sie sich klerikal gewandet. Die vermeintliche Autoritätserhöhung erleidet aber unvermeidlich Abstürze, wenn sichtbar wird, dass der Klerus im protestantischen Raum niemals mit einer Stimme spricht.

Gegen die aktivistische Versuchung ist von verschiedener Seite aus Widerspruch eingelegt worden. Konservativ-tradi-

---

[8] Vgl. zu dem Stichwort ANDREAS RECKWITZ, Die Gesellschaft der Singularitäten. Zum Strukturwandel der Moderne, Berlin 2017; zur Kritik daran NASSEHI, Nein, 45 f.

[9] Vgl. URL: https://www.swr.de/swraktuell/baden-wuerttemberg/landesbischof-gohl-tempolimit-100.html#:~:text=Nach%20EKD%2DBeschluss%20zum%20Tempolimit,lehnt%20freiwilliges%20Tempo%20100%20ab&text=Der%20w%C3%BCrttembergische%20Landesbischof%20Gohl%20nennt,Die%20Kirche%20d%C3%BCrfe%20nicht%20bevormunden; https://www.domradio.de/artikel/bischoefin-ist-gegen-tempolimit-fuer-leitende-mitarbeiter; https://www.kirche-und-leben.de/artikel/tempolimit-fuer-bischoefe-evangelische-kirche-beschliesst-tempo-100 (Stand: 24.08.2023).

tionale, liberal-theologische und selbst in der dialektisch-theologischen Tradition verankerte Stimmen haben mit der Erinnerung an Grundzüge der Zwei-Reiche bzw. Regimenter-Lehre an die Eigenbedeutung des Politischen und die Rolle deliberativer Vernunft darin erinnert.[10] Gegen die im Hintergrund stehende Öffentliche Theologie formiert sich unter anderem der sog. ›Öffentliche Protestantismus‹.[11] Auch dieser fokussiert die politische Bedeutung der evangelischen Kirchen, sieht ihre Aufgabe aber vor allem in einer für die Pluralität von Frömmigkeitsstilen offenen religiösen Kommunikation. Auch der gesellschaftliche Pluralismus sei mitsamt den prozeduralen Formen im Politischen und deren rechtlichen Bedingungen und Konsequenzen vorbehaltlos anzuerkennen. Gleichwohl gibt es Schnittflächen zur Öf-

---

[10] Vgl. ULRICH H. J. KÖRTNER, Für die Vernunft. Wider Moralisierung und Emotionalisierung in Politik und Kirche, Leipzig ²2017; HANS JOAS, Kirche als Moralagentur? München 2016; JOHANNES FISCHER, Gefahr der Unduldsamkeit. Die »öffentliche Theologe« der EKD ist problematisch, in: zeitzeichen 17 (2016), 43–45; DERS., Kirche und Theologie als Moralagentur der Gesellschaft, in: CLAAS CORDEMANN / GUNDOLF HOFERT (Hrsg.), Moral ohne Bekenntnis? Zur Debatte um Kirche als zivilreligiöse Moralagentur, Leipzig 2017, 65–82; GÜNTER THOMAS, Radikaler moralischer Universalismus, begrenzte Verantwortung und partikulare Staatlichkeit. Fragen angesichts der Flüchtlingskrise, in: JÖRG DIERKEN / DIRK EVERS (Hrsg.), Religion und Politik. Historische und aktuelle Konstellationen eines spannungsvollen Geflechts, Frankfurt a. M. 2016, 353–379.

[11] Vgl. CHRISTIAN ALBRECHT / REINER ANSELM, Öffentlicher Protestantismus. Zur aktuellen Debatte um gesellschaftliche Präsenz und politische Aufgaben des evangelischen Christentums, Zürich 2017; DIES., Differenzierung und Integration, Tübingen 2020.

fentlichen Theologie, insbesondere im Blick auf die Fokussierung des *bonum commune*.[12] Für dessen Ausmittelung sollen die Kirchen Kommunikationsräume bereitstellen. Im Hintergrund dieses pluralismusoffenen Denkens steht ein Verständnis der Kirchen als Volkskirchen. Damit ist kein ominöses All- und Alleinvertretungsideal gemeint, vielmehr geht es um eine prinzipielle Offenheit der Kirchen für alle. Die Kirchen sollen eben nicht durch ständische, milieuspezifische oder politische Grenzen bestimmt sein.[13]

Gegen solch volkskirchlich eingestellte Theologie richtet sich ein tendenziell charismatisches Denken, das mit anderen Stimmen ebenfalls scharfe Kritik an der aktivistischen Versuchung artikuliert. Es sieht die Misere der Kirchen tendenziell in deren volkskirchlichen Strukturen wurzeln, die faktisch einer vom Religionsverfassungsrecht gedeckten staatsnahen Institutionalität mit behördenähnlicher Organisation auf Steuerbasis ähnelten. In deren auf Selbsterhaltung abstellenden Beharrungskräften sei der Sinn für das »Welt-

---

[12] Vgl. ALBRECHT/ANSELM, Öffentlicher Protestantismus, 7; DIES., Verantwortung für das Gemeinsame. Die Aufgaben eines öffentlichen Protestantismus, in: Konzepte und Räume Öffentlicher Theologie, 57–65.

[13] Dass das u. a. auf Schleiermacher zurückgehende Stichwort ›Volkskirche‹ nach wie vor diskussionswürdig ist, zeigen ganz unterschiedliche Stimmen: ULRICH H. J. KÖRTNER, Die Kirche als politische Volkskirche. Anspruch und Wirklichkeit, in: ILONA NORD/ THOMAS SCHLAG (Hrsg.), Die Kirchen und der Populismus. Interdisziplinäre Recherchen in Gesellschaft, Religion, Medien und Politik, Leipzig 2021, 171–183; KRISTIN MERLE, Populismus in der Volkskirche. Von der Problemwahrnehmung zur Pluralismuskompetenz. Kirchentheoretische Anmerkungen, a. a. O., 231–239.

abenteuer Gottes« durch kultivierte Erwartungslosigkeit abhandengekommen, so Günter Thomas.[14] Diese soziologisch durchaus nicht unzutreffende Diagnose wird ausgeweitet zu einem Plädoyer für die Trennung der Theologie von der sie seit der Antike in Gefangenschaft nehmenden Philosophie. Es gelte, dagegen die Kräfte des Mythischen und der Narration zu mobilisieren, um eine entsprechend hochgespannte Erwartungshaltung für ein Leben in Gottes Weltabenteuer zu befördern.[15] Mit dieser Programmatik erliegt die Kritik an der aktivistischen Versuchung jedoch ihrerseits einer anderen Versuchung: der charismatischen. So sehr einer Förderung der Kommunikation der christlichen Narrative und Symbole auch in den ästhetischen Formaten der heutigen Medienwelt zuzustimmen ist, so wenig vermag das generelle Verdikt gegen einen denkenden, und im Blick auf die Moderne und Gegenwart: kritisch denkenden Umgang mit dem christlichen Glauben zu überzeugen. Die charismatische Versuchung haust ihn in die Sonderwelten eines mythischen Bewusstseins ein, das mit der Aufklärung unvermeidlich in Konflikt gerät und sich mit antiaufklärerischen Kräften berührt.[16]

---

[14] Günter Thomas, Im Weltabenteuer Gottes leben. Impulse zur Verantwortung für die Kirche, Leipzig 2020. Die Formel vom Weltabenteuer Gottes geht auf Hans Jonas zurück, der sie indes auf das durch den Holocaust zugespitzte Problem einer umkehrenden Reformulierung der Theodizeeproblematik bezogen hat. Vgl. Ders., Der Gottesbegriff nach Auschwitz. Eine jüdische Stimme, Frankfurt a. M. 1987.

[15] Vgl. a. a. O., 29 ff. u. ö.

[16] Zu einer ähnlichen Sonderexistenz führt auch ein theologischer

Mit der charismatischen Adelung des Mythischen wird ein Feld aufgewertet, auf dem eine weitere Versuchung liegt. Gemeint ist die Identitätspolitik. Sie stellt nicht auf ein gesellschaftlich Gemeinsames, das *bonum commune*, in forcierter Definitionshoheit ab, sondern auf rein eigene Bestimmungsmerkmale partikularer Gruppen. Sie seien politisch gegen bisherige Diskriminierung forciert zu behaupten. Aus antirassistischen Bewegungen erwachsen, hat sich manche Nähe zum Aktivismus von links ergeben – wobei neben ethnischen Besonderheiten auch Themen wie Ernährung, Geschlechtskonzepte in Verbindung mit posttraditionalen sexuellen Orientierungen und urbaner *life-style* nach vorn gespielt werden. Demgegenüber positioniert sich identitätspolitischer Aktionismus von rechts, bis hin zur völkisch ausgerichteten Identitären Bewegung.[17] Auch das sog. Christentum von rechts beschwört den Mythos vom ethnisch, kulturell und religiös homogenen ›Christlichen Abendland‹, das es gegen Überfremdung durch seine Feinde zu verteidigen gelte.[18] Damit ist insbesondere der Islam gemeint. Eine

---

Quietismus, der sich aller religiöser Äußerungen zur Politik enthält – wie auch eine konservative Position, die sich nur in der Kritik an anderen Positionen, die das Jenseitige irgendwie vom Diesseitigen aus thematisieren, namens der Reinheit des Jenseitigen ergeht.

[17] Vgl. Karl Tetzlaff, »Schuld ist die Identitätspolitik«. Gedanken zu einer deutungsmächtigen These in theologisch-politischer Perspektive, in: Rochus Lenhardt (Hrsg.), Deutungsmacht in Krisenzeiten, Leipzig 2022, 77–101.

[18] Vgl. die Übersicht von Martin Fritz, Im Bann der Dekadenz. Theologische Grundmotive der christlichen Rechten in Deutschland,

globalistische Elite wolle die christlich-abendländische Identität durch ›Umvolkung‹ zerstören[19] – so ein verschwörungsmythisches Narrativ über die Flüchtlingskrise, das sich mit den Narrationen über Zwangsimpfungen als gehirnwaschende Chip-Implantation gern verbindet.[20] Wenn nicht alles so wieder werde, wie es in der ›guten alten Zeit‹ gewesen sein soll, wird dies mit solchen und ähnlichen Mythen erklärt, die die eigene Realitätsverweigerung durch alternative Fakten legitimieren sollen. Auch hier müssen die Einzelheiten auf sich beruhen bleiben, insbesondere im Blick auf unterschiedliche Religionsaffinitäten im rechten Spektrum und dessen politische Nährböden.[21] Dass es das Christliche Abendland nicht gegeben hat und Europäismus eine Kultursynthese ist, dass es Identität nur im Plural gibt und sie immer schon in Relation zu dem steht, was different und damit als Anderes virtuell im Eigenen präsent ist, wird systematisch ausgeblendet. Stattdessen werden identitätspolitische

---

in: Johann Hinrich Claussen u. a., Christentum von rechts. Theologische Erkundungen und Kritik, Tübingen 2021, 9–63.

[19] Vgl. zur Bedeutung des Volksgedankens im ›Christentum von rechts‹: Arnulf von Scheliha, Volk ohne Religion. Kritische Betrachtungen zu einem Leitthema der Neuen Rechten, in: Johann Hinrich Claussen u. a., Christentum von rechts. Theologische Erkundungen und Kritik, Tübingen 2021, 113–146; Ders., Rechtspopulismus als Herausforderung für die protestantische Ethik des Politischen, in: Ders., Religionspolitik, Tübingen 2018, 341–346.

[20] Vgl. Fritz, Bann.

[21] Vgl. Ulrike Jurkschat / Constantin Plaul, Mobilisierungskraft christlicher Diskurse in der Corona-Krise. Eine empirische Medienanalyse, in: Wege zum Menschen 75 (2023), 441–448.

Kulturkämpfe inszeniert – in Opposition zu kulturkämpferischen Gegenoffensiven aus linken Milieus.[22]

Von den genannten Versuchungen hat die aktivistische gewiss den größten Einfluss auf die Kirchen. Die anderen stehen eher in korrelativem Kontrast. Die Attraktivität jener Versuchung rührt insbesondere aus einer strukturellen Nähe von Religion und moralisch codiertem Protest.

2. Zur Religionsähnlichkeit von moralisch codiertem Protest

Sucht man in analytischer Perspektive nach Gründen für die große Resonanz von moralisch codiertem Protest in kirchlichen Kreisen, so drängen sich zwei ineinandergreifende Faktoren auf: zum einen die religiöser Sakralisierung mit ihren Tabubildungen verwandte, weil über Diskursvermeidung verlaufende Vergemeinschaftungskraft von Moral, und zum anderen der charismatische Charakter und die Außeralltäglichkeit von Protest.

Moral, vielleicht besser Hypermoral als in deren Schatten aufkommendes Zerrbild ohne Wechselseitigkeits- und Universalisierungsmomente,[23] stellt immer auch auf Macht ab –

---

[22] Vgl. die schon fast klassische Beschreibung dieses Komplexes im Blick auf die Verhältnisse in den USA: MARC LILLA, The Once and Future Liberal. After Identity Politics, New York 2017.

[23] Das Stichwort ist bekanntlich von ARNOLD GEHLEN geprägt, es lässt sich aber ohne Adaption seiner ganzen Theorie aufnehmen. Vgl. DERS., Moral und Hypermoral. Eine pluralistische Ethik, Wiesbaden ⁵1986.

so die analytische These Friedrich Nietzsches. Die mit Moral verbundene Unterscheidung von Gut und Böse geht tendenziell mit der Unterscheidung von Eigenem und Anderem einher. Sieht man von dem untypischen Fall der Sündentheologie ab, dass als böse gerade das eigene Selbst identifiziert und damit buß- und rechtfertigungstheologisch auf Distanz gebracht wird, impliziert die Unterscheidung von Gut und Böse, dass man selbst nicht auf Seiten des Bösen bzw. Schlechten stehen will. Böse bzw. schlecht sind tendenziell die Anderen. Moral ist, wie Nietzsche herausgestellt hat, ein Instrument zur Diskriminierung.[24] Auch ohne Gefolgschaft gegenüber seinem machtbejahenden Vitalismus und seinem Verständnis von Kultur als sich ständig potenzierenden Machtkämpfen zwischen Starken und Schwachen lässt sich Nietzsches Einsicht unterstreichen, dass die moralische Unterscheidung mit einem Ressentiment gegenüber der anderen Seite einhergeht. Die Bösen oder Schlechten stehen nicht auf gleicher Stufe mit den Guten. Jenen gelten die Ressentiments von diesen. Darin hat Moral eine gemeinschaftsbildende Funktion. Sie codiert den eigenen Machtanspruch gegenüber den anderen, und zwar so, dass er nicht als sol-

---

[24] Das ist die Grundthese der Moralkritik von Friedrich Nietzsche, deren Subtilität man aufnehmen kann, ohne die vitalistisch motivierten Macht- und Gewaltphantasien zu affirmieren. Vgl. FRIEDRICH NIETZSCHE, Jenseits von Gut und Böse, in: KGA, Bd. 5, Berlin ³1993, 9–243; DERS., Genealogie der Moral, in: KGA, Bd. 5, Berlin ³1993, 245–412. Mit manchen Brechungen schimmert sie auch durch das Denken neuerer Denkerinnen und Denker aus dem linken politischen Spektrum wie Michel Foucault und Judith Butler hindurch.

cher erscheint. Er maskiert sich vielmehr als das Gute, dem man sich verschreibt und dient. Die Verbindung mit der Logik des Ressentiments ermöglicht es zugleich, den reflexiven Diskurs über die Güte oder Schlechtigkeit der praktizierten Unterscheidung von Gut und Böse bzw. Schlecht auszuklammern. Es geht nicht um Gründe und Gegengründe, sondern um die machtsetzende, gemeinschaftsbildende und distanzierende Tat. Ebendarin ist Hypermoral anfällig für Sakralisierung, welche eine Domäne des Religiösen ist.[25] Sakralisierung besagt, dass deren Gegenstand undiskutiert dem Diskurs entzogen wird, während mit solchem Diskursentzug zugleich Normen für das gemeinschaftliche Handeln gesetzt werden. Das Sakrale steht unter einem Tabu. Wer es verletzt, macht sich schuldig und wird bestraft, zumindest von bestimmten gemeinschaftlichen Gütern ausgeschlossen. Man darf sich ihm nicht in hinterfragender oder gar aufklärerisch-sezierender Absicht nähern. Wer es doch tut, hat als Verletzer des Tabus die negativen Folgen zu tragen. Sie bestehen im Ausschluss oder zumindest in der Distanzierung von der Gemeinschaft und dem Verlust des von ihr vermittelten Heilsgutes – mit irdischen Gütern als dessen Abschattung. Sakralisierung diskriminiert ohne dass es dafür Argumente oder gar Theoriegebäude geben müsste. Das hat sie mit Hypermoral gemein. Hypermoralische Kommunikation kommuniziert mit, dass es nicht nur um den Ein- oder Aus-

---

[25] Diese These geht über Nietzsche hinaus und greift ein wesentliches Merkmal aus religionstheoretischen Analysen zum Phänomenfeld des Heiligen und des Sakralen auf. Exemplarisch sei auf Rudolf Otto, Emile Durkheim und Mircea Eliade verwiesen.

schluss eines in einer Sachlogik begründeten Verhaltens geht, sondern zugleich um die Person als solche. Oder mit Niklas Luhmann: »Ich verstehe Moral als eine besondere Art der Kommunikation, die Hinweise auf Achtung oder Missachtung mitführt. Dabei geht es nicht um gute oder schlechte Leistungen in spezifischen Hinsichten, ... sondern um die ganze Person«.[26] Moral liege daher nahe an kämpferischem Streit bis hin zu Gewalt.[27]

Sakralisierte Hypermoral kann ihre Ankerpunkte in Phänomenen gesellschaftlichen Protests finden. Das zeigt sich im Kontext der Kirchen gegenwärtig insbesondere in den jüngsten Verbindungen von aktivistischem Protest angesichts der Klimakrise. Es gab aber auch in der Vergangenheit eine Reihe strukturell vergleichbarer Phänomene – etwa im Zusammenhang mit der Friedensbewegung. Auch antikapitalistische Protestformen finden in kirchlichen Milieus vielfach Resonanz. Für eine strukturelle soziologische Analyse der Nähe von Protest und sakralisierter Moral sind nicht die Themen oder Gegenstände des Protests maßgeblich, sondern die mit ihnen verbundene Suche nach charismatischer Leitung und Orientierung im Außerordentlichen und Außeralltäglichen. Es geht um letze Dinge, etwa die Abwendung von Zerstörung und Untergang des Ganzen. Hiergegen werden quasi popkulturell charismatische Gestalten oder prophetisch protestierende Gesten aufgeboten, die Gefolgschaft und Zustimmung einfordern. Dabei wird Reflexion

---

[26] NIKLAS LUHMAN, Paradigm lost. Über die ethische Reflexion der Moral, Frankfurt a. M. 1989, 17 f.
[27] A. a. O., 26.

auf ein Minimum heruntergefahren. Man braucht nur an Greta Thunberg oder die Klimaklebe-Aktionen zu denken. Die Absturzkante ist nahe, die Fallhöhe ist hoch, wie jetzt sichtbar wird. Armin Nassehi hat jüngst vor diesem Hintergrund Revolutionäre mit Religionsstiftern verglichen.[28] Das ›große Nein‹ richte sich gegen die Komplexität der modernen pluralen und damit unterschiedlichen Systemlogiken folgenden Gesellschaft. Ihre Verfahren zum Umgang mit Dissens – der eher die Regel als die Ausnahme ist – besteht darin, ihn in komplizierten Prozeduren zu zerkleinern und in gesellschaftliche Kompromissmaschinen einzuspeisen. Eine solche Systemlogik hinterlässt ein Bewusstsein des Unbefriedigtseins in Konfliktlösungen: man kann mit seinem Anliegen nie zur Gänze durchkommen. Das macht die strukturelle Tragik von Protest aus. Kompromissbestimmte Lösungen oder wenigstens ein Handeln in diese Richtung lassen gegenüber dem Gestus des ›großen Nein‹ zwangsläufig den Eindruck des Verlierens entstehen. Die Unmittelbarkeit eigenen Wollens und Handelns rutscht weg, die Komplexität nimmt dagegen zu.[29] In Verbindung mit der Pluralisierung der möglichen Akteure als Gegenspieler gegen die Systemlogik der Gesellschaft, die mit Demokratisierung verbunden ist und mit den neuen elektronischen Kommunikationsmedien geradezu explodiert, wird das ›große Nein‹ häufiger. Damit gehen inflationäre Tendenzen und Überbietungswett-

---

[28] Vgl. Nassehi, Nein, 102.
[29] Dass Religion nicht simpel auf Unmittelbarkeit abonniert ist, hat jüngst auch Ingolf U. Dalferth herausgestrichen, vgl. Ders., Illusionen der Unmittelbarkeit, Tübingen 2022.

bewerbe einher. Sie werden freilich durch die Funktionslogik der Gesellschaft domestiziert.[30] Ähnlich wie Alltäglichkeit religiöse Bewegungen durch Kirchenbildung einholt, geschieht dies mit politisch-revolutionären Bewegungen durch die Überführung in Muster von Staatlichkeit. Soziale Bewegungen münden in Planstellen – jedenfalls wenn es, wie in der Vergangenheit, wirtschaftlich gut geht. Dass sie als solche nicht ihr Ziel erreichen können und damit Enttäuschungen produzieren müssen, macht nach Nassehi ihre Tragik aus. Sie führt zu Radikalisierung. Und das gilt für alle Protestbewegungen im politischen Spektrum. Mit dieser Diagnose sei keineswegs bestritten, dass Protestbewegungen Themen aufgreifen und nach vorn bringen können, die anderenfalls zum Schaden der Gesellschaft und ihrer ethischen Kultur liegenbleiben würden. Dass es zugleich Gegenbewegungen gibt, die ihrerseits die Gefährdung des Funktionierens der Gesellschaft befeuern und die ethische Kultur beschädigen, gilt freilich ebenso.[31]

---

[30] Vgl. Jürgen Kaube / André Kieserling, Die gespaltene Gesellschaft, Berlin 2022.
[31] Vgl. Constantin Plaul, Polarization and Compromise. Sources of the Common Good in Protestant Perspective, in: Philosophy, Theology and the Sciences 10 (2023), 23–41.

3. Die Herausforderung einer Lebensform im Ganzen

In systemtheoretisch-soziologischer Perspektive besteht die Aufgabe der Kirchen darin, religiös zu kommunizieren. Dies und nichts anderes sei die Funktion des ausdifferenzierten sozialen Religionssystems und seiner institutionell-organisatorischen Formen.[32] Das entspricht ziemlich genau dem theologischen Selbstverständnis protestantischer Ekklesiologie. Es geht um die Gemeinschaft, in der das Evangelium gepredigt und die Sakramente dargereicht werden. Kirchliches Handeln besteht zentral in der Kommunikation des Wortes Gottes, das in den Formen von Gesetz und Evangelium auf Glauben zielt.[33] Weder der Ursprung, noch das Ziel des kirchlichen Kommunikationsvollzugs sind ihm gänzlich immanent, Wort Gottes und Glauben bleiben vielmehr transzendent. Schon darum geht mit dem Vollzug der kirchlichen religiösen Kommunikation mehr einher, als es nach der Logik funktionaler Differenzierung den Anschein hat. Danach haben soziale Systeme ihre spezifische Funktion mit entsprechenden Codes – und eben keine andere. Eine unmittelbare Verbindung von Religion mit Moral ist danach ebensowenig vorgesehen wie die Besetzung der Funktionen von Politik, Wirtschaft, Wissenschaft usw. durch Religion. Dem sollte eine protestantische Ekklesiologie nicht widersprechen.

---

[32] Vgl. NIKLAS LUHMANN, Die Religion der Gesellschaft, Frankfurt a. M. 2000.
[33] Wenn demgegenüber nur von einer ›Kommunikation des Evangeliums‹ die Rede ist, wird der Erfahrungsbezug in der Kommunikation des Wortes Gottes verkürzt.

Es erhebt sich aber die Frage, was denn das gleichsam pur Religiöse ist und worin eine rein geistliche Kommunikation besteht. Schon eine Fokussierung auf Frömmigkeit, Innerlichkeit und Kultus greift angesichts von deren inneren Transzendenzen zu kurz. Das gilt erst recht, wenn man an weitere Dimensionen des Religiösen zwischen Vergemeinschaftung, Verständnis der Wirklichkeit insgesamt, Einstellungen der Lebensführung und ästhetische Stimmungsmodulation denkt.[34] Nach Jürgen Habermas ist Religion eine Lebensform im Ganzen.[35] Das reibt sich mit der systemtheoretischen These, dass Religion eben auch nur ein gesellschaftliches Teilsystem ist und das Ganze von keinem Teilsystem als solchem exklusiv vertreten werde. Letzteres hat das säkulare Zeitalter belegt und bekräftigt.[36]

Für die Kirchen ergibt sich daraus die Herausforderung, wie sie als besonderes soziales System neben anderen mit den mehrdimensionalen immanenten Transzendenzen des Religiösen umgehen können. Der Weg zurück in Verhältnisse, in denen Religion für fast alles zuständig war und Bürgerrollen und Konfessionalität noch weitgehend zusammenfielen, ist versperrt. Das gilt verstärkt seit der Selbstmarginalisierung der kirchlichen Religion in der Corona-

---

[34] Näheres dazu: JÖRG DIERKEN, Fortschritte in der Geschichte der Religion? Aneignung einer Denkfigur der Aufklärung, Leipzig 2012, bes. 33 ff.

[35] JÜRGEN HABERMAS, Zwischen Naturalismus und Religion. Frankfurt a. M. 2005, 147 u. passim.

[36] Vgl. CHARLES TAYLOR, A Secular Age, dt. Ein säkulares Zeitalter, Frankfurt a. M. 2009.

Krise aufgrund der weitgehenden Preisgabe einer religiösen Deutung durch Aufarbeitung des klassischen Narrativs von Seuchen als Sündenstrafen. Die Kirchen können und sollen vielmehr ihre Kernaufgaben im Zusammenhang mit geistlicher Kommunikation wahrnehmen – und zwar möglichst gut. Hier sind Qualitätsoffensiven angezeigt, die Flucht in die hypermoralische Versuchung führt hiervon ab und verstrickt in die unvermeidliche Tragik des Protests.[37]

Zugleich gilt es aber auch, der Hybridität des Religiösen Rechnung zu tragen. Damit ist gemeint, dass Religion, wenn sie eine Lebensform im Ganzen mit immanenten Transzendenzen ist, von sich aus auch auf andere Lebensgebiete und das Leben Anderer ausgreift. Religiöse Einstellungen Einzelner, Fragen der Lebensführung und ihrer Rechenschaft, Gemeinschaftshandeln und Kommunikation betreffen immer auch andere Lebensgebiete wie Politik, Recht, Wirtschaft, Wissenschaft usw. Und in Erziehungs- und Bildungszusammenhängen, die zu den Domänen von Religion und ihren Institutionen gehören, geht es immer auch um Andere. Die Herausforderung für die einer eigenen Systemlogik folgende geistliche Kommunikation in christlich-protestantischem Sinn besteht angesichts der Hybridität des Religiösen darin, die Ausgriffe auf andere Lebensgebiete und das Leben Anderer in einer religiösen, mithin transzendenzoffenen und nicht übergriffigen Weise zu gestalten. Im Blick auf Bildung geht es um die Freiheit und den Eigenstand, kurz die

---

[37] Vgl. FRIEDRICH WILHELM GRAF, Kirchendämmerung. Wie die Kirchen unser Vertrauen verspielen, München 2011, bes. 184 ff.

Befähigung zur Selbständigkeit der Anderen in den Wechselverhältnissen des sozialen Austauschs. Im Blick auf Wirtschaft, Politik, Recht, Wissenschaft, Medizin usw. geht es um die Anerkennung von deren Eigenart und die damit verbundenen Leistungen, aber eben auch um deren Grenzen. Einen solchen Umgang mit der Dialektik der Grenze in ihrer am Verhältnis von Endlichem und Unendlichem geübten Symbolsprache durchzuspielen und in ihren Narrativen präsent zu halten, ist die Chance der Religion im Umgang mit der Herausforderung, nur ein Teilsystem der Gesellschaft zu sein, das es dennoch mit Ganzheit zu tun hat – und zugleich Familienähnlichkeiten mit – *cum grano salis*: prophetischem – Protest im Modus des kontrafaktischen Nein aufweist. Zur Dialektik der Grenze gehört einerseits die kritische Unterscheidung von Jenseits und Diesseits, Unbedingtem und Bedingtem, aber andererseits auch die Vergegenwärtigung des Jenseits als Kraft des Diesseits[38] in seinen pluralen Gestalten, etwa der staatlichen Gewaltbegrenzung, der wirtschaftlichen Knappheitsbewältigung, der Überformung von Triebhaftigkeit durch Liebe und der medizinischen Heilung von Krankheit – jedenfalls in religiös-kommunikativer Deutung. Auch generationenübergreifende Solidarität und Verantwortung für den Erhalt der Lebensbedingungen gehört in diese Reihe, gar noch verbunden mit einer Ehrfurcht vor dem Lebendigen in der Diversität seiner Erscheinungen.

---

[38] Diese Formel geht auf ERNST TROELTSCH zurück, vgl. DERS., Die Soziallehren der christlichen Kirchen und Gruppen, 3. Neudruck der Ausgabe Tübingen 1922, Aalen 1977, 979.

4. Theologisches zur Soziologie kirchlich-religiöser Kommunikation

In protestantischer Perspektive fungiert die Theologie idealtypisch als mitlaufendes kritisches Regulativ der kirchlich-religiösen Kommunikation. Für sie ist die Zirkulation des Wortes Gottes in den differenten Formen von Schrift, Predigt, Sakramenten, Aufnahme und Aneignung im Glauben maßgeblich. Theologie ist jedenfalls keine durch einen privilegierten Zugang zum Sakralen legitimierte Instanz zur Fundierung oder Normierung solcher Kommunikation. Im Zeichen reformatorischer Terminologie lässt sich dies in der Vergegenwärtigung des transzendenzoffenen Zusammenhangs von Wort Gottes und Glaube beschreiben, der sich in den maßgeblichen kirchlichen Kommunikationsformen von Predigt und Sakrament als solchen gerade nicht erschöpft.[39] Zu dieser Funktion der Theologie gehört auch die Kunst des Unterscheidens von Vollzugsmustern religiöser Kommunikation und anderen gesellschaftlichen Lebensformen, für die die sog. Zwei-Regimenter-Lehre im Blick auf das Feld der Politik die Urgestalt abgibt. Im Zeichen der von Schleiermacher inspirierten neuprotestantischen Terminologie meint das Stichwort ›Kirchenleitung‹ als Funktionsbestimmung der Theologie, dass ihre professionsbezogene Bildungsfunktion die Akteure der religiösen Kommunikation befähigt, ihre praktische Rolle mit einer breiten zeitdiagnostisch-kulturellen Kompetenz und einem Sinn für das Christliche in seinem

---

[39] Das klassische Dokument hierfür ist die Confessio Augustana.

für weiteres Werden offenen Gewordensein zu verbinden.[40] Für die reformatorische wie die neuprotestantische Beschreibung der Eigenart von Theologie gilt daher, dass auch ein Verständnis der sozialen Formen der kirchlich-religiösen Kommunikation und von deren weiteren Kontexten ausgebildet und kultiviert werden soll. Das schließt einerseits eine kritische Beurteilung von deren differenzierteren Formaten hinsichtlich ihrer Transzendenzoffenheit angesichts von Grund und Ziel ein, andererseits gilt es, deren grenzdialektisches Verhältnis zu weiteren sozialen Kontexten im Blick zu halten. Wenn die Theologie in diesem Sinn die Soziologie religiöser Kommunikation und ihre Interferenzen thematisiert, ist sie bei ihrer eigenen Sache.

Von Ernst Troeltsch stammt bekanntlich die Sortierung der Grundformen religiöser Sozialgestalten in den Mustern von Kirche, Sekte und Mystik.[41] Terminologisch ist sie gewiss überholt und missverständlich, aber typologisch ist sie nach wie vor hilfreich – wenn man sie mit weiteren Mustern verbindet und kontextualisiert. Mystik meint in weitestem Sinn eine individuelle Religiosität mit unvermittelter Beziehung zu Gott oder dem Absoluten. Ihre Formen und Gehalte kommen zwar nicht ohne soziale Kommunikation zustande, aber deren Kombinationen obliegen den jeweilig Einzelnen. Damit gehen vielfältige, fluid-bewegliche Verbindungen von subjektiver Überzeugung und Synkretismus einher. Das

---

[40] Vgl. FRIEDRICH SCHLEIERMACHER, Kurze Darstellung des theologischen Studiums zum Behuf einleitender Vorlesungen. Zweite umgearbeitete Ausgabe (1830), in: KGA, Bd. I.6, Berlin 1998, 317–445.
[41] Vgl. ERNST TROELTSCH, Soziallehren, 965 ff.

Stichwort Sekte steht demgegenüber für eine hohe Verbindlichkeit der religiösen Gemeinschaftsstruktur mit verpflichtender Gehaltlichkeit. Hier lässt sich auch das Prophetische verorten, das scharfe Kritik im Zeichen von Gerechtigkeit, Gerichtsansage und Sich-darunter-Beugen verbindet und dem Priesterlichen gegenübersteht.[42] Beim Sektierischen verbinden sich innere Ähnlichkeit mit parteilicher Absonderung. Kirche schließlich steht idealtypisch für eine soziale Institutionalität von religiöser Kommunikation, die durch Tradierung von Narrativen und Kultpraktiken erkennbar ist und bei eher geringerer Normierung und begrenzter Verbindlichkeit für verschiedene Formen von Religiosität und Frömmigkeit anschlussfähig bleiben kann. Entscheidend ist an dieser Typologie, dass einerseits Elemente aller Formen überall vorkommen – und sie andererseits ohne die Institutionalität der Kirche ihren Zusammenhang verlieren. Subjektive Überzeugung und Synkretismen finden sich auch in sektiererischen Zusammenhängen, auch individuelle Religiosität ist nicht ohne unterscheidbare Verbindlichkeit, für die eine traditionale Kirchlichkeit durchaus eine Negativfolie abgeben kann. Im Blick auf alle Typen gibt es auch gleich-

---

[42] Vgl. etwa Paul Tillich, Systematische Theologie, Bd. I, Stuttgart 1956, 168 u. ö. – Dass angesichts des vielfach betonten Kontrasts von Prophetischem und Priesterlichem etwa Heinrich Bedford-Strohm herausgehobene kirchliche Positionen als privilegierte Zugänge zum Prophetischen identifiziert, erstaunt daher. Vgl. Ders., Dem Volk aufs Maul schauen – dem Zeitgeist auf den Leim gehen? Die öffentliche Verantwortung der Glaubensrede (31. 10. 2021), URL: https://www.ekd.de/vortrag-bedford-stroh,-30-Oktober-2021-wittenberg-69327.htm.

sam umgekehrte Hybridisierungen. Beispiele mögen heute eine um Natur, Gesundheit und Wohlbefinden gravitierende, ästhetisch angereicherte Spiritualität bilden oder eben auch aktivistische Gruppierungen, die sich einem mit überragender Verpflichtung besetzten Thema hingeben. Dass die Kirchen einen historisch einordbaren organisations- und behördenähnlichen Charakter haben, gehört auch zu diesem Hybriditätsspektrum.

Im Blick auf die Kirchen ist entscheidend, dass sie ihre Rolle annehmen und nicht in eine gleichsam kirchlich normierte Spiritualität bzw. Mystik einerseits oder ein kirchlich geadeltes Sektierertum andererseits mutieren wollen. Troeltsch sprach bekanntlich von einer ›elastisch gemachten Volkskirche‹.[43] Mit dem ersten Stichwort ist eine Distanz zu einem anstaltlich-selbstbezogenen Klerikalismus markiert, letzteres stellt auf die prinzipielle Offenheit für alle ab. Auf sie hin gilt es, durch religiöse Kommunikation das kulturelle Gedächtnis für die Narrative und Symbole des Christentums wach zu halten und mit zeitdiagnostisch sensiblen, gegenwärtiges Leben orientierenden Deutungen zu verbinden. Das schließt Differenzen bis hin zu Kontroversen nicht aus. Widerspruch ist eben auch ein kommunikativer Anschluss. Markante Positionierungen im Blick auf große Fragen und Themen wie christliche Freiheit, kreatürliche Gleichheit oder Gerechtigkeit innerhalb und über Generationengrenzen

---

[43] Vgl. ERNST TROELTSCH, Die Kirche im Leben der Gegenwart (1911), in: DERS., Zur religiösen Lage, Religionsphilosophie und Ethik, 2. Neudruck der 2. Aufl. Tübingen 1922, Aalen 1981, 91–108; hier 105.

hinweg gehören dazu. Die kirchliche Gemeinschaft des Glaubens erstreckt sich traditionellerweise über Lebende und Tote, auch die Noch-nicht-Geborenen sind in deren Ganzheit mit gemeint. Insofern kommen auch ethisch-politische Themen wie Lebensmöglichkeit für alle Zukünftigen über Gegenwartsgrenzen hinweg, mithin auch für Zukünftige, ins Spiel. In kirchlich-religiöser Kommunikation geht es auch kontrafaktisch um Distanz zur gegenwärtigen Kultur, allerdings als Moment von ihr.

Dieses Aufgabenfeld für die Kirchen mag etwas altbacken klingen. Dem stehen die vielfältigen Formate und Konstellationen gegenüber, in denen die kirchlich-religiöse Kommunikation möglichst kreativ und qualitätsvoll betrieben wird.[44] Entscheidend ist dabei, die Vielfalt von Anschlussmöglichkeiten nicht durch simple Reduktionen zu verspielen. Die Kirchen sind Medien – ganz klassisch: des Heils – und sie sind Mediatoren – ganz modern: der ständig steigenden Pluralität von Frömmigkeitsformen, religiösen Themen und Lebensfragen. Diese mehrfachen Medialitäts- und Vermittlungsaufgaben macht das Wirken in den Kirchen gewiss nicht einfach und glatt. Ihnen obliegt die Aufgabe der Integration von Gegenläufigem. Aktivistische Milieus gehören durchaus dazu, ebenso traditionale Kreise. Sosehr die

---

[44] Vgl. dazu die Beiträge von MALTE DOMINIK KRÜGER, Wie könnte die Kirche in Zukunft sein? Ein Versuch im Anschluss an Rudolf Bultmann, 1–46, und ISOLDE KARLE, Die Zukunft der Kirche. Perspektiven und Herausforderungen, 81–108, in dem Band: BEATE HOFMANN u. a., Welche Zukunft hat die Kirche? Aktuelle Perspektiven evangelischer Theologie, Tübingen 2022.

Kirchen als Institutionen Entlastung bieten, so sehr liegt eine Pointe ihrer Institutionalität darin, über sich hinauszuweisen. In institutionentheoretischer Hinsicht ist ihr Status: institutionalisierte Nicht-Institutionalität.[45] In ekklesiologischer Hinsicht gilt, dass den Horizont des Handelns der sichtbaren Kirchen die unsichtbare Kirche als einige, aber ebenso individuell vielfältige Gemeinschaft bildet.[46] Dem entspricht in sozialtheoretischer Hinsicht, dass die Kirchen nicht das ganze Christentum sind. Die Troeltschsche Typologie lässt sich gut um die aus der Praktischen Theologie stammenden Stichworte des Einzelnen und der Gesellschaft als Kontexten der Kirche erweitern,[47] dazwischen stehen verschiedenste vereinsähnliche freie kirchliche Vereinigungen. Primärer Ort der Kirche ist die Zivilgesellschaft. Bereits hiermit sind Linien zu einem Christentum außerhalb der Kirche angedeutet.[48] Wer als Religionssoziologe dieses ob seiner

---

[45] Vgl. dazu Jörg Dierken, Institutionalisierte Nicht-Institutionalität. Religiöse Vergesellschaftung in Kirche und Kirchen nach evangelischem Verständnis, in: Ders., Selbstbewusstsein individueller Freiheit, Tübingen 2005, 347–377.

[46] Sie steht im Fokus der einschlägigen Überlegungen von Ulrich Barth, vgl. Ders., Symbole des Christentums, Tübingen 2021, 419–469.

[47] Sie geht auf Dietrisch Rössler zurück, vgl. Ders., Grundriß der Praktischen Theologie, Berlin 1986.

[48] Diese Formel geht auf Trutz Rendtorff zurück, der mit ihr Intuitionen von Johann Salomo Semler aufgenommen hat; vgl. Ders., Christentum außerhalb der Kirche. Konkretionen der Aufklärung, Hamburg 1969; Ders., Theorie des Christentums. Historisch-theologische Studien zu seiner neuzeitlichen Verfassung, Gütersloh 1972.

Ungreifbarkeit negiert und stattdessen das Christliche nur in den positiven Kirchentümern finden zu können meint und dies durch statistische Befunde wie Gebetsfrequenz und Zustimmung zu paradoxen Spitzenformeln der kirchlichen Lehre identifizieren will, verwechselt Religiosität und christlichen Glauben mit eng definierten empirischen Tatsachen.[49] Freilich gilt auch, ein Christentum außerhalb der Kirche wird sich ohne Kirche kaum fortschreiben – und sei es als Reibungspunkt. Auch die unsichtbare Kirche will bekanntlich keine reine *societas platonica* sein.

Kirchliches Handeln bewegt sich idealtypisch in einer Art kleinem Grenzverkehr mit säkularen Sozialformen und Milieus. Er ist ohne Überbietungs- und Eingemeindungsversuche, aber auch ohne Streben nach Selbstauflösung in diese hinein zu gestalten. Nur dann lassen sich auch Zwischenformen und »Mittelglieder« wahrnehmen, in denen das Christliche auf eigentümliche Weise präsent wird.[50] Dazu gehören etwa das private Christentum in Familie und Freundschaften, Initiativen und Kommunitäten, Orte und

---

[49] So jüngst DETLEF POLLACK mit Blick auf die jüngste Kirchenmitgliedschaftserhebung: Theologen auf dem Holzweg, in: FAZ vom 15.11.2023, 13. Dies erstaunt schon angesichts der von Pollack selbst artikulierten Distanz zu einer durch solche Formen markierten Kirchlichkeit. – Damit soll allerdings nicht einer theologischen Vergleichgültigung der Ergebnisse der jüngsten Kirchenmitgliedschaftsuntersuchung das Wort geredet werden.

[50] Die Formel ›Mittelglieder‹ stammt aus der Christlichen Sitte von Schleiermacher; sie wurde jüngst beleuchtet von ARNULF VON SCHELIHA, Friedrich Schleiermacher als Sozialphilosoph des Christentums (Schleiermacher-Lecture 2021), Berlin 2023, 26 ff.

Formen der – nicht nur religiösen – Bildung, caritative Organisationen und ehrenamtliches Engagement, christliche Motive in den Ordnungen von Politik und Wirtschaft, ökumenische Foren und interreligiöser Austausch im Horizont überstaatlicher, tendenziell menschheitlicher Universalität u. a. m. Verbindendes Element ist – ganz klassisch – der Hl. Geist, der in seinem kontingenten ›Wehen‹ nicht dingfest gemacht werden kann, aber als Geist gelingender Kommunikation über Grenzen eben auch nicht nichts ist. Die Kirchen mögen im Verhältnis zu der Vielfalt des Christlichen und der damit verbundenen kommunikativen Dynamik begrenzt, ja geradezu klein wirken. Das ist aber kein Schaden und liegt in der Natur der Sache. Und es erlaubt ihnen im Optimalfall Größe zu zeigen im Kleinerwerden, das mit der gesellschaftlichen Differenzierung – vulgo: Säkularisierung – einhergeht.

Moralische Gewalt

Michael Roth

In einem äußerst instruktiven Aufsatz aus dem Jahr 2019 zählt Robert Pfaller die Moral zu den größten »Enthemmungssystemen«, die sich die Menschheit ersonnen hat: »Das, was Menschen erst in die Lage versetzt, andere zum Feind zu machen und sie bis zur Vernichtung zu bekämpfen, ist die Moral. Und es ist die Moral selbst, die zur Außerkraftsetzung aller Errungenschaften und Prinzipien, selbst der moralischen, drängt«[1]. Ich möchte im Folgenden das Gewaltpotential der moralischen Rede herausarbeiten. Dabei kommt es mir vor allem darauf an, die Moral als eine verdeckte und verschlagene Form der Gewalt zu entlarven.[2]

---

[1] ROBERT PFALLER, Moralisieren ohne Moral, in: HERWIG GRIMM / STEPHAN SCHLEISSING (Hrsg.), Moral und Schuld. Exkulpationsnarrative in Ethikdebatten, Baden-Baden 2019, 37–65, 46.
[2] Die Überlegungen des Aufsatzes gehen zurück auf: MICHAEL ROTH, Warum wir Moralapostel nicht mögen und das Moralisieren verabscheuen. Zur Lebensferne der Ethik (Theologische Interventionen 1), Stuttgart 2017; MICHAEL ROTH, Über kirchliche Propheten mit Tarifvertrag. Plädoyer für eine moralische Abrüstung, Stuttgart 2022.

1. Physische und psychische Gewalt

Die Verbindung von Moral und Gewalt scheint auf den ersten Blick zu überraschen. Ist ein wesentliches Moment der Moral nicht die Ablehnung der Gewalt? Und auf den moralischen Menschen geschaut: Begegnet uns der moralisch redende Mensch nicht als äußerst sensibler Zeitgenosse, der das Gute will und daher empfindsam auf moralische Vergehen reagiert? Bereits auf einen zweiten Blick aber stellen sich weitere Beobachtungen ein, die die Verbindung von Moral und Gewalt gar nicht abwegig erscheinen lassen. Begegnet uns nicht auch der Versuch von Menschen, Handlungen, die sich egoistischen Interessen verdanken, moralisch zu begründen, um sie durchzusetzen? Beobachten wir nicht häufig Zeitgenossen, die die moralische Rede benutzen, um andere herabzusetzen?

Das Wort »Gewalt« (althochdeutsch: giwalt) stammt der Etymologie nach von »walten« (»herrschen, Macht und Verfügung haben über etw.«[3]). Von seinem Ursprung her meint »Gewalt« »eine bestimmte Art des Könnens und Vermögens«[4]. Erst im Verlauf der Begriffsgeschichte ist dem Begriff »die bis heute charakteristisch semantische Mehrdeutigkeit zwischen Machtbefugnis (ordnende und herrschaftliche Gewalt) und Gewaltsamkeit (verletzende Gewalt)«[5] zugewach-

---

[3] WOLFGANG PFEIFFER, Etymologisches Wörterbuch des Deutschen, Bd. 3, Berlin 1989, 1935.

[4] GERHARD SCHREIBER, Im Dunkel der Sexualität. Sexualität und Gewalt aus sexualethischer Perspektive, Berlin/Boston 2022, 32.

[5] Ebd.

sen. Diese Mehrdeutigkeit zeigt sich auch daran, dass das Wort »Gewalt« zur Übersetzung verschiedener lateinischer Wörter dienen konnte. Aus dieser Vagheit kristallisierte sich heraus, dass Gewalt zunächst das Wiedergabemonopol für »potestas« innehatte, dann aber – nachdem sich hier im Mittelalter zunehmend das Wort »Macht« durchsetzte – einen zweiten semantischen Schwerpunkt im Begriff der »violentia« bekam.[6] Diese Ambivalenz bestimmt die Geschichte des Begriffes bis heute: Macht (potestas) einerseits und Zufügen von Schaden (violentia) andererseits.[7]

Wenn wir nach einer Definition des Begriffs »Gewalt« fragen, wird man zunächst feststellen müssen, dass über das, was Gewalt genannt zu werden verdient, keine Einigkeit herrscht[8]. Immer wieder wird daher auf die Begriffsfülle und damit verbundene Vielfalt der Forschungsprogramme als zentrales Merkmal der wissenschaftlichen Beschäftigung verwiesen.[9] Alberto Godenzi macht ferner darauf aufmerksam, dass eine Definition von Gewalt sehr subjektiv ist: »Wer

---

[6] Vgl. Kurt Röttgers, Art. Gewalt, in: HWPh, Basel, 562–569, 562.
[7] Vgl. Lothar Mikos, Genrespezifische Ästhetik der Gewaltdarstellung in Film und Fernsehen, in: Christoph auf der Horst (Hrsg.), Ästhetik und Gewalt. Physische Gewalt zwischen künstlerischer Darstellung und theoretischer Reflexion, Göttingen 2013, 157–184, 159.
[8] Vgl. Michaela Christ / Christian Gudehus, Gewalt – Begriffe und Forschungsprogramme, in: Dies. (Hrsg.), Gewalt, Ein interdisziplinäres Handbuch, Stuttgart/Weimar 2013, 1–15.
[9] Vgl. etwa Gertrud Nunner-Winkler, Überlegungen zum Gewaltbegriff, in: Wilhelm Heitmeyer / Hans-Georg Soeffner (Hrsg.), Gewalt, Frankfurt am Main 2004, 21–61.

welche Handlung, welches Ereignis, welche Institution als gewalttätig definiert, hängt entscheidend vom Ort der evaluierenden Person ab. Gewaltdefinitionen sind Werturteile, auch dann, wenn die Forschenden die Bestimmung und den Bedeutungszusammenhang der Gewalt den unmittelbar beteiligten Personen überlassen«[10].

Eine Definition von Gewalt wagt Uta Müller-Koch: »Ein Mensch tut einem Menschen dann und nur dann Gewalt an, wenn er absichtlich auf ihn mit physischen Mitteln einwirkt, um ihn zu einem bestimmten Verhalten zu nötigen, das dieser nicht anstrebt (oder ihn von einem Verhalten abzuhalten, von dem das Opfer nicht abgehalten werden will)«[11]. Nun könnte man fragen, ob die Definition von Müller-Koch zu eng ist, weil Gewalt auf das Einsetzen von physischen Mitteln begrenzt wird, d. h. auf die Einwirkungen auf den Körper des Opfers.[12] Eine der bekanntesten Definitionen von Gewalt, die von dem schwedischen Mathematiker, Soziologen und Politologen Johan Galtung stammt, der als Gründungsvater der Friedens- und Konfliktforschung gilt, ist weiter gefasst: »Gewalt liegt dann vor, wenn Menschen so beeinflusst werden, dass ihre aktuelle somatische und geis-

---

[10] ALBERTO GODENZI, Gewalt im sozialen Nahraum, Basel/Frankfurt 1994, 34.

[11] UTA MÜLLER-KOCH, Gewalt und Körperlichkeit – eine philosophische Perspektive, in: JULIA DIETRICH / DIES. (Hrsg.), Ethik und Ästhetik der Gewalt, Paderborn 2006, 243–260, 243.

[12] So allerdings auch HEINRICH POPITZ, Phänomene der Macht, Tübingen 1992, 48; TRUTZ VON TROTHA, Zur Soziologie der Gewalt, in: DERS. (Hrsg.), Soziologie der Gewalt, Opladen/Wiesbaden 1997, 9–56, 26 f.

tige Verwirklichung geringer ist als ihre potentielle Verwirklichung [...]. Gewalt ist das, was den Abstand zwischen dem Potentiellen und dem Aktuellen vergrößert und die Verringerung dieses Abstandes erschwert«[13]. Galtung schränkt die Gewalt nicht auf das rein Physische ein, eine Grenzziehung würde hier auch schwerfallen, vor allem, wenn man von dem Erleben von Gewalt ausgeht. In die Richtung von Galtungs Definition geht auch die Definition von Joachim Kape: »Gewalt bezeichnet die Einschränkung der Ausübung des Selbstbestimmungsrechts von Menschen ohne deren aktuelle Zustimmung. Regelmäßig geht damit eine Verletzung der psychischen und physischen Integrität, einschließlich der Handlungsfreiheit der Person einher«[14]. Diese Definition scheint durchaus weiterführend. Sprechen wir von einer Handlungsfreiheit, wenn sich unsere Handlungen unseren Wünschen und Motiven verdanken, d. h. wenn wir die Handlung mit dem Hinweis auf unseren Willen begründen, dann würde Gewalt darin bestehen, dass nicht durch unseren, sondern durch den Willen eines anderen unsere Handlung begründet wird, und zwar gegen unseren Willen.

Wenn im Folgenden von moralischer Gewalt gesprochen wird, ist zunächst und vor allem an die psychische Gewaltausübung gedacht. Natürlich ist die körperliche Gewalt die sinnfälligste Form der Gewalt und sicherlich auch die ein-

---

[13] JOHAN GALTUNG, Strukturelle Gewalt. Beiträge zur Friedens- und Konfliktforschung, Reinbeck bei Hamburg 1975, 9.
[14] JOACHIM KNAPE, Gewalt, Sprache und Rhetorik, in: JULIA DIETRICH / UTA MÜLLER-KOCH (Hrsg.), Ethik und Ästhetik der Gewalt, Paderborn 2006, 57–78, 60.

deutigste, allerdings sind die vielfältigen Formen der psychischen Gewalt nicht weniger aggressiv, wohl auch deshalb, weil sie verdeckt auftreten, als Gewalt weniger deutlich erkennbar sind. Dadurch kann sich die der psychischen Gewalt ausgesetzte Person viel weniger von dem Aggressor und der Aggression abgrenzen. Dieses Verbergen der Gewalt ist typisch für diejenige Form der psychischen Gewalt, der wir uns in diesem Text zuwenden: der moralischen Gewalt. Dies lässt sich bereits auf den ersten Blick daran sehen, dass der moralische Sprecher in der Regel eine Sprache benutzt, die vorgibt, um Gewaltfreiheit bemüht zu sein. Statt zu sagen »Du solltest der Umwelt zuliebe besser den Bus statt das Auto nehmen!« formuliert er Sätze wie »Ich finde es schade, dass du nicht den Bus nimmst«. Die Wendung verdeckt die Empörung des Sprechers und seine Erhebung über die Person, über die er sich empört, und macht aus dem moralischen Redner ein an der Unmoralität leidendes Opfer. Die Wendung »ich finde schade, dass« eignet sich daher grundsätzlich, einen moralischen Vorwurf zu verdecken.[15] Zu diesen (trügerischen) Signalen der Gewaltfreiheit gehören auch Wendungen wie »ich bin verwundert, dass« statt »ich kritisiere, dass«. Auch hier geht es darum, einen moralischen Vorwurf und eine eventuell dahinterstehende Aggressivität zu verbergen. Offenbar ist die Erweckung des Anscheins der

---

[15] Allerdings gilt auch umgekehrt: Der in den Mechanismus moralischer Vorwürfe Eingeweihte erkennt in der Regel in dem Gebrauch der Wendung »ich finde schade, dass« sofort die Unaufrichtigkeit der sprechenden Person, die nicht zu dem steht, was sie macht: Sie erhebt nämlich moralische Vorwürfe.

Gewaltfreiheit ein wesentlicher Bestandteil derjenigen Form der Gewalt, die für die moralische Gewalt charakteristisch ist. Moralische Gewalt geschieht unter dem Deckmantel des Guten, sie vollzieht sich sub contrario. Dies gilt es im Folgenden zu zeigen.

2. Moral als Selbstverzauberung

Der moralisch urteilende Mensch argumentiert, indem er auf die Anforderungen der Moral verweist, denen er (auf welche subtile Weise auch immer) zu entsprechen aufruft. Indem wir uns auf eine – von uns unabhängige – moralische Ordnung beziehen, erheben wir den Anspruch, mehr als bloß subjektive Präferenzurteile zum Ausdruck zu bringen. Wenn wir moralisch reden, weisen wir von uns selbst und unseren subjektiven Empfindungen weg auf eine höhere Ebene. Nicht, was wir über einen Sachverhalt X in Bezug auf einen Akteur Y empfinden, geben wir in einem moralischen Urteil zum Ausdruck, sondern wie in Bezug auf Y von der Warte der Moral her zu urteilen ist. In moralischen Urteilen machen wir uns zum Sprachrohr einer höheren Instanz, nämlich der moralischen Ordnung. Nicht »Ich *finde* etwas problematisch«, »Ich *nehme* diesen oder jenen Aspekt als problematisch *wahr*«, sondern »Vom Standpunkt der Moral *gilt* XY.« Damit besitzt der in der moralischen Sprache versierte Mensch einen entscheidenden Vorteil beim Verfechten seiner jeweiligen Eigeninteressen: Er weiß seine persönlichen Interessen stets durch moralische Argumente zu rechtfertigen. Hier gleicht er einem Menschen, der sich im

Recht auskennt und daher mit juristischer Kenntnis seine Position als rechtskonform zu begründen weiß. Ähnlich weist auch der Psychologe Jonathan Haidt darauf hin, dass moralische Argumentation vornehmlich die Funktion einer ex post Rechtfertigung der eigenen Motive habe: »The [moral] reasoning process is more like a lawyer defending a client than a judge or scientist seeking truth.«[16] Dabei komme dieser ex post rechtfertigenden Funktion durchaus ein hoher Stellenwert zu, insofern wir uns in »gossipy communities«[17], in einer von Tratsch bestimmten Welt bewegen, in der es darauf ankommt, ein (moralisch) gutes Bild abzugeben, und das bedeute: »What you do matters less than what people think you did, so you'd better be able to frame your actions in a positive light«[18]. So betont auch Ulrike Peisker im Anschluss an Haidt, dass die moralisch argumentierende Rede in erster Linie der Reputationspflege diene.[19]

Im moralischen Urteil erweise ich mich als jemand, der von sich und seinen persönlichen Interessen absehen kann und moralisch zu urteilen versteht. Gerade deshalb ist

---

[16] JONATHAN HAIDT, The Emotional Dog and Its Rational Tail. A Social Intuitionist Approach to Moral Judgment, in: Psychological Review 108 (2001), 814–834, 820.

[17] JONATHAN HAIDT, The New Synthesis in Moral Psychology, in: Science 316 (2007), 998–1001, 1000.

[18] A. a. O., 999.

[19] Vgl. ULRIKE PEISKER, Moral ist für Gefühlsblinde oder: Wer nicht fühlen will, muss hören!, in: ULRIKE PEISKER / KONSTANTIN FUNK (Hrsg.), Ich sehe was, was du nicht siehst. Fragen moralischer, ästhetischer und religiöser Phänomenologie (Theologie – Kultur – Hermeneutik 36), Leipzig 2024, 63–90, 70.

moralische Sprache so anziehend: Es ist ein Sprechen von einem höheren Standpunkt aus.[20] Indem wir von diesem höheren Standpunkt aus sprechen, erweisen wir uns als jemand, der auf diesem höheren Standpunkt zu stehen vermag. Ich zeige anderen (und mir selbst), dass ich jemand bin, dem moralische Positionen wichtig sind, weil ich sie ins Spiel bringe und ihnen zustimme. Durchaus treffend spricht Bernd Stegemann von einer »Selbstverzauberung«[21]. Die moralische Rede enthält die frohe Botschaft: Ich gehöre zu den Guten![22] So wird in der moralischen Kommunikation ein ideales Selbst etabliert: Wir formulieren moralische Positionen, fällen moralische Urteile und gewinnen so unser ideales Selbst: als diejenigen, die eben diese Positionen besitzen. Dieses ideale Selbst stimmt dem moralisch Guten zu und erweist sich in dieser Zustimmung zum moralisch Guten als gut. Und gerade so unterscheiden wir uns von den Ungerechten und Unmoralischen, die ganz offensichtlich dem moralisch Guten nicht zustimmen oder für die das moralisch Gute nicht in vergleichbarer Weise Grund ihrer Urteile ist. Wir sind damit bereits bei der aggressiven Kehrseite der moralischen Selbstverzauberung angekommen, der wir uns nun im Folgenden zuwenden.

---

[20] Vgl. RÜDIGER BITTNER, Verwüstung durch Moral, in: BRIGITTE BOOTE / PHILIPP STOELLGER (Hrsg.), Moral als Gift oder Gabe? Zur Ambivalenz von Moral und Religion, Würzburg 2004, 98–103.

[21] BERND STEGEMANN, Wutkultur, Berlin 2021, 23.

[22] Ähnlich ULRICH H. J. KÖRTNER, Für die Vernunft. Wider Moralisierung und Emotionalisierung in Politik und Kirche, Leipzig ²2017, 5.

3. Aggressive Tendenzen der moralischen Selbstverzauberung

Im moralischen Urteil – so haben wir oben gesehen – erweisen wir uns als jemand, der eben moralisch zu urteilen versteht. Die moralische Sprache ermöglicht es uns, von einem höheren Standort zu sprechen und uns so als jemand zu erweisen, der auf diesem höheren Standpunkt zu stehen vermag. Insofern wird durch das moralische Urteil das moralische Selbst etabliert. Gerade dies macht jede Revision des moralischen Urteils fast unmöglich. Zu Recht formuliert Niklas Luhmann: »Wer sich moralisch engagiert, kann nicht nachgeben, weil die Selbstachtung auf dem Spiel steht«[23]. Dies ist deshalb der Fall, weil es nicht mehr um die Sache geht, sondern um die Identität.[24] Der moralisch Urteilende kann daher in jeder Form der Nicht-Zustimmung zu seiner Rede nichts anderes als eine Infragestellung seiner eigenen Moralität und somit einen Angriff auf seine Identität sehen. Statt nachzugeben, die eigene Ansicht zu korrigieren, gilt es an dem moralischen Selbstbild verbissen festzuhalten. Insofern lässt sich beobachten, dass in dem Moment, wenn in einer Diskussion ein Verweis auf die Moral vorgenommen wird, der Diskussion eine neue Richtung verliehen ist, sie wird gewalttätig und entfernt sich von den Fragen und Pro-

---

[23] NIKLAS LUHMANN, Ökologische Kommunikation. Kann die moderne Gesellschaft sich auf ökologische Gefährdungen einstellen?, Wiesbaden ⁴2004, 261.
[24] So auch NORBERT BOLZ, Keine Macht der Moral! Politik jenseits von Gut und Böse, Berlin 2021, 17.

blemen, die die Diskussion initiiert haben[25]. Es geht um die Verteidigung der moralischen Integrität und des moralischen Selbstbildes. Besonders unerfreulich ist die ganze Angelegenheit, weil zur Selbstverzauberung das unerbittliche, ja gewaltsame Festhalten an der Illusion über sich selbst notwendigerweise gehört.

Das Bestreben, sich mittels der moralischen Rede anderen überlegen zu fühlen, besitzt eine weitere aggressive Kehrseite, die bereits im Hintergrund aufgetaucht ist: die Abwertung anderer. »Man will« – so Fabian Fendt – »in erster Linie zeigen, wie moralisch, großgesinnt, sozial oder umweltbewusst man selbst ist und wie kleinherzig oder unreflektiert oder dumm die anderen sind«[26]. Jeder Moral wohnt daher nach Robert Pfaller »die Produktion von Unpersonen«[27] inne, die aus dem moralischen Diskurs ausgeschlossen werden. »Wer als ›Rassist‹, ›Sexist‹, ›Islamophobiker‹, ›Faschist‹, ›Ableist‹, ›Transphober‹ oder etwas Ähnliches einmal etikettiert wurde, hat jedes Rederecht und jedes Existenzrecht verloren«[28]. In der Tat lässt sich beobachten, dass die Produktion von Unpersonen in einem konstanten Wachstum begriffen ist. Selbstverständlich kann ein solches

---

[25] Dies beobachtet auch: KONRAD PAUL LIESSMANN, Der befleckte Geist. Cancel Culture und die Moralisierung des Gedankens, in: HANNA ENGELMEIER U. A. (Hrsg.), Canceln. Ein notwendiger Streit, München 2023, 127–146, 134.

[26] FABIAN WENDT, Moralismus in der Migrationsdebatte, in: CHRISTIAN NEUHÄUSER / CHRISTIAN SEIDEL (Hrsg.), Kritik des Moralismus, Berlin 2020, 406–421, 411.

[27] PFALLER, Moralisieren, 47.

[28] Ebd.

Wachstum nur erreicht werden, wenn die Anforderungen, zu einer Unperson zu werden, stetig gesenkt werden[29], sodass die Hürde, als Faschist, Rassist oder Sexist bezeichnet zu werden, immer niedriger wird: Es bedarf keiner rassistischen Äußerungen, um eine moralische Rüge zu erhalten und als Rassist bezeichnet zu werden, sondern die versehentliche Verwendung eines Begriffs wie »Mohrenkopf«, »Eskimo« usw. reicht oftmals aus. Es scheint ebenfalls noch nie so leicht gewesen zu sein, sich den Vorwurf des Antisemitismus einzuhandeln. Erinnert sei in diesem Zusammenhang an die Auseinandersetzung um die Kritik an der Politik Israels des kamerunischen Historikers Achille Mbembe, einem der weltweit wichtigsten Theoretiker des Postkolonialismus, oder an den hitzigen und emotional geführten Streit um die Thesen des liberalen Theologen Notger Slenczka zum Alten Testament: In beiden Fällen wurde ohne Anhalt der Antisemitismusvorwurf laut. Antisemitismus-, Rassismus- oder Sexismus-Vorwurf sind potente Diffamierungswaffen, die denjenigen, auf den diese Waffen gerichtet sind, einer argumentativen Auseinandersetzung für unwürdig erklären. Die Ausgrenzung ersetzt den Aufwand der Argumentation und die Arbeit an den zur Frage stehenden Sachproblemen.

---

[29] Dies beobachten u. a.: Maria-Sibylla Lotter, Verletzende Worte und Grenzen des Sagbaren, in: Maria-Sibylla Lotter (Hrsg.), Probleme der Streitkultur in Demokratie und Wissenschaft, Baden-Baden 2023, 149–164, 157; Caroline Fourest, Generation beleidigt. Von der Sprachpolizei zur Gedankenpolizei. Über den wachsenden Einfluss linker Identitäten. Eine Kritik, Berlin 2020, 13 f.

Neben dieser Kritik an einzelnen Personen lässt sich die immer stärkere Tendenz beobachten, ganze Gruppen zu Tätern zu machen: beispielsweise den Cis-Mann. Verwundert berichtet der homosexuelle Journalist Jan Feddersen, dass er in den 1980er Jahren um seine gesellschaftliche Anerkennung gekämpft habe und nun beobachten müsse, wie er zum Feind des queeren Aufbruchs geworden sei und daher letztlich nicht mehr »kompetent mitreden« dürfe: »[I]ch bin als weißer Cis-Mann nicht mehr akzeptabel, glaubwürdig, zurechnungsfähig«[30].

In dieser manichäischen Unterscheidung[31] von »Gut« und »Böse«, Täter und Opfer, hat auch die sogenannte Cancle Culture ihren Ort, eine »moderne Variante des antiken Zensors«[32]: dem Verbannen von Personen aus dem öffentlichen Raum für kleine bis kleinste moralische Vergehen. Versteht man unter der öffentlichen Meinung das, »was man öffentlich äußern kann, ohne sich zu isolieren«[33], so hat man den Eindruck, dass der Bereich dessen, was in der Lage ist, mich zu isolieren, immer größer wird. Dabei kann auch der bloße Verdacht auf eine unmoralische Tat bzw. Gesinnung ausreichen, sein öffentliches Ansehen zu verlieren bzw. seiner gesellschaftlichen Stellung, ja teilweise sogar beruflichen

---

[30] JAN FEDDERSEN, Ich, der Feind, in: taz.FUTURZWEI 9 (2019), 40–43, 43.

[31] Vgl. IJOMA MANGOLD, Das Problem des moralischen Sprechens, in: taz.FUTURZWEI 9 (2019), 24–25, 25.

[32] BOLZ, Keine Macht, 168.

[33] ELISABETH NOELLE-NEUMANN, Öffentliche Meinung. Die Entdeckung der Schweigespirale, Berlin 1996, 91.

Position verlustig zu gehen. Deutlich ist dabei, dass nicht nur die Zahl derer steigt, die für ein moralisches Vergehen bestraft werden sollen, sondern auch, dass die Strafe selbst ausgeweitet wird. Dies ist bereits in dem Charakter der Sanktion für den Verstoß gegen moralische Normen begründet, die sich von Sanktionen für den Verstoß gegen rechtliche Normen unterscheidet. So machen Eva Buddeberg und Achim Vesper darauf aufmerksam, dass im Unterschied zu einem Verstoß gegen moralische Normen der Verstoß gegen Rechtsnormen mit formellen Sanktionen verbunden ist. »Formell sind diese Sanktionen, weil die Verhängung und Bemessung der Strafe vermittels öffentlich festgesetzter Kriterien zur Überprüfung ihrer Anwendung kodifiziert sind und etwa mit Gerichtswesen und Verwaltung Institutionen zu ihrer Umsetzung bestehen. Moralische Sanktionen sind dagegen informell, weil sie nicht kodifiziert sind und keine Institutionen zu ihrer Umsetzung existieren«[34]. Gerade in dem informellen und nicht kodifizierten Charakter der Sanktionen wie in der Tatsache, dass keine Institutionen festgelegt sind, die mit der Umsetzung der Sanktion beauftragt sind, ist die stetige Steigerung der moralischen Sanktion begründet. Es gibt keine Formen der Begrenzung. Das gesellschaftliche moralische Strafverfahren erinnert dabei immer stärker an totalitäre Systeme, weil sie nur eine einzige Strafe kennen: das Auslöschen der Person.

---

[34] EVA BUDDEBERG / ACHIM VESPER, Beruht Moral auf Sanktion? Eine Problemübersicht, in: DIES. (Hrsg.), Moral und Sanktion. Eine Kontroverse über die Autorität moralischer Normen (Normative Orders; 5), Frankfurt am Main 2013, 9–31, 12.

4. Das Ressentiment als Triebfeder

Wir sahen, dass es das moralische Urteil uns erlaubt, ein moralisches Selbst zu etablieren, das allerdings als Kehrseite die Produktion von Unpersonen und die Abwertung anderer Menschen mit sich führt. Welche psychische Einstellung lässt uns in die moralisierende Rede fallen und diese Form der gewalttätigen Identitätskonstruktion wählen? Ich möchte im Folgenden das Ressentiment als ebendiese psychische Haltung in den Blick nehmen und zeigen, dass die Gewalt kein »Abfallprodukt« der moralischen Rede ist, sondern ihr heimliches Zentrum.

Wenn wir nun im Folgenden der Frage nach der Bedeutung des Ressentiments für das moralische Urteil nachgehen, so sind wir zunächst an Friedrich Nietzsche verwiesen. »Schärfer als jeder andere« – so urteilt Gunter Gebauer – »hat Friedrich Nietzsche das Ressentiment als Triebfeder eines moralisch-aggressiven Denkens analysiert«[35]. In der Tat: Für die Ablösung der Herrenmoral der Vornehmen und Mächtigen durch die Sklavenmoral der Ohnmächtigen und Machtlosen macht Nietzsche das Ressentiment als wirksame Kraft namhaft. Es ist ihr Ressentiment, das die Ohnmächtigen und Machtlosen zu einer Umwertung der Werte treibt; was zuvor als gut galt, wird nun als schlecht angeklagt. Nietzsche arbeitet heraus, dass die Moral der Ohnmächtigen und Machtlosen ihrer Quelle, dem Ressentiment, zwei charakteristische Merkmale verdankt: *Erstens* zeichnet sich ihre Moral

---

[35] GUNTER GEBAUER, Das Ressentiment denkt: Rousseau – Nietzsche – Heidegger, in: Merkur 58 (2004), 762–773, 771.

wesentlich durch Negation aus, sie ist nicht selbst Wertesetzend, sondern durch Verneinung von (bestehenden) Werten charakterisiert: »Während alle vornehme Moral aus einem triumphirenden Ja-sagen zu sich selber herauswächst, sagt die Sklaven-Moral von vornherein Nein zu einem ›Ausserhalb‹, zu einem ›Anders‹, zu einem ›Nicht-selbst‹: und *dies* Nein ist ihre schöpferische That. Diese Umkehrung des werthesetzenden Blicks [...] gehört eben zum Ressentiment: die Sklaven-Moral bedarf, um zu entstehn, immer zuerst einer Gegen- und Aussenwelt, sie bedarf physiologisch gesprochen, äusserer Reize um überhaupt zu agiren, – ihre Aktion ist von Grund aus Reaktion«[36]. *Zweitens* ist die sich dem Ressentiment verdankende Moral gekennzeichnet durch Unaufrichtigkeit, Unehrlichkeit und Verschlagenheit: »Während der vornehme Mensch vor sich selbst mit Vertrauen und Offenheit lebt [...], so ist der Mensch des Ressentiments weder aufrichtig, noch naiv, noch mit sich selber ehrlich und geradezu. Seine Seele *schielt*; sein Geist liebt Schlupfwinkel, Schleichwege und Hinterthüren, alles versteckte muthet ihn an als *seine* Welt, *seine* Sicherheit, *sein* Labsaal«[37].

Hat Nietzsche auch die Funktion des Ressentiments als Quelle moralischer Werturteile entdeckt und namhaft gemacht, so hat er uns doch keine eingehende Analyse des Ressentiments hinterlassen. Eine solche verdanken wir Max

---

[36] FRIEDRICH NIETZSCHE, Zur Genealogie der Moral. Eine Streitschrift, in: DERS., Sämtliche Werke. Kritische Studienausgabe in 15 Bänden, Bd. 5, hg. v. Giorgio Colli und Mazzino Montinari, Berlin 1999, 270f.

[37] A. a. O., 272.

Scheler, der in seiner Studie »Das Ressentiment im Aufbau der Moralen« das Ressentiment als »eine *seelische Vergiftung* mit ganz bestimmten Ursachen und Folgen«[38] zu verstehen gelehrt hat.[39] Der Ursprung des Ressentiments ist nach Scheler »an eine besondere Art der Einstellung auf das *Wertvergleichen* von sich selbst mit anderen gebunden«[40]. Im Unterschied zu dem »Vornehmen«, der die Werte vor dem Vergleich erlebt, erlebt der »Gemeine« Werte erst im Vergleich und durch den Vergleich. »Er vermag an anderen keinen Wert aufzufassen, ohne ihn zugleich als ein ›Höher‹ und ›Niedriger‹, als ein ›Mehr‹ oder ›Weniger‹ seines Eigenwertes zu nehmen, ohne also die anderen an sich und sich an den anderen zu *messen*«[41]. Durch positive Werte fühlt sich der »Gemeine« bedroht, verunsichert und selbst in Frage gestellt. Und gerade deshalb strebt er den Vergleich an, kann den Wert nur im Vergleich erleben, auch seinen eigenen Wert erlebt er nur im Vergleich mit anderen. Verursacht ist diese Art des »gemeinen« Wertvergleichens nach Scheler durch einen Mangel an »Selbstwertgefühl«.

Aufschlussreich ist nun, dass Scheler zeigt, dass der Mangel an einem Selbstwertgefühl und der dadurch bedingte »gemeine« Wertvergleich zwei Typen zutage fördert: den

---

[38] MAX SCHELER, Das Ressentiment im Aufbau der Moralen, hg. v. Manfred Frings, Frankfurt am Main ²2004, 4.
[39] Vgl. WOLFGANG CONRAD, Ressentiment in der Klassengesellschaft. Zur Diskussion um einen Aspekt religiösen Bewußtseins, Göttingen 1974.
[40] SCHELER, Ressentiment im Aufbau, 12.
[41] A. a. O., 13.

»Streber« und den »Ressentimenttypus«. Sie gruppieren sich »je nachdem Kraft oder Schwäche, Macht oder Ohnmacht mit jener Vergleichseinstellung sich verbindet. Die kraftvolle Spielart des ›gemein‹ wertenden Typus wird zum ›Streber‹, die schwache Spielart zum ›Ressentimenttypus‹«[42]. Der Streber strebt nach den Gütern, an denen es ihm mangelt, um sein mangelndes Selbstwertgefühl zu kompensieren. »›Streber‹ ist […] derjenige, für den sich das Mehrsein, Mehrgelten usw. im möglichen Vergleich mit anderen als Ziel*inhalt* seines Strebens *vor* irgendwelchen qualifizierten Sachwert schiebt; dem jede ›Sache‹ nur gleichgültiger Anlaß wird, das ihn drückende Gefühl des ›Wenigerseins‹, das sich in dieser Art des Vergleichs einstellt, aufzuheben«[43]. Anders allerdings, wenn sich das mangelnde Selbstwertgefühl mit dem Gefühl der Ohnmacht verbindet. Das Minderwertigkeitsbewusstsein kann begleitet von dem Gefühl der Ohnmacht nicht mehr zu einer aktiven Handlung führen, die dieses Gefühl zu beseitigen intendiert. Gleichwohl verlangt es eine Aufhebung. »Sie findet sich in der *spezifischen Werttäuschung des Ressentiments*: Das vom ›Gemeinen‹ gesuchte Bewußtsein der Mehrwertigkeit oder Gleichwertigkeit, das die Spannung löst, wird hier erreicht durch illusionäres *Herunterdrücken* der wertvollen Eigenschaften des Vergleichobjektes oder durch eine spezifische ›Blindheit‹ für sie; in zweiter Linie aber – und hierin erst liegt die Hauptleistung des Ressentiments – durch Illusion und Fälschung der *Werte selbst*, unter deren Sein und Geltung mögliche Vergleichs-

---

[42] Ebd.
[43] A. a. O., 14.

objekte überhaupt positiv wertvollen und hochwertigen Charakter besitzen«[44]. Dabei macht Scheler darauf aufmerksam, dass das Ressentiment nicht mit Rache oder Neid zu verwechseln ist. Rache und Neid nämlich bedürfen zum einen *bestimmter* Anlässe, um zu erscheinen, zum anderen sind sie an *bestimmte* Objekte gebunden, die Gegenstand der Begehrlichkeit sind. Folglich verschwinden sie auch wieder bei der Aufhebung dieser Anlässe. Eine gelungene Rache hebt das Rachegefühl auf, wie der Neid verschwindet, wenn das beneidete Objekt zu eigen wird. Das Ressentiment entsteht nicht durch bestimmte Anlässe, ist auch nicht an bestimmte Objekte gebunden, sodass es auch nicht mit der Aufhebung dieser Anlässe und des Zu-eigen-Werdens der begehrten Güter verschwinden könnte. Vielmehr führt es dazu, dass die Objekte allererst aufgesucht werden, an denen es sich befriedigen kann. Es sucht auf, wo es etwas Positives herunterdrücken und niedrig machen kann, wo es seine »Vernichtung der jene positive Werte tragenden Dinge, Menschen usw.«[45] austoben kann. Gerade so zeigt sich die Tiefe des Ressentiments. »Schon die Bildung der Wahrnehmung, der Erwartungen und der Erinnerungen ist durch diese Einstellungen mitbestimmt«[46]. Durchaus nachvollziehbar charakterisiert Scheler die Folge des Ressentiments als »organische Verlogenheit«: »Organische Verlogenheit‹ ist überall da gegeben, wo den Menschen nur einfällt, was ihrem ›Interesse‹ oder was irgendeiner Einstellung der triebhaften Aufmerk-

---

[44] A.a.O., 15f.
[45] A.a.O., 32.
[46] A.a.O., 31.

samkeit dient und schon *im* Prozesse der Reproduktion und des Erinnerns in diese Richtung inhaltlich modifiziert wird. Wer ›verlogen‹ ist, braucht nicht mehr zu lügen«[47].

Nun muss schärfer noch als bei Scheler – vor allem aber auch als bei Nietzsche – in den Blick genommen werden, dass die Ressentiment-Moral sich in erster Linie durch ihre *Intention*, nicht durch ihren Inhalt auszeichnet. Das sich der mangelnden Selbstanerkennung einerseits und der Ohnmacht, sich diese Selbstanerkennung zu verschaffen, andererseits verdankende gewalttätige Bestreben, alles Positive herunterzudrücken und niedrig zu machen, muss keineswegs eine neue Moral generieren, vielmehr kann es durchaus gängige Moralvorstellungen aufnehmen und sich ihrer bedienen. Ja, für das eigene Verlangen nach Anerkennung ist es gerade empfehlenswert, auf allgemein anerkannte Moralvorstellungen in der Rede zu verweisen. Die durch das Ressentiment provozierte moralische Rede ist daher in den meisten Fällen inhaltlich gar nicht zu widerlegen und doch ist alles falsch an ihr, eben weil sie von einem falschen *Bestreben* getragen ist. Und gerade dieses Bestreben erklärt auch die Gestalt, in der diese moralische Rede auftritt und die Nietzsche ebenfalls scharf beobachtet hat. Sie tritt in der Form des Neinsagens auf: Das Nein zu etwas ist das Eigentliche der moralischen Rede, nicht mal das Nein zu etwas Bestimmtem, sondern ein grundsätzliches Nein, dass sich in Bezug auf etwas Bestimmtes bloß artikuliert. Zutiefst verschlagen und unaufrichtig ist diese Form der moralischen Rede deshalb, weil sie über die

---

[47] A. a. O., 33.

dahinterstehende Absicht täuscht: das Neinsagen aus Lust am Neinsagen. Das Nein hat nur im Neinsagen seinen Grund, es geht dem Neinsager nicht um das, was er verneint. Und gerade indem er Nein sagt und andere herabdrückt, fühlt er sich erhöht; er ist – um mit Martin Seel zu sprechen – »in einer verqueren Selbstfeier gefangen; er findet sich selbst auf eine ungute Weise gut«[48].

Aufschlussreich für unsere Frage ist, dass Scheler das ihn prägende Ressentiment in seiner Tiefe erfasst hat. Das Ressentiment richtet sich nicht auf *bestimmte* Objekte und bedarf keiner *bestimmten* Anlässe, sondern es ist ein Grundgefühl, das Anlässe und Objekte aufsucht, um hervorbrechen zu können. Bereits die Wahrnehmung selbst ist von dem Interesse des gewalttätigen Herabdrückens bestimmt und nimmt alles und jeden daher nur unter diesem Interesse wahr.

Blicken wir auf die »tiefe seelische Vergiftung«, die das Ressentiment darstellt: In dem tiefsitzenden Bestreben, alles und jeden herabzudrücken, um sich vor sich selbst zu profilieren und Anerkennung zu verschaffen, ist die Wahrnehmung der Gegenwart, das Erinnern der Vergangenheit und das Erwarten für die Zukunft nur noch bestimmt von der Frage, was es ist, das des Niedriggemachtwerdens fähig ist und gerade dadurch Erhöhung verschafft. Das Verlangen, sich durch Richten über den anderen zu erhöhen, vereitelt von vornherein eine Empathie mit dem anderen, die in dem anderen und seinen Fehlern sich selbst erkennt. Dabei

---

[48] Martin Seel, Zuneigung, Abneigung – Moral, in: Merkur 58 (2004), 774–782, 774.

ist es aber nicht so, dass der vom Ressentiment beherrschte Mensch sich ausschließlich auf das Schöne und Erhabene richtet, um es niedrig zu machen. Sein leitendes Motiv kann ihn sich natürlich auch dem bereits Herabgedrückten, ganz offensichtlich bereits Gefallenen zuwenden lassen – so setzt er sich nicht mal dem Vorwurf des Neids und der Missgunst aus. So gefällt er sich dann darin, demjenigen, der aus einer moralischen Perspektive gesehen versagt hat, sein Versagen vorzuhalten und sich damit als Anwalt der Moral zu erweisen.

5. Moral als heimtückische Gewalt

Ich hatte es mir zur Aufgabe gestellt, das Gewaltpotential der moralischen Rede herauszuarbeiten und dabei die Moral als eine versteckte und verschlagene Form der Gewalt zu entlarven.

Unsere Überlegungen haben deutlich gemacht, dass die moralische Rede benutzt werden kann, um seine eigene Position gewaltsam durchzusetzen und andere Menschen herabzudrücken. Richtig erfasst werden kann diese Form der Gewalt aber nur, wenn man bedenkt, dass eine solche Form des Herabdrückens sich dem Ressentiment und dem das Ressentiment generierenden Gefühl der Ohnmacht verdankt. Das Ressentiment als seelische Vergiftung sucht eine verschlagene Form der Gewalt, die die moralische Rede bereitstellt. Moralische Gewalt tarnt sich: Sie vollzieht sich unter dem Deckmantel des Guten. Der in dieser Weise moralisch auftretende Mensch kämpft nicht offen und ehrlich, sondern heimlich und verschlagen – er schlägt zu, aber verdeckt. Er steht nicht zu seinem Angriff und seiner Aggression, sondern verbirgt sie; gerade daher wirkt er so unaufrichtig und feige. Der moralische Aggressor ist vom Typ kein Schläger, sondern ein feiger und verschlagener Giftmischer.

Diffusion der Missionstheologie?
»Comprehensive Approach« als Moralisierung von Mission

Henning Wrogemann

Das Tagungsthema lautet: »Emotionalisierung – Moralisierung – Radikalisierung« (bezogen auf Kirche und Theologie). Wenn es im Folgenden um die Frage geht, ob in den letzten Jahrzehnten eine Diffusion der Missionstheologie stattgefunden habe, so ist damit vor allem auf den Begriff der Moralisierung abgehoben. Wer über das Thema Moralisierung sprechen will, der tut gut daran, diesen Begriff zu definieren. Dasselbe gilt natürlich für den Begriff der Mission. In welchem Sinne, so wird zu fragen sein, kam es zu einer Moralisierung dessen, was unter Mission zu verstehen ist? Oder umgekehrt: Wie kam es zu einer Definition von Mission, die diesen für Tendenzen einer Moralisierung anfällig werden ließ? Im Folgenden wird in Kürze der Begriff Moralisierung erläutert, bevor in einem geschichtlichen Längsschnitt Schlaglichter der missionstheologischen Debatten aufgerufen werden.[1] Den Abschluss bilden einige Vermutungen zu einer zukünftigen Missionstheologie für Kontexte Mitteleuropas.

---

[1] Vgl. DETLEF HILLER / DANIEL STRASS (Hrsg.), Morphologie der Übermoral. Zum Moralismus in gesellschaftlichen und theologischen Debatten, Leipzig 2023.

1. Formen von Moralisierung

Um sinnvoll von Moralisierung sprechen zu können, ist eine Abgrenzung zum Begriff der Moral unabdingbar. Nicht jedes moralische Urteil ist *eo ipso* Moralismus. Vielmehr kann man von Moralismus sprechen, wenn eine Person gegenüber einer anderen Person nicht nur ein moralisches Urteil vertritt, sondern durch die Art und Weise der Artikulation dieses Urteils deutlich die Erwartungshaltung zu erkennen gibt, dass der oder die andere nicht nur dem Urteil über ein moralisch negativ qualifiziertes Phänomen zustimmen, sondern darüber hinaus dieses Phänomen auch mit Gefühlen und Äußerungen des Missfallens belegen muss.[2] Ein Moralist kann es demnach nicht ertragen, wenn jemand anderes seine moralische Empörung nicht teilt. Wenn jemand diese Empörung nicht teilt, wird er seinerseits durch Missfallensäußerungen in Mimik, Gestik und Rede sanktioniert. So gesehen ist dies eine Sanktionierung zweiter Ordnung.

Eine zweite Art von Moralismus besteht in der Vereinseitigung von moralischen Bewertungsmaßstäben. Wer etwa ein Phänomen wie Fragen der Migrationspolitik einzig und allein aus der Perspektive einer internationalistischen Verteilungsgerechtigkeit beurteilt und andere Maßstäbe (etwa einer Verantwortungsethik) nicht gelten lässt, vertritt einen Moralismus im Sinne einer Verengung der Wahrnehmung sowie der Verengung dessen, was als denkbar oder sagbar erachtet wird. Je mehr Diskursteilnehmer in diesem Sinne

---

[2] Vgl. CHRISTIAN NEUHÄUSER / CHRISTIAN SEIDEL (Hrsg.), Kritik des Moralismus, Frankfurt/M. 2020.

einem Moralismus folgen, desto stärker wird das Spektrum diskursiver Deliberation eingeengt.

Beide Muster haben gemeinsam, dass die eigene moralische Sicht dem Raum gemeinsamer Deliberation entzogen wird, einmal durch die Ansicht, die Einnahme eines moralischen Standpunktes müsse durch moralische Gefühle begleitet sein und durch entsprechende Gefühlsäußerungen flankiert werden, das andere Mal durch die Meinung, es sei der eigene moralische Wertmaßstab anderen Deutungsmustern so überlegen, dass diese erst gar nicht (oder nicht ernsthaft) in Betracht zu ziehen sind. Kommen wir damit zu verschiedenen Begriffen von Mission und der Frage, durch welche theologischen Entwicklungen es dazu kam, das Phänomen Mission moralisch so aufzuladen, dass man von einer Moralisierung sprechen kann.

2. Missionstheologische Schlaglichter

Die missionstheologischen Debatten der letzten Jahrzehnte können hier nicht ansatzweise nachgezeichnet werden.[3] Es sollen vielmehr mit Hinweis auf mehrere Entwürfe einige Trends angezeigt werden. So definierte Karl Hartenstein (1894–1952) Mission wir folgt: »Mission ist der gehorsame Zeugendienst der bekennenden Kirche, sofern sich diese an

---

[3] HENNING WROGEMANN, Missionstheologien der Gegenwart. Globale Entwicklungen, kontextuelle Profile und ökumenische Herausforderungen. Lehrbuch Interkulturelle Theologie/Missionswissenschaft, Band 2, Gütersloh ²2019.

die Heidenwelt wendet, im Glauben an die Kirche und in der Erwartung des Reiches Gottes.«[4] Diese Definition stammt aus dem Jahr 1933 und lässt erkennen, dass Hartenstein Mission lediglich als »Zeugendienst« versteht, damit also nicht die Ausbreitung von Kirche zum Ziel erhebt. Als Adressat der Mission wird die »Heidenwelt« genannt, die nicht geographisch, sondern universal zu verstehen ist. Wo die Grenze zwischen Glaube und Nicht-Glaube verläuft, ist im Einzelnen zu erfragen. Weiter hält Hartenstein fest, dass dieser Zeugendienst im »Glauben an die Kirche« stattfindet, was eine Selbstdistanzierung ermöglicht: Real existierende kirchliche Wirklichkeit mag noch so jämmerlich sein, es gründet die Mission im Glauben an die Kirche als einer von Gott her begründeten Größe. Gleichzeitig geht sie eschatologisch ihren Weg, in »Erwartung des Reiches Gottes«, was (unter anderem) die Vorläufigkeit allen irdischen Seins deutlich markiert. Die Missionstheologien von Karl Hartenstein und seines Freundes und Kollegen Walter Freytag blieben bis Ende der 1950er bestimmend für in Deutschland geführte missionstheologische Debatten.

Einen Umschwung stellten die 1960er Jahre dar. Es war vor allem der Einfluss des holländischen Missionstheologen Johann Christian Hoekendijk (1912–1975), der, vermittelt über die Arbeit des Ökumenischen Rates der Kirchen, in einigen Bereichen der Missionswelt zu einer Akzentverschiebung führte. Hoekendijk wirft der herkömmlichen Missionstheologie vor, die Mündigkeit der Welt nicht ernst

---

[4] KARL HARTENSTEIN, Die Mission als theologisches Problem. Beiträge zum grundsätzlichen Problem der Mission, Berlin 1933, 13.

genommen, sondern diese als »Vorgarten« von Kirche betrachtet zu haben. Dem setzt er als Ziel der Mission die »Schalomatisierung« der Welt entgegen, da Gottes Ziel nicht zuerst die Kirche, sondern die Welt sei. Kirche nehme lediglich an dem teil, was Gott ohnehin tue. In einem »comprehensive approach« gehe es darum, den Weg in die als mündig betrachtete Welt anzutreten und von einer Komm-Struktur auf eine Geh-Struktur umzustellen.[5]

Zwar hält Hoekendijk daran fest, dass Mission aus *diakonia*, *kerygma* und *koinonia* bestehe, womit das Thema christlicher Gemeinschaftlichkeit anklingt. Die eschatologische Perspektive eines Hartenstein oder Freytag wird hier jedoch in eine messianische Perspektive überführt, die mit dem Begriff des Schalom eine soteriologische Diversifizierung und im Blick auf den Missionsbegriff eine Universalisierung mit sich bringt. Hoekendijk wirkte am Studienprozess des Ökumenischen Rates der Kirchen »Die missionarische Struktur der Gemeinde« der Jahre 1962–1967 maßgeblich mit, da er sowohl an dessen europäischer als auch an dessen nordamerikanischer Arbeitsgruppe beteiligt war. Seither wurde eine am Exodus-Motiv orientierte Missionstheologie breiter rezipiert. Den Höhepunkt dieser Entwicklung stellt die Vollversammlung des ÖRK in Uppsala im Jahr 1968 dar, die, zusammen mit der Weltmissionskonfe-

---

[5] JOHANN CHRISTIAN HOEKENDIJK, Bemerkungen zur Bedeutung von (Mission)arisch, in: HANS JOCHEN MARGULL (Hrsg.), Mission als Strukturprinzip, Genf 1965, 30–38; DERS., Die Welt als Horizont, in: EvTh 25 (1965), 467–484; DERS., Die Zukunft der Kirche und die Kirche der Zukunft, Stuttgart u. a. ²1965.

renz von Bangkok des Jahres 1973 mit dem Motto »Das Heil im heute« zum Scheideweg der Weltmissionsbewegung werden sollte.[6]

Als Reaktion auf ein von manchen als »Humanisierung« der Welt charakterisiertes Verständnis von Mission entwickelten sich nicht nur seit einer Konferenz im schweizerischen Lausanne des Jahres 1974 die so genannte Lausanner Bewegung, sondern später auch Bewegungen wie die Frontier Missions. Damit bleibt der Missionsbegriff international umstritten. Dieser Spannung suchte der südafrikanische Missionstheologe David Bosch (1929-1992) in seinem 1991 erschienenen Werk »Transforming Mission« dadurch Rechnung zu tragen, dass er Mission in etlichen Kapiteln als »Mission as ....« beschrieb.[7] Dieses Schema der »Mission als ...« wurde ein Jahrzehnt später von den römisch-katholischen Missionstheologen Stevan Bevans und Roger Schroeder in ihrem Lehrbuch »Constants in Context« übernommen.[8]

Damit aber, so kritisiert der Interkulturelle Theologe und Missionswissenschaftler John Flett zu Recht, wurde die theologisch grundlegende Reflexion auf das Wesen von Mission zugunsten einer Vielfalt von Themen aufgegeben.[9] Die Thematiken an sich wurden zur zentralen Größe, wohinge-

---

[6] Zum Ganzen: WROGEMANN, Missionstheologien, 84–118.

[7] DAVID BOSCH, Transforming Mission. Paradigm Shifts in Theology of Mission, Maryknoll / New York 1991.

[8] STEPHEN BEVANS / ROGER SCHROEDER, Constants in Context. A Theology of Mission for Today, Maryknoll (NY) 2004.

[9] JOHN FLETT, (Any?) New Approaches in the Theology of Mission, in: Verkündigung und Forschung 66 (2021), 104–119.

gen das Thema Mission lediglich als ein randständiges Attribut erschien.

Fortan musste die Frage auftauchen, ob nicht der missionarische Auftrag von Gemeinden, Kirchen und Bewegungen mit gleicher Dringlichkeit darin besteht, je nach Land, Region und Kontext für sauberes Wasser zu sorgen, für Gendergerechtigkeit, Umweltschutz, Friedensarbeit, die Ermöglichung von Bildung, Advocacy Arbeit und vieles mehr. Damit stellt sich die weitergehende Frage, ob der Auftrag christlicher Mission auf diese Weise nicht darin gesehen wird, moralisch wünschbaren Aktivitäten nachzukommen.

3. Missionstheologische Begründung umfassender Moralisierung?

Die Schlaglichter lassen erkennen, dass in einem Teil der Missionsbewegung seit den 1960er Jahren bis zur Gegenwart eine am Exodus-Motiv orientierte Missionstheologie an Einfluss gewonnen hat, die zu einer Universalisierung des Heilsbegriffs ebenso wie zur einer Universalisierung des Missionsbegriffs geführt hat. Ablesbar ist dies an manchen Zeitschriften von Missionswerken, die sich inhaltlich kaum mehr von *Green Peace*, *Ärzte ohne Grenzen* oder *Amnesty International* zu unterscheiden scheinen. Worin aber besteht die missionstheologische Begründung dieser an innerweltlichen Veränderungsprozessen orientierten Lesart von Mission?

Meines Erachtens ist es der hoekendijksche Apostolatsbegriff, der maßgeblich zu dieser Entwicklung beigetragen hat. Hoekendijk fasst prägnant zusammen: »*Die Kirche ist eine Funktion des Apostolats.*«[10] Oder etwas ausführlicher: »Kirche lebt für die Welt. Sie ist nur dann wirkliche Kirche, wenn sie dienende Gestalt annimmt und ein Zeugnis des kommenden Reiches ist. Sie hat nur dann am Evangelium teil, wenn sie allen dienen will (1. Kor. 9, 19–23), und ist nur dann wahrhaft apostolisch, wenn sie von sich selbst wegweist auf das Reich und sich für und durch das Reich in der Ökumene gebrauchen lässt.«[11]

Was aber ist die Konsequenz dieser Umkehrung, wenn nicht mehr das Apostolat eine Funktion von Kirche, sondern eben Kirche eine Funktion des Apostolats ist? Dass Kirche eine »dienende Gestalt« annehmen solle, wird niemand in Abrede stellen, der sich näher mit dem Philipperhymnus beschäftigt hat. Es stellt sich jedoch die Frage, ob hier nicht ein an sich richtiger theologischer Gedanke radikal vereinseitigt wird, indem er verabsolutiert und von anderen theologischen Leitbegriffen isoliert wird. Müsste nicht die Erkenntnis zur Vorsicht gemahnen, dass, um ein Beispiel zu nennen, im Neuen Testament nicht von Glaube allein die Rede ist, sondern Glaube in einen Zusammenhang mit Liebe und Hoffnung gestellt wird? Was also bedeutet die radikale Dezentrierung von Kirche: Hat sie nicht auch einen Eigenwert? Dass die Kirche auf das Reich Gottes verweist, ist zutreffend. Worin aber besteht das Reich Gottes?

Indem im Gefolge von Hoekendijk die *Mündigkeit der Welt* den Rahmen vorgibt, anhand dessen sich christlich-

---

[10] HOEKENDIJK, Kirche der Zukunft, 122.
[11] A. a. O., 121 f.

kirchliches Engagement und christlich-kirchliche Existenz als relevant erweisen müssen, gerät Mission in das Gravitationsfeld einer externen Definition dessen, was Not tut. Christlich-kirchliche Existenz muss dann nach außen beweisen, und nach innen sich selbst beweisen, dass sie entweder der Welt im Blick auf das Reich-Gottes-Engagement voraus ist, oder aber, dass die für die Welt relevant ist. Dies aber leistet einem elitären Missverständnis christlich-kirchlicher Existenz Vorschub, das gerade nicht mehr den an sich selbst scheiternden Menschen im Blick hat, nicht mehr die an ihrer menschlichen Fehlbarkeit leidende Gemeinde, nicht mehr das ganz normale geistliche Leben, das nur allzu oft so unspektakulär erscheint.

Mit einem Wort: Die Radikalisierung des im Apostolatsbegriff verankerten Dienstgedankens bei Hoekendijk führt zu einer theologischen Entleerung der Ekklesiologie, da der Zuspruch des Evangeliums an den Sünder nicht mehr zu Geltung kommt. Der an sich selbst verzweifelnde, der trostbedürftige Mensch hat in dieser elitären Ekklesiologie keinen Ort. Der Dienstgedanke schlägt um in eine umfassende Moralisierung: Will Kirche sich mit Recht als Kirche fühlen, dann *muss* sie dies und jenes tun. Wenn sie dies nicht tut, so ist sie – im Umkehrschluss – eben nicht Kirche oder zumindest nicht Kirche im Vollsinne des Wortes.

Die umfassende Moralisierung, verstanden als Fundierung des Seins von Kirchen im menschlichen apostolischen Dienst, führt konsequent zu einer Atemlosigkeit. Christen und Kirche sind dann nicht nur genötigt, jedem neuen Trend hinterhereilen zu müssen, sie sind nicht nur genötigt, sich als *gegenüber der Gesamtgesellschaft* engagierter zu zeigen, sondern sie sind auch *vor sich selbst* genötigt, das Narrativ einer Kirche als Speerspitze der gesellschaftlichen Entwicklung aufrecht erhalten zu müssen, da nur dieses Narrativ ihr ›Kirche-Sein‹ verbürgt.[12]

Damit aber gerät eben das aus dem Blick, was noch Hartenstein – gut reformatorisch – als gegeben vorausgesetzt hatte, nämlich, dass die Mission als Zeugendienst auch beinhaltet, Kirche – allzu oft auch gegen den Augenschein – zu glauben. Gerade weil Kirche *creatura verbi* ist und eben weil dieses Wort auch der Kirche als *verbum externum* zugesprochen wird, ist Kirche eben nicht nur eine Funktion des Apostolats, denn das Gesandt-Sein aufgrund göttlicher Gnade liegt ihr voraus. Diese Gnade aber gilt auch dem an sich selbst scheiternden Menschen. Eben diese Gnade hat Kirche zu bezeugen.

Überblickt man heute Publikationen zum Thema Mission, so fällt auf, dass von dem »Anfang des Glaubens« (Heinrich Balz) kaum mehr die Rede ist[13], nicht von dem Entstehen neuer Gemeinden, nicht von dem Zeugnis auch gegen die Widerstände weltlicher und geistlicher Art. Die transzen-

---

[12] Man mag fragen, ob nicht auch ein Satz wie der der Vorsitzenden des Rates der EKD, Frau Präses Kurschus, im Interview der Frankfurter Allgemeinen Zeitung vom 30.10.2023 zur Flüchtlingsfrage, Ausdruck dieses Narrativs ist. Kurschus: »Hat die Aufnahmekapazität Grenzen? Aus Sicht der Nächstenliebe liegt diese Grenze da, wo es zur Selbstaufgabe kommt. Ich meine, dass wir diese Grenze noch lange nicht erreicht haben.« Vgl. »Mehr legale Zugangswege nach Europa«, in: FAZ vom 30.10.2023.

[13] HEINRICH BALZ, Der Anfang des Glaubens. Theologie der Mission und der jungen Kirchen, Erlangen 2010.

dente Dimension christlicher Mission gerät aus dem Blick, wo es lediglich um die Verbesserung irdischer Zustände geht. Dass dies immer weniger Menschen anspricht, kann nicht verwundern. Wo es nichts Anderes zu holen gibt, als bei säkularen Anbietern auch, hat sich Kirche erübrigt.

4. Zur Neubestimmung des Verhältnisses von Mission und Ekklesiologie

Wichtig zu betonen ist an dieser Stelle, dass hier lediglich von einer Strömung der weltweiten Missionsbewegung die Rede war, allerdings einer für etliche Kirchen Mitteleuropas durchaus einflussreichen Strömung. Aus der Universalisierung der Soteriologie und mit ihr des Missionsbegriffs lässt sich mit dem ceylonesischen Methodisten Daniel Thambyrajah Niles (1908-1970) die Schlussfolgerung ziehen: »Wenn alles Mission ist, ist nichts Mission.« Dringend erforderlich erscheint daher eine missionstheologische Neubesinnung, die den Wert des Kirche-Seins jenseits menschlicher Hybris einerseits oder Verzweiflung andererseits theologisch zu begründen weiß.

Zwar herrscht seit Jahren seitens der universitären Fachvertreter/innen der Interkulturellen Theologie/Missionswissenschaft ein weitgehendes Schweigen zu missionstheologischen Fragen. Das Thema Mission ist in Kirchen und Gemeinden jedoch alles anderes als erledigt.[14] Anhand von zwei

---

[14] HENNING WROGEMANN, Theologie der Mission – Quo vadis? Werkstattbericht mit besonderem Augenmerk auf Kontexte Mitteleuropas, in: Theologische Literaturzeitung 148 (2023), Sp. 915–928.

Entwürfen sei veranschaulicht, wie eine moralisierende Deutung christlich-kirchlicher Mission vermieden wird. So stellt der holländische Missionstheologe und Interkulturelle Theologe Stefan Paas (geb. 1969) heraus, dass christliche Gemeinde und Kirche, die in einer nachchristlichen Gesellschaft als Minderheit lebe und ohne eine kulturgestützte Christlichkeit auskommen müsse, sich auf die sie begründenden Narrative werde konzentrieren müssen. Es sind diese Narrative, die Christen und Gemeinden Halt geben, da diese Narrative das Sein von Christen und Kirche deuten, und zwar auch gegen den Augenschein der eigenen Kleinheit, Verstörtheit und Irrelevanz sowie (partielle) Anfeindungen.

Ein biblisch grundlegendes Narrativ sei das Narrativ des Exils. Wo sich Christen als im Exil lebend verstehen können, wird auch der eigene Bedeutungsverlust verkraftbar, weil deutbar. Paas: »Von der Vertreibung Adams und Evas aus Eden bis zum Exil des Johannes auf Patmos ist die Bibel ein Buch der Entwurzelung und Vertreibung.«[15] Christen und Kirche sind auch unter den Umständen des Exils nicht verlassen, wie das biblische Zeugnis bestätigt. Nicht als endgültige Antwort, sondern als tastendes Fragen gilt daher: »Es ist vielmehr eine spirituelle Übung, unsere Hilflosigkeit und historische Schuld zu akzeptieren und uns Gott anzuvertrauen, der sein Volk nicht im Stich lässt, selbst wenn er es ins Exil führt.«[16] Für das Glaubenszeugnis ist in diesem Zusammenhang die Gemeinschaftlichkeit der Glaubenden

---

[15] STEFAN PAAS, Pilgrims and Priests. Christian Mission in a Post-Christian Society, London 2019, 125.

[16] PAAS, Pilgrims and Priests, 134.

zentral: »Menschen sind grundlegend Beziehungswesen, und zwar in einem solchen Ausmaß, dass selbst die Menschen, mit denen ein Christ eng verbunden ist, von der Bindung des Christen zu Christus »profitieren«. »Gott gießt sein Heil nicht in isolierte Röhren, sondern in Netzwerke und Beziehungen, reichlich […]. Und das bedeutet, dass Gott unsere Beziehungen liebt.«[17] Das aber bedeutet, dass der Eigenwert des christlichen Lebens und des Gottesdienstes festgehalten und nicht funktionalisiert wird. Auf die Frage, was die Gemeinde zuallererst auszeichnet, gibt Paas als Antwort: »Vor allem anderen ist Mission doxologisch; sie zielt darauf ab, Gott zu danken und ihn zu verherrlichen. So erfüllen Priester ihre Aufgabe.«[18] Es ist daher nicht die Rolle der der Welt voraus-seienden Weltverbesserer, die Christen zugesprochen wird, sondern die Berufung zur Priesterschaft: Für Gott vor den Menschen und vor Gott für die Menschen zu stehen.

Mein eigener Ansatz geht in eine ähnliche Richtung, begründet Mission jedoch vor allem mit Blick auf Aussagen des 2. Korintherbriefes und versteht Mission als etwas, das Kraft gibt und nicht Kraft aufzehrt, als ein Zeugnis aufgrund einer »Theologie der Gelassenheit« und einer »Theologie des Mitteilens«.[19] Während Paas für eine nachchristliche Gesellschaft schreibt, richtet sich mein Ansatz an eine spätvolkskirchliche

---

[17] A. a. O., 215.
[18] A. a. O., 179.
[19] Henning Wrogemann, Den Glanz widerspiegeln. Vom Sinn der christlichen Mission, ihren Kraftquellen und Ausdrucksgestalten, Münster ³2022.

Situation, wie sie in großen Teilen es ehemaligen Westdeutschland noch gegeben ist. Für die ehemals östlichen Bundesländer dagegen erscheint der Ansatz von Paas als sehr bedenkenswert. Für die Aktualität missionstheologischer Reflexion sprechen allerdings nicht nur diese Ansätze, sondern auch einschlägige Fachtagungen und Initiativen.[20]

5. Ausblick

Was ist für die Zukunft zu erwarten? Hier nur wenige Hinweise zu verschiedenen Ebenen christlicher und kirchlicher Präsenzen. Im Blick auf das universitäre Fach Interkulturelle Theologie oder (wo noch vorhanden) Missionswissenschaft zeichnet sich in Deutschland ein nahezu flächendeckendes Desinteresse an missionstheologischer Arbeit ab. Da im Sinne der Freiheit von Forschung und Lehre niemand dazu veranlasst werden kann, sich der Thematik anzunehmen, wird es auf einzelne Lehrstuhlinhaber/innen ankommen, die Interesse an und Offenheit für Fragen der Sendung von Gemeinden und Kirchen in einer sich rasch verändernden Gesellschaft zeigen.

Im Blick auf kirchliche Veränderungsprozesse ist eine ebenso intensive wie umfangreiche Diskussions-, Erpro-

---

[20] Vgl. RALPH KUNZ / HENNING WROGEMANN (Hrsg.), Mission in Crisis. The Church's Unfinished Homework, (Mission und Kirche, Bd. 3), Leipzig 2023. Vgl. auch: FELIX EIFFLER / DAVID REISSMANN (Hrsg.), ›Wir können's ja nicht lassen …‹ Vitalität als Kennzeichen einer Kirche auf Sendung, Leipzig, 2023.

bungs- und Publikationslandschaft gegeben. Hier geht es zumeist um konkrete Fragen der Umsetzung und das Begleiten von organisatorischen Umstellungen, es geht jedoch dabei vielerorts zugleich um die Frage: Wofür sind wir als Kirche und Gemeinde eigentlich da? Zur Beantwortung dieser Frage wird es – als ein Beitrag unter mehreren – darauf ankommen, eine biblisch fundierte Perspektive zu bieten, in der das christliche Glaubenszeugnis nicht als anstrengendes Superadditum zu einem ohnehin überfordernden Arbeitsprofil erscheint, sondern als ein von Gottes Heilshandeln in Jesus Christus her eröffneter Raum, in dem die Freude am Geschenk des Glaubens zum Klingen gebracht werden kann. In diesem Sinne kann Missionstheologie auch in Zukunft einen Beitrag zur Selbstvergewisserung eines freudigen, engagierten aber vor allem getrösteten Glaubens leisten.

Und die Moral von der Geschichte?
Kirchengeschichtlicher Religionsunterricht und sein konstruierter Gegenwartsbezug

Thomas Martin Schneider

Kirchengeschichte gilt als »Stiefkind« in der Religionspädagogik[1] und steht wohl ganz im Schatten anderer, etwa biblischer und insbesondere wohl ethischer Themen. Der »garstige Graben der Geschichte« scheint den aktuellen pädagogisch-didaktischen, kompetenzorientierten Anforderungen nach einem Gegenwartsbezug und nach Schüler-/Schülerinnenorientierung im Wege zu stehen. Dabei wird übersehen, dass Kirchengeschichte nicht nur dann interessant sein kann, wenn sie für die heutige Lebenswirklichkeit von unmittelbarer Relevanz ist, etwa indem sie die Genese gegenwärtiger Phänomene in den Blick nimmt, also die direkte Vorgeschichte von Heute, oder zeitlose »Schlüsselprobleme« der Menschheit beleuchtet, wie den Umgang mit Krankheit, Sterben und Tod oder mit Unrecht und Schuld. Gerade das Fremde und Ferne, längst versunkene Lebenswelten üben eine eigenartige Faszination auf Schülerinnen und Schüler aus. Schon kleine Kinder können sich etwa für Römer und Wikinger, Rittersleute und »Burgfräulein« sowie die indigenen Völker Amerikas begeistern, obwohl das alles mit ihrer Lebenswirklichkeit meist gar nichts mehr zu tun hat. Gelebte und gedachte Möglichkeiten menschlicher Exis-

---

[1] JAN WOPPOWA, Religionsdidaktik, Paderborn 2018, 83.

tenz wecken gerade auch wegen des Andersseins Neugierde und Interesse und regen zur kritischen Reflexion der eigenen Existenz an: Könnte das Leben nicht auch ganz anders sein, als wir es kennen?

Leider ist zu beobachten, dass Geschichte wie Kirchengeschichte immer wieder für aktuelle Anliegen instrumentalisiert werden. Heutigen Erkenntnissen und Einsichten, Positionen und Forderungen soll mit Hinweis auf die Geschichte oft ein höheres Maß an Legitimität verliehen werden, entweder durch Berufung auf bestimmte historische Entwicklungen, Ereignisse und Personen, in deren Traditionslinie man sich sieht, oder – umgekehrt – durch Abgrenzung und »Lehren«, die man meint, aus der – in diesem Falle negativ zu beurteilenden – Geschichte ziehen zu können. Nun ist es natürlich eine Binsenweisheit, dass man Geschichte niemals objektiv oder neutral betrachten kann, sondern immer nur mit einem subjektiven Vorverständnis; die Beschäftigung mit Geschichte ist notwendigerweise perspektivisch – und das beginnt schon bei der Themenauswahl. Diese Binsenweisheit muss man sich immer wieder vor Augen führen und reflektieren, sie darf indes kein Freibrief für Beliebigkeit und anachronistische Verklärung oder Verdammung sein. Hilfreich ist es, wenn man sich um Multiperspektivität bemüht, also auch die Perspektiven anderer mitberücksichtigt, und z. B. bei historischen Gestalten danach fragt, was vor dem Hintergrund der jeweiligen Zeitumstände deren eigentlichen Intentionen, Denk- und Handlungsmöglichkeiten waren. Hüten sollte man sich in jedem Falle vor einer unhistorischen und nach heutigen Maßstäben moralisierenden Geschichtsbetrachtung aus der sicheren Warte der Nachgeborenen, die es immer besser wissen (müssen), weil sie im Unterschied zu den zeitgenössischen Akteurinnen und Akteuren den (vorläufigen) Ausgang der Geschichte bereits kennen. Ebenso sollte man sich vor der Gefahr hüten, Gemeinsamkeiten »am dünnen Faden ideengeschichtlicher Konstruktion nachträglich« herzustellen.[2]

Im Folgenden soll anhand von drei Beispielen aus der evangelischen Kirchengeschichtsdidaktik aufgezeigt werden, wie problematisch ein konstruierter Gegenwartsbezug und eine Moralisierung von Geschichte im Interesse heutiger Überzeugungen sind. Dabei sollen jeweils ansatzweise auch konstruktive Vorschläge für einen angemessenen Umgang mit kirchengeschichtlichen Themen im Religionsunterricht gemacht werden.

1. Historischer Nikolaus versus fiktiver Weihnachtsmann?

Auf dem Bildungsserver des Landes Rheinland-Pfalz findet sich zum Grundschulteilrahmenplan Evangelische Religion als eine von drei »Unterrichtsanregungen zu ausgewählten Kompetenzen« ein tabellarischer Unterrichtsentwurf für die erste Klasse zum Thema Nikolaus.[3] Die am Beispiel des Ni-

---

[2] RAYMOND KLIBANSKY, Die Wirkungsgeschichte des Dialogs »De pace fidei«, in: MFCG 16 (1984), 113–125, 123.

[3] URL: https://grundschule.bildung-rp.de/fileadmin/user_upload/grundschule.bildung-rp.de/Downloads/Evangelische_Religion/Komp_5_Nikolaus.pdf (Stand: 18.03.2024).

kolausfestes zu vermittelnde Kompetenz lautet: »Die Schülerinnen und Schüler beschreiben unterschiedliche Ausdrucksformen des Glaubens wie Feste, Feiern oder Rituale und vollziehen sie mit.« Als Teilkompetenzen werden u. a. genannt: »Kinder können die historische Gestalt des Nikolaus vom fiktiven Weihnachtsmann unterscheiden« und »Kinder können Brauchtum kritisch betrachten«. Konkret sollen die Kinder zunächst »von ihren Erlebnissen und Kenntnissen zum Nikolausabend« erzählen, »Nikolaussymbole« nennen, »Nikolauslieder singen« und »Nikolaus nach eigener Vorstellung malen«. Sodann soll den Kindern eine Nikolauslegende vorgelesen und eine »Russische Nikolaus-Ikone« gezeigt werden. Dabei soll es um »Vermittlung von historischem Wissen: Was ist ein Bischof?« gehen, damit die Kinder zwischen der »Nikolausdarstellung auf der Ikone« und ihren »eigenen Kinderzeichnungen« zu unterscheiden lernen und schließlich Überlegungen anstellen, »warum der hl. Nikolaus bis heute verehrt wird«. Der Hintergrund der Unterrichtsidee ist klar erkennbar. Die seit 2002 existierende Aktion des Bonifatiuswerkes der deutschen Katholiken »Weihnachtsmannfreie Zone!« will, wenn auch ohne »moralischen Zeigefinger«, statt der kommerzialisierten »Kunstfigur Weihnachtsmann, der eigentlich nur ein Geschenkebringer ist«, wieder an den historischen heiligen Bischof Nikolaus von Myra erinnern, der »heute noch ein echtes und gutes Vorbild ist«.[4] Statt nur mit Süßigkeiten und Geschen-

---

[4] URL: https://www.weihnachtsmannfreie-zone.de/ (Stand: 18. 03. 2024).

ken sollen die Kinder mit christlichen Werten wie tätiger Nächstenliebe konfrontiert werden und einen prominenten Heiligen als Leitfigur kennenlernen.

Aus kirchenhistorischer und auch aus systematisch-theologischer Sicht stellen sich einige Fragen zu dem sicher gut gemeinten Entwurf. Über den historischen Nikolaus wissen wir eigentlich gar nichts. Schon ein flüchtiger Blick in ein einschlägiges Fachlexikon genügt, um das herauszufinden. So lautet schon der erste Satz des Artikels zu Nikolaus von Myra im Lexikon »Religion in Geschichte und Gegenwart (RGG)«: »Das Leben des N. verschwimmt im Legendenhaften [...]«[5] Und auch im katholischen »Lexikon für Theologie und Kirche (LThK)« heißt es in dem Artikel zum »hl. Nikolaus« gleich zu Anfang, dass »gesicherte Fakten« über seine Vita fehlten, es sich vielmehr um eine »legendäre Heiligengestalt« handele, um ein »Konstrukt frommer Imaginationskraft«, bei dem überdies Mirakelberichte über zwei ganz verschiedene Personen mit demselben Namen Nikolaus miteinander kompiliert worden seien.[6] Die didaktische Idee, den historischen Nikolaus mit dem fiktiven Weihnachtsmann zu kontrastieren, macht fachwissenschaftlich gesehen also keinen Sinn.

In dem eben genannten kurzen Artikel des katholischen LThK erfährt man auch, wie es zu der Ablösung des »heiligen Nikolaus« durch den Weihnachtsmann gekommen ist.

---

[5] HANS GEORG THÜMMEL, Nikolaus von Myra, in: RGG[4] VI (2003), 334f., 334.

[6] WERNER MEZGER, Nikolaus, hl. / Nikolaustag, in: LThK[3] VII (1998), 859f., 859.

Schon Martin Luther habe den »heiligen Nikolaus« »als Bescherfigur der Weihnachtszeit abgelehnt u. durch den ›heiligen Christ‹ ersetzt«, und an die Stelle des Nikolaus sei dann »vielfach der Weihnachtsmann getreten«.[7] Der wohl hauptsächlich im protestantischen Raum entstandene Weihnachtsmann ist, wie es etwa das Lied »Morgen kommt der Weihnachtsmann« von August Heinrich Hoffmann von Fallersleben aus dem Jahre 1835 zeigt,[8] nicht erst »ab 1932« als »fester Bestandteil der Werbeindustrie« in Erscheinung getreten, wie es die Homepage der oben erwähnten Kampagne des Bonifatiuswerkes nahelegt.[9] Konfessionsgeschichtlicher Hintergrund der Verdrängung bzw. Säkularisierung des »heiligen Nikolaus« waren offensichtlich die reformatorische Kritik an der altgläubigen Heiligenverehrung, verbunden mit einer exklusiven Christologie (solus Christus), ferner wohl auch eine Ablehnung der mit dem Nikolaus-Brauchtum verbundenen katholischen Werkgerechtigkeit (Belohnung für brave Kinder, Rute für böse Kinder) und schließlich Vorbehalte gegen das katholische Bischofsamt. Dass nun evangelische Kinder in Rheinland-Pfalz bereits in der ersten Klasse ausdrücklich historisches Wissen über einen Bischof vermittelt bekommen sollen, ist vor allem auch deswegen bemerkenswert, weil keine der drei evangelischen Landes-

---

[7] A. a. O., 860.
[8] August Heinrich Hoffmann von Fallersleben, Unsere Volksthümlichen Lieder, Leipzig ³1869, 105, URL: https://books.google.de/books?id=eftZAAAAcAAJ&pg=PA105&q=%22Morgen+kommt+der+Weihnachtsmann%22#v=onepage&q=%22Morgen%20kommt%20der%20Weihnachtsmann%22&f=false (Stand: 18.03.2024).
[9] Vgl. oben.

kirchen auf dem Gebiet dieses Bundeslandes ein Bischofsamt kennt, und zwar aus theologischen Gründen.

Als Medien, um gemeinsam mit den Schülerinnen und Schülern den angeblich historischen Nikolaus zu erschließen, soll neben einer vorzulesenden Nikolauslegende, die natürlich qua definitionem keine zuverlässige historische Quelle ist, eine »Russische Nikolaus-Ikone« Verwendung finden. Solche Ikonen-Darstellungen kann man leicht im Internet abrufen. Warum es eine russische und nicht z. B. eine griechische sein soll, erschließt sich zunächst nicht. Die russischen Nikolaus-Ikonen zeigen in aller Regel einen älteren, bärtigen Mann im Bischofsornat und mit Heiligenschein, die rechte Hand zur Segensgeste erhoben und in der linken ein Evangeliar haltend. Aufmerksamen Kindern werden sofort die zwei kleinen Figuren über den Schultern des Nikolaus, jeweils ebenfalls mit Heiligenschein, auffallen. Es handelt sich links um einen Mann mit Buch und rechts um eine Frau mit einem Tuch in den Händen. Der knappe RGG-Artikel erklärt dieses Bildprogramm insbesondere russischer Nikolaus-Ikonen wie folgt: »Nach einer ostkirchl. Tradition ohrfeigte N. auf dem Konzil von Nicaea 325 Arius und wurde seiner bfl. Insignien entkleidet, erhielt sie aber in Gestalt von Evangelienbuch und Omophorion, die ihm Christus und Maria überreichten, zurück, was häufig auf russ. Ikonen dargestellt ist.«[10] Nun stößt man auf ein religionspädagogisches Problem, das in dem kurzen Unterrichtsentwurf freilich gar nicht bedacht wird: Soll man Kindern einen Schläger

---

[10] THÜMMEL, Nikolaus, 335.

als Vorbild präsentieren, jemanden, der meint, Konflikte mit Gewalt lösen zu können und am Ende auch noch Recht bekommt? Ist hier vielleicht die Ursache dafür zu finden, dass man dem guten Nikolaus traditionell den strafenden Knecht Ruprecht beigesellte, der »ungezogene« Kinder mit der Rute züchtigen sollte?

Insbesondere in Grundschulen wird heutzutage der Religionsunterricht vermehrt konfessionell-kooperativ unterrichtet. Das Nikolaus-Brauchtum wäre hervorragend für einen solchen gemeinsamen Unterricht von evangelischen und katholischen Kindern geeignet. Man könnte u. a. kindgemäß den Wert und die Grenzen von Heiligenlegenden herausarbeiten, ferner, warum Nikolaus in der katholischen Tradition eine andere Rolle spielt als in der evangelischen, und in diesem Zusammenhang schließlich über das unterschiedliche Heiligenverständnis nachdenken. Nach evangelischem Verständnis gibt es zwar auch besondere Glaubens- oder Christuszeugen und Vorbilder, aber keine päpstlich attestierte Heiligkeit, die bestimmten, mehr oder weniger makellosen Menschen inhärent wäre, vielmehr sind alle Menschen gerecht und sündig zugleich und also bleibend erlösungsbedürftig; heilig sind sie nur insofern, als sie an die von außen auf sie zukommende Gnade Gottes glauben. Selbst der gute, alte Nikolaus hatte der Legende nach offenbar seine zumindest aus heutiger Sicht dunkle Seite.

2. »Häuptling Seattle« als Wegbereiter der Energiewende?

In dem von der Evangelischen Kirche im Rheinland herausgegebenen Heft »Schule und Kirche« 1, 2012 findet sich ein Unterrichtsentwurf für die Jahrgangsstufen 3 und 4 zu dem Thema »Gottes Schöpfung und die Energiewende«.[11] Zu Beginn werden folgende »Kompetenzerwartungen« formuliert: »Die Schülerinnen und Schüler sollen die biblischen Grundlagen eines sorgsamen Umgangs mit Rohstoffen mit den Plänen zur Nutzung erneuerbarer Energie vergleichen und beurteilen können.«[12] Im Mittelpunkt der Stunde steht Psalm 104, zu dem es in der »Theologischen Sachanalyse« bemerkenswerterweise heißt, dieser könne »als sehr bildreicher [Psalm] weitgehend verstanden werden [...], ohne viele historisch-kritische Kenntnisse zu besitzen«.[13] Gewissermaßen als eine Art Bonusmaterial sind dem Entwurf als siebtes und letztes Unterrichtsmaterial (»M 7«) 37 Zeilen aus der »Rede des Häuptlings Seattle aus dem Jahre 1887« beigefügt, nach Informationen zu Solarstrom (»Was ist Solarstrom? Wozu ist Solarstrom gut?«) und einer »Bauanleitung für einen Sonnenofen«.[14] In den Erläuterungen zu dem Entwurf heißt es zu dem Auszug aus der Rede lediglich: »In besonders motivierten Gruppen kann mit einer Handkamera ein klei-

---

[11] EVANGELISCHE KIRCHE IM RHEINLAND (Hrsg.), Schule und Kirche 1, 2012, 17-29.
[12] A. a. O., 17.
[13] Ebd.
[14] A. a. O., 28 f.

ner Film zu der Rede des Häuptlings Seattle gedreht werden (M 7), der in prophetischer Weise warnt und klagt.«[15] Über den Sinn und Zweck dieses letzten Unterrichtsmaterials kann man nur spekulieren. Offenbar soll nach praktischen Anleitungen zum Umweltschutz noch einmal eine immerhin schon mehr als hundert Jahre alte religiöse Begründung für die Notwendigkeit der Schöpfungsbewahrung und Energiewende vermittelt werden, und zwar diesmal eine interreligiöse, nämlich von einem prominenten Repräsentanten der unterdrückten indigenen Bevölkerung Nordamerikas: »Eines wissen wir: Unser Gott ist derselbe Gott. Diese Erde ist ihm kostbar.«[16] Dieser – politisch wohl nicht mehr ganz korrekt als »Häuptling« bezeichnete – Redner, der sich selbst in dem Textauszug »Roter Mann« nennt, hält dem rücksichtslos egoistisch konsumorientierten »Weißen Mann« den Spiegel vor:

> »Wir wissen, dass der Weiße Mann unsere Art nicht versteht. Die Erde ist nicht sein Bruder, sondern sein Feind, und wenn er sie erobert hat, geht er weiter. Er entführt die Erde von seinen Kindern. Er behandelt seine Mutter, die Erde, und seinen Bruder, den Himmel, wie Dinge, die man kaufen kann, plündern kann«.[17]

Der engagierte Redetext kann zum kritischen Nachdenken und Infragestellen westlicher Lebensart anregen, allein: es handelt sich um einen »Fake«. Schon die einfachste Inter-

---

[15] A. a. O., 19.
[16] A. a. O., 28.
[17] Ebd.

netrecherche lässt stutzig werden. Nach dem gut belegten Wikipedia-Eintrag zu »Seattle (Häuptling)« war der Redner im Jahre 1887, dem Jahr, aus dem die Rede angeblich stammen soll, bereits 21 Jahre lang tot. Allerdings wurde 1887 die erste Fassung einer bereits 33 Jahre zuvor gehaltenen Rede Seattles veröffentlicht, deren Historizität aber mit guten Gründen stark angezweifelt wird. Jedoch entspricht der ohne Quellenangabe in dem Unterrichtsentwurf abgedruckte Text nicht einmal dieser Fassung, sondern einer dritten bzw. vierten Version, die in den 1970er Jahren innerhalb der westlichen Ökologiebewegung entstand.[18]

Es stellt sich die Frage, ob es legitim ist, im Interesse eines hehren und zweifellos wichtigen ethischen Zwecks – Sensibilisieren der Kinder für die Notwendigkeit der Schöpfungsbewahrung und einer Energiewende – gewissermaßen »Fake-News« zu verwenden. Ferner fragt es sich, ob nicht durch den Text typisch europäische Klischees vom »edlen Wilden« sowie stereotype antikapitalistische Ressentiments gegenüber dem ausbeuterischen »Weißen Mann« – also undifferenziertes Schwarz-(bzw. »Rot«-)Weiß-Denken – transportiert werden. Schließlich steht zu befürchten, dass Schülerinnen und Schüler später oder deren Eltern den Eindruck bekommen könnten, im Fach Religion nehme man es im Interesse einer höheren Wahrheit nicht so genau mit der historischen Wirklichkeit. Nicht unproblematisch und eigentlich auch nicht besonders tolerant, sondern vereinnahmend ist es zudem, dem Angehörigen einer fremden Religion den Satz in den Mund zu

---

[18] URL: https://de.wikipedia.org/wiki/Seattle_(H%C3%A4uptling)#cite_note-3 (Stand: 19.03.2024).

legen: »Unser Gott ist derselbe Gott.« Der Unterrichtsentwurf käme gut ohne die problematische Bezugnahme auf einen »gefakten« Text als vermeintliche zusätzliche historische Legitimation aus. Dass er gleichwohl auch dann noch stark moralisierend wäre, steht auf einem anderen Blatt. Verwenden könnte man den Text vielleicht, wenn im Religionsunterricht berühmte Fälschungen der Kirchengeschichte wie die »Konstantinische Schenkung« zur Sprache kommen oder wenn es um die Entstehung von »Fake News« oder sogenannten »alternativen Wahrheiten« geht.

3. Paul Schneider als Wegbereiter von »Fridays for Future«?

2020 erschien in einem renommierten Verlag ein ganzes Heft mit Materialien für eine Unterrichtseinheit ab Klasse 9 zu dem Hunsrück-Pfarrer Paul Schneider (1897–1939), der als engagierter Streiter gegen staatliche Eingriffe in den Raum der Kirche und die christliche Verkündigung immer wieder in heftige Konflikte mit dem nationalsozialistischen Staat geriet und schließlich im Konzentrationslager Buchenwald ums Leben kam.[19] Die Überschrift des mit Kostenzuschuss

---

[19] MARITA KOERRENZ (Hrsg.), »Ich lege Protest ein«. Mit Paul Schneider Glauben und politische Verantwortung erkunden, Göttingen 2020. Aus kirchenhistorischer Sicht gibt es einiges an dem Heft zu kritisieren – vgl. meine Rezension in: JEKGR 71 (2022), 282–287. Ich beschränke mich hier auf einen mir wesentlichen erscheinenden Aspekt.

der Evangelischen Kirche im Rheinland gedruckten Heftes lautet »Ich lege Protest ein«. Mit Paul Schneider Glauben und politische Verantwortung erkunden«. Ohne den Untertitel wird die durch Anführungszeichen als Zitat gekennzeichnete Überschrift am Ende des Heftes als Seitenüberschrift noch einmal aufgegriffen. Dort wird recht unvermittelt der Blick auf die heutige Klimakrise und die Protestbewegung »Fridays for Future« gelenkt:

> »Heute liegen die drängenden Fragen im Bereich der Klimakrise. *Deshalb protestieren viele Jugendliche regelmäßig Freitagmorgens für die Einhaltung der Klimaziele des UN-Beschlusses von Paris aus dem Jahre 2015. Dafür bestreiken sie den Schulunterricht. Sie haben sich in der Bewegung ›Fridays for Future‹ organisiert.*«

Unter dem Foto eines Kindes mit einem Plakat mit der Aufschrift »Weltkinder für Weltklima« finden sich folgende Arbeitsaufträge:

> »1. Informiere dich über ›Fridays for Future‹. Lege dabei Wert auf folgende Aspekte:
> - Gründe für die Bestreikung des Unterrichts
> - Rechtliche Grundlage der Schulpflicht
> - Konsequenzen für Schüler*innen?
>
> 2. Erläutere das Bild mit dem Protestplakat und fertige in Partnerarbeit ein Plakat an, welches das Anliegen der Protestbewegung deutlich macht.«[20]

---

[20] A. a. O., 43 (Hervorhebungen im Original).

Auch auf der nächsten Seite geht es, neben dem Einsatz junger Menschen für »Menschenrechte und Gleichberechtigung« und gegen den aktuellen »Faschismus«, um den Klimastreik von Schülerinnen und Schülern freitags. Es folgen dann noch gut drei Seiten zu »Paul Schneider aus ökumenischer Sicht« und eine knappe Seite zur »Aktion Sühnezeichen Friedensdienste« und deren Engagement gegen Rassismus.[21] Schon in der Einleitung des Heftes wird hervorgehoben, dass es um Demokratiebildung, »das Verständnis von und Partizipation an gesellschaftlichen Diskursen« und die Befähigung, »dem zunehmenden Rechtspopulismus etwas entgegnen zu können«, geht.[22] Das sind zweifellos sämtlich wichtige Ziele, nicht nur, aber auch des Religionsunterrichtes.

Es entsteht freilich der Eindruck, als werde Paul Schneider im Interesse eines aktuellen Schüler- und Gegenwartsbezugs in ein bestimmtes Fortschrittsnarrativ gepresst, gerade so, als sei Schneider ein Wegbereiter von »Fridays for Future« gewesen. Die Angemessenheit dieses Narratives wird nicht kritisch reflektiert. Der Duisburger Religionspädagoge Folkert Rickers etwa hat es in verschiedenen Beiträgen gründlich dekonstruiert. So bescheinigte Rickers Schneider 2004 ein antiaufklärerisches »Weltbild von beklemmender Enge«; als »nur mäßig gebildeter Theologe« habe er theologisch kein »erkennbares Profil« gehabt und er sei »nicht wegen seines Glaubens und Bekenntnisses von den Nationalsozialisten inhaftiert und schließlich zu Tode gebracht worden, sondern

---

[21] A. a. O., 44–48.
[22] A. a. O., 4.

wegen der *Art und Weise*, wie er [...] seine Widersacher in gewollter Provokation herausgefordert hat. [...] seine unpolitisch-politische Option [...] vertrug sich ohne Weiteres mit der Diktatur Hitlers«.[23] Das ist sicher überzogen und ich habe dem auch deutlich widersprochen,[24] aber Rickers hat zweifellos recht, dass man Paul Schneider kaum für die neuen sozialen Protestbewegungen ab den 1960er Jahren, einschließlich der Klimaproteste unserer Zeit, in Anspruch nehmen kann. Der Weltkriegsleutnant der Reserve und Freicorpskämpfer war politisch nationalkonservativ eingestellt, begrüßte 1933 die nationalsozialistische Machtübernahme zunächst enthusiastisch und war sogar kurzzeitig Mitglied der nationalsozialistischen »Glaubensbewegung ›Deutsche Christen‹«. Dass er sich von dieser rasch wieder ab- und der Bekennenden Kirche zuwandte, sagt noch nichts über seine politische Einstellung aus. Ein bekenntniskirchliches Engagement und eine grundsätzliche Befürwortung der Regierung Adolf Hitlers schlossen sich, anders als heute viele meinen, keineswegs aus; erst recht gilt das für eine nationalkonservative Einstellung. In Konflikt mit den Nationalsozialisten geriet Schneider anfänglich u. a. wegen sehr konservativer Ehe- und Sexualmoralvorstellungen, über die

---

[23] FOLKERT RICKERS, Das Weltbild Paul Schneiders, in: MEKGR 53 (2004), 133–184, 175–184 (Hervorhebungen im Original).

[24] THOMAS MARTIN SCHNEIDER, Verklärung – Vereinnahmung – Verdammung. Zur Rezeptionsgeschichte Pfarrer Paul Schneiders, in: SIEGFRIED HERMLE / DAGMAR PÖPPING (Hrsg.), Zwischen Verklärung und Verurteilung. Phasen der Rezeption des evangelischen Widerstandes nach 1945 (AKZG B 67), Göttingen 2017, 183–196, 189–192.

sich SA-Chef Ernst Röhm und Propagandaminister Joseph Goebbels mokiert hatten und die Schneider ausdrücklich verteidigte.[25] Dass Schneider gegen autoritäre Regime grundsätzlich offenbar nichts einzuwenden hatte, zeigt etwa eine Predigt von ihm aus dem Jahre 1937, in der er den chinesischen Diktator Tschiang Kai-scheck ungeachtet der von diesem zu verantwortenden Menschenrechtsverletzungen wegen dessen Bekenntnisses zum Christentum als Vorbild hinstellte.[26] Wie Schneider sich nach 1945 positioniert hätte – eine kontrafaktische Frage –, wissen wir schlicht nicht. Es wäre möglich, dass er sich wie etwa Martin Niemöller den neuen sozialen Protestbewegungen angeschlossen hätte, es wäre aber wohl genauso möglich, dass er sich wie etwa Hans Asmussen dagegen positioniert hätte. Allein, das sind nichts weiter als Spekulationen.

Leider kommt auch das Heft zu Paul Schneider – im Interesse seiner wohlmeinenden Intention – nicht ohne »Fakes« aus. Der Gesamttitel des Heftes »Ich lege Protest ein«, der im Zusammenhang mit »Fridays for Future« noch einmal ausdrücklich aufgegriffen wird, stammt offenbar gar nicht von Paul Schneider. Als Beleg wird auf eine bestimmte Stelle

---

[25] Vgl. ALBRECHT AICHELIN, Paul Schneider (1897–1939), in: KARL-JOSEPH HUMMEL / CHRISTOPH STROHM (Hrsg.), Zeugen einer besseren Welt. Christliche Märtyrer des 20. Jahrhunderts, Leipzig 2000, 72–86, 78 f.

[26] THOMAS MARTIN SCHNEIDER / SIMONE FRANCESCA SCHMIDT, »Wenn die nordische stolze Rasse dem Jesuskind die Türe weist« – Dokumente zur Theologie Paul Schneiders, in: MEKGR 50 (2001), 345–360, 351 und 358.

in dem Paul Schneider-Buch des US-amerikanischen Historikers Claude Foster verwiesen.[27] Dort freilich ist der Satz gar nicht zu finden; er kann höchstens indirekt abgeleitet werden aus der Formulierung Schneiders: »Wenn ich nicht protestiere, mache ich mich mitschuldig an den Verbrechen.«[28] Dieser Satz wurde an anderer Stelle des Heftes bereits in größerem Zusammenhang zitiert und dort explizit als Teil eines Briefes Paul Schneiders ausgewiesen.[29] Der auch dort angegebenen Quelle, nämlich derselben Stelle in dem Buch Fosters, zufolge stammt der Satz aber gar nicht aus einem Brief, sondern aus einem Gespräch Schneiders mit einem Mithäftling namens Hans Grobe, dessen Identität unklar ist; er taucht in der einschlägigen Literatur zu Paul Schneider sonst nirgendwo auf. Eine Antwort auf die naheliegende Frage, wer das Gespräch im Konzentrationslager aufgezeichnet haben könnte und wer genau Hans Grobe ist, gibt das Vorwort des Buches von Foster.[30] Das Buch enthält, so der Verfasser, fiktive Szenen und Dialoge, teilweise mit erfundenen Personen; es handelt sich also um einen historischen Roman. Das Schneider fälschlich untergeschobene Zitat und die fälschliche Deklarierung eines fiktiven Gespräches zu einem authentischen Brief sind deswegen so erstaunlich, weil die Schülerinnen und Schüler zu Beginn

---

[27] KOERRENZ, Protest, 43.
[28] CLAUDE R. FOSTER, Paul Schneider. Seine Lebensgeschichte. Der Prediger von Buchenwald (deutsche Übersetzung von Brigitte Otterpohl), Neuhausen 2001, 646.
[29] KOERRENZ, Protest, 31.
[30] FOSTER, Schneider, 8.

des Heftes ausdrücklich über Quellenkritik und die Wichtigkeit der »Beachtung der Quellenherkunft« aufgeklärt werden. Ein grau unterlegter Merkkasten weist u. a. darauf hin, welche Fragen bei der Arbeit mit Quellen zu beachten sind:

> »– Von *Wem* wurde die Quelle verfasst (Autor)?
> – *Wann* wurde die Quelle verfasst (zeitlicher Abstand zum Geschehen den)?
> – *Wozu* wurde die Quelle verfasst (Anlass/Intention)?
> – Welche Aussagekraft hat die Quelle (Interpretation)?«[31]

Es wäre wünschenswert gewesen, wenn die Herausgeberin und die Verfasserinnen sich bei der Abfassung des Heftes an die eigenen Regeln gehalten hätten und wenn die Schülerinnen und Schüler sich auf die Quellenangaben in dem Heft verlassen könnten. Woher sollen diese ahnen können, dass ihnen »Fakes« untergeschoben wurden?

Aus religionspädagogischer Sicht kann man fragen, ob es nicht übergriffig ist, wenn man mit Schülerinnen und Schülern im Unterricht nicht nur über neue Protestbewegungen und deren Anliegen spricht, sondern sie durch den Arbeitsauftrag zum Anfertigen von einschlägigen Plakaten zur aktiven Beteiligung an solchen Bewegungen geradezu anleitet. Hier gilt auch das Überwältigungsverbot gemäß dem Beutelsbacher Konsens.[32] Schließlich muss man nicht automatisch ein Klimaleugner sein, wenn man bestimmte

---

[31] KOERRENZ, Protest, 11 (Hervorhebungen im Original).
[32] JAN-HENDRIK HERBST, Beutelsbacher Konsens, 2023, URL: https://bibelwissenschaft.de/stichwort/201115/ (Stand: 20. 03. 2024).

Protestformen wie die von »Fridays for Future« kritisch sieht, und man kann sich auch dann durchaus für Klima- und Umweltschutz engagieren. Von der Gründerin der »Fridays for Future«-Bewegung, Greta Thunberg, die in dem Paul Schneider-Heft von 2020 offensichtlich noch als Vorbild gesehen wurde und die von einigen Kirchenleuten sogar zur »Prophetin« erklärt wurde,[33] distanziert sich wegen deren undifferenziert israelkritischen Äußerungen und Aktionen mittlerweile selbst der deutsche Zweig dieser Bewegung.[34] Fragwürdig ist auch, wie glaubwürdig letztlich ein Schülerprotest bzw. Schulstreik ist, zu dem die Lehrkräfte selbst anleiten und der im Grunde von allen Seiten, von der Bundeskanzlerin bzw. dem Bundeskanzler bis zu den EKD-Ratsvorsitzenden, gelobt wird. Mit der Situation und dem Agieren Paul Schneiders hat das nichts mehr gemein.

Bemerkenswert ist, dass Paul Schneider tatsächlich bereits selbst die Idee zu einem Schulstreik hatte. In einem undatierten Brief aus dem Gestapo-Gefängnis in Koblenz an seinen Vertreter im Amt in Dickenschied und Womrath, Pfarrer Leo Kemper, schrieb er:

> »Sollte auch in Dickenschied-Womrath [...] die Gemeinschaftsschule eingeführt sein, sollte nun auch das Firmenschild der Konfessionsschule offen wider alles Recht und alle Verspre-

---

[33] Vgl. z. B. URL: https://www.katholisch.de/artikel/30740-fruehe rer-anglikaner-primas-greta-thunberg-ist-eine-moderne-prophetin (Stand: 21.03.2024).

[34] Vgl. etwa: URL: https://www.faz.net/aktuell/politik/inland/greta-thunberg-der-deutsche-fridays-for-future-ableger-distanziert-sich-19313696.html (Stand: 20.03.2024).

chungen heruntergerissen sein, sollte man den Eltern das Recht offen abstreiten damit, ihre Kinder in Schulen ihres Bekenntnisses zu schicken, so hielte ich für die wahrhaft evangelischen Eltern den *Schulstreik* geboten.«[35]

Wenn man diese Quelle im Religionsunterricht nutzte, könnte man gleichermaßen Gemeinsamkeiten und Unterschiede zu heutigen Schulstreikaktionen mit den Schülerinnen und Schülern erarbeiten. Diese würden vermutlich erstaunt feststellen, dass auch Schneider schon die Idee zu einem Schulstreik hatte – dieser war also keine Erfindung von Greta Thunberg –, dass Schneider sich aber für ein Ziel engagierte, nämlich die Beibehaltung der Konfessionsschule, für das einzusetzen sich heute vermutlich kaum noch jemand bereitfände. Nebenbei stritt Schneider für die Einhaltung von Recht und Gesetz und für Bekenntnisfreiheit – letzteres wohl ebenfalls ein Wert, der vielen Menschen in unserer Gesellschaft in Zeiten der Erosion der Volkskirche nicht mehr so wichtig zu sein scheint. Nähe und Distanz der historischen Gestalt Paul Schneider zu uns heute könnten bei der Verwendung einer solchen authentischen Quelle herausgearbeitet werden und Anlass für ein fruchtbares Unterrichtsgespräch sein über die Kontingenzen von Vorbildern und Werten und den Einfluss des jeweiligen Zeitgeistes sowie über die Frage nach dem, was bleibt. Auch die umstrittenen Thesen von Folkert Rickers (vgl. oben) könnten mit

---

[35] EVANGELISCHEN KIRCHE IM RHEINLAND (Hrsg.), Der Christuszeuge Paul Schneider. Gedenkschrift anläßlich des 50. Todestages, Düsseldorf 1989, 99–101, 99 (Hervorhebung im Original).

Schülerinnen und Schülern auf der Grundlage eines Textauszuges diskutiert werden und etwa mit der katholischen Paul Schneider-Verehrung in der San Bartolomeo-Basilika in Rom verglichen werden, die wegen der Ikone mit dem Porträt Schneiders hinter dem Hauptaltar und wegen eines wie eine Berührungsreliquie auf dem Altar platzierten handgeschriebenen Briefes Schneiders stark an die kanonisierte katholische Heiligenverehrung erinnert. Diese katholische Verehrung des reformierten Pfarrers Schneider wird in dem Heft zu Schneider thematisiert und als Zeichen der Ökumene gewürdigt,[36] allerdings einseitig und unkritisch. So sollen die Schülerinnen und Schüler den »Begriff ›Märtyrer‹ [...] in der römisch-katholischen Tradition [...] klären«, ebenso »den Begriff ›Reliquie‹«, nicht jedoch etwa das abweichende evangelische Märtyrerverständnis[37] – fälschlich wird sogar behauptet, die evangelische Kirche kenne gar keine Märtyrerverehrung[38] – oder die reformatorische und insbesondere reformierte (Schneiders Konfession!) Kritik an der Reliquienverehrung. Statt den Schülerinnen und Schülern verschiedene Perspektiven zu eröffnen, um sie

---

[36] KOERRENZ, Protest, 45–48.

[37] Vgl. hierzu etwa WOLF-DIETER HAUSCHILD, Märtyrer und Märtyrerinnen nach evangelischem Verständnis, in: HARALD SCHULTZE / ANDREAS KURSCHAT (Hrsg.), »Ihr Ende schaut an ...« Evangelische Märtyrer des 20. Jahrhunderts, Leipzig ²2008, 49–69.

[38] KOERRENZ, Protest, 45. Vgl. dagegen u. a. HARALD SCHULZE, Das Gedenken evangelischer Gemeinden an die Märtyrer des 20. Jahrhunderts, in: HARALD SCHULTZE / ANDREAS KURSCHAT (Hrsg.), »Ihr Ende schaut an ...« Evangelische Märtyrer des 20. Jahrhunderts, Leipzig ²2008, 73–83.

zum selbständigen Reflektieren und Urteilen anzuregen, werden sie im Wesentlichen nur mit einer Sichtweise konfrontiert, die für kritisches Nachdenken kaum Platz lässt. Das ist nicht nur aus kirchenhistorischer, sondern auch aus religionspädagogischer Sicht unterkomplex.

Neuerdings bietet der vom Archiv der Evangelischen Kirche im Rheinland online zur Verfügung gestellte Nachlass von Paul Schneider die Möglichkeit zu einem entdeckenden Lernen anhand von Originalquellen.[39] Diese sollten, neben den schon länger publizierten Quellen,[40] vor allem Grundlage auch für Unterrichtsmaterial zu Paul Schneider sein. Natürlich kann man, neben anderem rezeptionsgeschichtlichem Material, auch einen historischen Roman benutzen, muss dann allerdings deutlich auf die Textgattung hinweisen.

4. Fazit

Die drei kritisch reflektierten Beispiele zu kirchengeschichtlichem Arbeiten im Religionsunterricht mögen nicht unbedingt repräsentativ sein. Zweifellos lassen sich dagegen auch zahlreiche positive Beispiele anführen. Es ist allerdings zu befürchten, dass ein allgemeiner Trend in Gesellschaft und Kirche zur Moralisierung und unmittelbaren Anwendbarkeit und aktuellen Verwertbarkeit einen problematischen utili-

---

[39] URL: https://archiv.ekir.de/inhalt/nachlass-pfarrer-paul-schneider/ (Stand: 21.03.2024).

[40] Vgl. etwa EVANGELISCHE KIRCHE IM RHEINLAND, Christuszeuge.

taristischen und instrumentalisierenden Umgang mit (Kirchen-)Geschichte begünstigt – ein Trend, der sich im schulischen Bereich in einer einseitigen und oft wohl nur sehr vordergründigen Schüler- und Gegenwartsorientierung niederschlägt. Demgegenüber sollten immer auch das Fremde und Sperrige, die Ambivalenzen von (Kirchen-)Geschichte stark gemacht und die natürliche Neugierde von Schülerinnen und Schülern für zeitlich ferne und vergangene Lebenswelten geweckt werden, um unserer jetzigen Lebenswelt gleichsam den Spiegel vorzuhalten.

Radikalisierung

Rechter und linker Populismus in Kirche und Theologie als neue Spielart der Versuchung, davon zu reden, »wonach den Leuten die Ohren jucken«

Hans-Jürgen Abromeit

Offensichtlich besteht heute eine große Unsicherheit, wozu es die Kirche überhaupt gibt. Da fühlen sich schon einmal kirchlich interessierte Politiker herausgefordert, die Kirche an ihre eigentlichen Aufgaben zu erinnern. Kürzlich machte dies ein engagierter Katholik. Anlässlich der EKD-Synode in Ulm 2023 erinnerte der Baden-Württembergische Ministerpräsident Winfried Kretschmann daran, dass »Kirchen [...] Glaubensgemeinschaften, keine Parteien und keine NGO« seien.[1] Vielmehr sei der Glaube der unverwechselbare Beitrag der Kirchen für die Gesellschaft. Die Kirchen müssten existenzieller werden. »Warum und wie soll ein Mensch heute noch an Gott glauben?« Es gehe um nicht weniger als darum, dass Christen zeitgemäß von der Hoffnung reden, die sie erfüllt.

Es ist kein gutes Zeichen, wenn die Kirche von außen zur Sache gerufen werden muss. Offensichtlich hat der in den letzten Jahren mit dramatischer Geschwindigkeit sich voll-

---

[1] Am 11. November 2023, vgl. SWR Aktuell, URL: https:// www.swr.de/swraktuell/baden-wuerttemberg/ulm/kretschmann- synode-kirchen-sollen-mutiger-werden-100.html (Stand: 14.11.2023). Die weiteren Zitate finden sich ebenfalls dort.

ziehende Relevanzverlust der Kirchen und des Christentums bei Pfarrerinnen und Pfarrern und auch bei nicht wenigen Kirchenleiterinnen und -leitern zu dem Versuch geführt, durch Aufnahme der im gesellschaftlichen Diskurs diskutierten Fragen wieder neu Relevanz zu gewinnen. Leider ist dabei aber häufig kein Plus, kein besonderer Beitrag aus theologischer oder kirchlicher Sicht zu finden. In der Regel sind die Antworten, die Synoden oder Kirchenleitende geben, nicht neu, sondern längst bekannt und von Parteien, Regierungsvertretern und Personen des öffentlichen Lebens mehrfach in den gesellschaftlichen Diskurs eingebracht worden. Überwiegend werden in den letzten Jahren durch kirchliche Repräsentanten Positionen vertreten, die im Parteienspektrum bei den Grünen oder bei der SPD angesiedelt sind. Durch die kirchliche Wiederholung schon gegebener Antworten werden diese bestenfalls verstärkt, rufen aber auch Langeweile hervor. Hat die Kirche nichts Eigenes zu sagen?

Der Relevanzverlust der Kirchen insgesamt und der evangelischen Kirche insbesondere ist offensichtlich. Da sind die Ergebnisse der Kirchenmitgliedschaftsuntersuchung von 2022 (KMU 6), die im November 2023 veröffentlicht worden sind[2], sehr beredt. Es ist die erste in der Reihe der seit 1972 alle zehn Jahre durchgeführten Kirchenmitgliedschaftsuntersuchungen, die gemeinsam mit der katholischen Deutschen Bischofskonferenz durchgeführt worden ist und deren Ergebnisse aufgrund eines besonderen Erhebungsverfah-

---

[2] EKD (Hrsg.), Wie hältst du's mit der Kirche? Zur Bedeutung der Kirche in der Gesellschaft. Ergebnisse der 6. Kirchenmitgliedschaftsuntersuchung, Leipzig 2023.

rens repräsentativ für die gesamte Bevölkerung Deutschlands sind. Dabei ist eine in den letzten Jahren zugespitzte rasante Entwicklung zu beobachten. Es geht nicht nur die Kirchenbindung, sondern Religiosität überhaupt zurück. Im Erhebungszeitraum, dem letzten Vierteljahr 2022, zeigte sich folgendes Bild, das hier nur kurz skizziert werden kann.

Die *Kirchlich-Religiösen* machen 13% der Bevölkerung aus. Bei diesem Typ mit einer starken Kirchenbindung hat sich der Unterschied zwischen Ost- und Westdeutschland bereits weitgehend nivelliert. In Ostdeutschland gibt es 9% Kirchlich-Religiöse, in Westdeutschland aber auch nur 14%. Auf die gesamte Bevölkerung bezogen ist das nah beieinander, plus-minus 10%.

Neben diese Gruppe, die fast vollständig aus Kirchenmitgliedern besteht, tritt die Gruppe der *Religiös-Distanzierten*, die 25% der Bevölkerung ausmacht. Hierzu gehören 16% Konfessionslose. 70% von ihnen können mit einem Glauben, bei dem Jesus Christus die entscheidende Rolle spielt, nichts anfangen. Dazu kommen 56% *Säkulare* und 6% *Alternative*. Letztere sind kirchenfern und neigen zum Populismus. Auffällig ist quer durch alle religiöse, bzw. nichtreligiöse Einstellung die durchgehende Bejahung eines religiösen Relativismus. »87% der Bevölkerung stimmen folgender Aussage zu [...]: ›Keine Religion ist besser als andere – alle Religionen haben in gleichem Maße Recht oder Unrecht‹. Entsprechend glauben 75%: ›Im Großen und Ganzen sind alle Weltreligionen ähnlich‹.«[3]

---

[3] A.a.O., 35.

Erschreckend ist die Dynamik der Kirchenaustritte. Wenn die Entwicklung so weiter geht wie in den letzten Jahren, dann werden bis 2030 weitere etwa 3,2 Millionen Mitglieder aus der evangelischen Kirche austreten. Durch den demographischen Wandel und weitere Faktoren ist damit zu rechnen, dass die für das Jahr 2060 vorausgesagte Halbierung der Mitgliederzahl für die evangelische Kirche[4] bereits in den 2040er Jahren eintreten wird. Die Autoren resümieren ihre Prognose mit der Aussage: »Die Kirche scheint jetzt an einem Kipppunkt angelangt zu sein, der schon in den nächsten Jahren in erhebliche Instabilitäten und disruptive Abbrüche hineinführen kann.«[5]

Abgesehen von der Orientierung über die vorhersehbare Entwicklung der Kirchenmitgliederzahlen und den damit einhergehenden Relevanzverlust der Kirche zeigt dieser Satz die hohe Fragilität unserer gegenwärtigen Situation. Falsche Interventionen oder die Lage nicht sachgemäß respektierendes Handeln können in der evangelischen Kirche erdbebenartige Verwerfungen herbeiführen. Unabhängig davon wird die Situation in unserer Kirche schon in zwanzig Jahren eine von der gegenwärtigen erheblich unterschiedene sein.

Die spannende Frage ist, ob es in dieser Situation geboten ist, sich eher an die Meinung des Mainstreams anzupassen oder eher auf das Eigene und Besondere der christlichen Botschaft zu hören. Gewiss ist der Glaube nicht in jedem

---

[4] Vgl. FABIAN PETERS / DAVID GUTMANN, #projektion2060 – Die Freiburger Studie zu Kirchenmitgliedschaft und Kirchensteuer, Neukirchen-Vluyn 2021.

[5] EKD, Wie hältst du's mit der Kirche?, 59.

Fall gesellschaftsförmig. Aber lohnt es sich deswegen, um der vermeintlich größeren Resonanz willen, das Evangelium mainstreamförmig zu verkündigen oder sogar ganz auf Glaube und Theologie in öffentlichen Äußerungen zu verzichten?

1. Die Ent-theologisierung kirchlichen Lebens und kirchlicher Verlautbarungen

Ein Beispiel: Eine der letzten öffentlich rezipierten und auch kontrovers diskutierten Verlautbarungen der EKD widmete sich dem Thema »Abtreibung«[6]. Die gegenwärtige Regierungskoalition aus Sozialdemokraten (SPD), Freien Demokraten (FDP) und Grünen hat sich im Koalitionsvertrag darauf geeinigt, Regulierungen des Schwangerschaftsabbruchs außerhalb des Strafrechts zu prüfen[7]. Dass diese Absicht unter der Überschrift »Reproduktive Selbstbestimmung« der Frau verhandelt wird, zeigt das Anliegen dieser in Aussicht genommenen Neuregelung. Die zur Prüfung der Frage, ob

---

[6] Vgl. EKD (Hrsg), Stellungnahme des Rates der EKD zur Frage, ob und unter welchen Voraussetzungen eine Regelung zum Schwangerschaftsabbruch außerhalb des Strafgesetzbuchs möglich ist, 2023, URL: https://www.ekd.de/stellungnahme-zur-regelung-zum-schwangerschaftsabbruch-80903.html (Stand: 15.11.2023).

[7] Vgl. Mehr Fortschritt wagen. Bündnis für Freiheit, Gerechtigkeit und Nachhaltigkeit (Koalitionsvertrag zwischen SPD, Bündnis 90/Die Grünen und FDP), 116, URL: https://www.bundesregierung.de/breg-de/service/gesetzesvorhaben/koalitionsvertrag-2021-1990800 (Stand: 15.11.2023).

Schwangerschaftsabbrüche außerhalb des Strafrechts geregelt werden können, eingesetzte Kommission wurde ohne Kirchenvertreter besetzt. Das wäre in der Vergangenheit undenkbar gewesen, ist aber typisch für die jetzige Bundesregierung und zeigt, für wie bedeutend diese die Kirchen hält. Aber die Kommission hat immerhin die beiden großen Kirchen um ein Votum gebeten. Beim Votum des Rates der EKD zeigt sich nun ein Paradigmenwechsel.

Zwar erwähnt der Rat wie bisher die Tatsache, dass bei einer ungewollten Schwangerschaft zwei Grundrechte miteinander kollidieren, nämlich das Recht des Ungeborenen auf Leben und das Selbstbestimmungsrecht der Schwangeren, löst diese aber neuerdings auf, indem dem Recht auf Leben »mit fortschreitender Schwangerschaft zunehmendes Gewicht einzuräumen ist«. Deswegen spricht sich der Rat »für eine abgestufte Fristenkonzeption« aus.[8] Nur sehr wenige Ausnahmefälle sollen noch strafbewehrt sein, etwa eine gewaltsame Nötigung zur Abtreibung.

Die bisherigen Stellungnahmen der evangelischen Kirche gewichteten das Recht des Ungeborenen auf Leben stärker und bejahten den Kompromiss, den das Urteil des Bundesverfassungsgerichtes von 1975 ermöglichte, und der bis jetzt geltendes Recht ist. Nach diesem Kompromiss ist eine Abtreibung zwar grundsätzlich strafbar, aber bei Einhaltung bestimmter Regelungen, z. B. der Wahrnehmung einer ergebnisoffenen Beratung durch die Schwangere, wird von einer Bestrafung abgesehen. Bisher hatten beide Kirchen, die evangelische wie die katholische, Gott als Schöpfer des

---

[8] EKD, Stellungnahme, 6.

Lebens betont und das von den Naturwissenschaften beigebrachte Argument, dass mit der Befruchtung der Eizelle menschliches Leben beginnt, schöpfungstheologisch gewichtet. Entsprechend hatte die von beiden Kirchen erarbeitete und herausgegebene gemeinsame Erklärung »Gott ist ein Freund des Lebens« (1989 und 2000)[9], der sich alle Mitgliedskirchen der Arbeitsgemeinschaft christlicher Kirchen angeschlossen hatten, ein biblisches Fundament, ein schöpfungsökologisches Kapitel und eine breite theologische Reflektion, bevor die aktuellen Herausforderungen bedacht werden. So gibt es ein ausführliches theologisches Kapitel

---

[9] EKD (Hrsg.), Gott ist ein Freund des Lebens. Herausforderungen und Aufgaben beim Schutz des Lebens, Gemeinsame Erklärung des Rates der Evangelischen Kirche in Deutschland und der Deutschen Bischofskonferenz in Verbindung mit den übrigen Mitglieds- und Gastkirchen der Arbeitsgemeinschaft christlicher Kirchen in der Bundesrepublik Deutschland und Berlin (West): Griechisch-Orthodoxe Metropolle von Deutschland, Bund Evangelisch-Freikirchlicher Gemeinden in Deutschland, Evangelisch-methodistische Kirche, Katholisches Bistum der Alt-Katholiken in Deutschland, Vereinigung der Deutschen Mennonitengemeinden. Europäisch-Festländische Brüder-Unität (Herrnhuter Brüdergemeine), Syrisch-Orthodoxe Kirche von Antiochien in der BRD, Evangelisch-altreformierte Kirche in Niedersachsen, Bund Freier evangelischer Gemeinden in Deutschland, Religiöse Gesellschaft der Freunde (Quäker), Selbständige Evangelisch-Lutherische Kirche, Christlicher Gemeinschaftsverband Mülheim / Ruhr GmbH, Die Heilsarmee in Deutschland, Trier 2000. – Bezeichnender Weise lässt sich der gesamte Text nur noch über die Seite der Deutschen Bischofskonferenz finden, vgl. https://www.dbk.de/fileadmin/redaktion/veroeffentlichungen/arbeitshilfen/AH_076.pdf (Stand: 16.11.2023).

über »Die Würde des vorgeburtlichen Lebens«[10]. Mit dem theologischen Teil geht der aktuellen Stellungnahme die Gemeinsamkeit mit der katholischen Kirche und den anderen christlichen Kirchen verloren.

Mehr noch: Die gesamte Stellungnahme bringt überhaupt kein theologisches Argument[11]. »Öffentliche Theologie«, vor kurzem noch hoch gepriesen, findet nicht statt. Hätte die Kirche bei einer mit ihrer besonderen Expertise erbetenen Stellungnahme nicht diesen theologischen Horizont eröffnen müssen? Oder wenigstens andeuten, dass Menschen, die wissen, dass sie ihr Leben Gott verdanken, dem erwünschten Gradualismus des Lebensschutzes nicht das Wort reden dürfen? Stattdessen verschweigt die EKD Gott und folgt weitgehend den Wünschen der Ampelkoalition. Damit entfernt sie sich allerdings nicht nur von jeder theologischen Argumentation, sondern auch von den Erwartungen nicht weniger – übrigens hochverbundener – Kirchenmitgliedern, von denen es ja nicht mehr so viele gibt. Das Schielen nach Relevanz trübt den Blick für Theologie und lässt die Kirchentreuen aus dem Blickfeld geraten.

Leider steht dieses Beispiel nicht allein. Es ließen sich aus den letzten Jahren viele weitere beibringen, die zeigen, wie die EKD, besser der Rat der EKD, bei seinen öffentlichen Stellungnahmen Theologieverzicht übt oder nur die theolo-

---

[10] A. a. O., 43–46.
[11] Darauf weist auch ULRICH H. J. KÖRTNER, Getrennte Wege. Über die Stellungnahme der EKD zu einer § 218-Reform, in: Zeitzeichen online hin, URL: https://zeitzeichen.net/node/10739.

gischen Argumente nutzt, die dem gesellschaftlichen Mainstream zu Pass kommen.

Während über die kirchliche Anerkennung homosexueller Partnerschaften und die Frage der Segnung derselben ein Jahrzehnte langer Diskurs geführt wurde und lange Zeit – mit theologischen Argumenten – versucht wurde, die verschiedenen Fraktionen beieinander zu halten (»Mit Spannungen leben!«[12]), wurde bei der Einführung der »Ehe für alle« ohne irgendeine Diskussion das vom Bekenntnis gebotene Verständnis der Ehe als Stiftung Gottes und zugleich »weltlich Ding«, als eine lebenslange, auf Liebe und Zuneigung beruhende Verbindung von Mann und Frau aufgegeben.

Ohne Zweifel hat das Engagement zur Bewahrung der Schöpfung ein großes theologisches Gewicht. Zu Recht haben deswegen in den letzten Jahren, ja Jahrzehnten die Einrichtungen und Werke der EKD und ihrer Gliedkirchen und die EKD selbst darauf einen starken Akzent gesetzt. Aber wie sieht das heute aus? Gibt es in Bezug auf die Maßnahmen zum Klimawandel bei der EKD in den letzten Jahren eine theologische Argumentation? Soweit ich sehen kann, findet sich die letzte, ausführliche theologische Herleitung ökologischer Verantwortung im EKD-Zusammenhang in der noch unter dem Ratsvorsitzenden Wolfgang Huber herausgegebenen Denkschrift »Umkehr zum Leben« von 2009.[13] Nun kann

---

[12] Vgl. EKD (Hrsg.), Mit Spannungen leben. Eine Orientierungshilfe des Rates der Evangelischen Kirche in Deutschland zum Thema »Homosexualität und Kirche«, 1996.

[13] EKD (Hrsg), Umkehr zum Leben. Nachhaltige Entwicklung im

man vielleicht argumentieren, dass sich die Grundherausforderung durch den Klimawandel nicht mehr geändert habe, nur sei durch Zeitverzug das Handeln dringender geworden. Aber wenn die EKD-Synode 2022 aus Respekt vor dem Einsatz und der Tatkraft bei umstrittenen, das Gesetz verletzenden Protesten eine Vertreterin der »letzten Generation« bejubelte[14], dann muss man doch fragen, ob sowohl deren Handeln als auch das quasi eschatologische Selbstverständnis theologisch zu legitimieren ist. Es ist verständlich, dass Kirchenvertreter, die miterleben, wie ihre Kirche so unter Relevanzverlust leidet, es genießen, von einer jungen Frau zu hören, dass man die Kirche brauche und nur mit ihr es gelingen kann, den Klimawandel aufzuhalten. Abgesehen davon, dass die Erwartung, durch eigenes Handeln und sei es das der »Letzten Generation« gemeinsam mit der evangelischen Kirche, den Klimawandel aufhalten zu können, eine hoffnungslose Überschätzung der eigenen Möglichkeiten ist, ist es gleichzeitig eine Simplifizierung des globalen Problems. Zudem muss sozialethisch mindestens die Zulässigkeit der Protesthandlungen, die die Freiheit vieler Menschen einschränken, Gefahren für andere einschließen, Sachen beschädigen, häufig den CO^2-Ausstoß vermehren und erhebliche Kosten hervorrufen, geprüft werden. Wo fand diese Reflektion statt? Man hat den Eindruck,

<blockquote>
Zeichen des Klimawandels Eine Denkschrift des Rates der Evangelischen Kirche in Deutschland, Gütersloh 2009. Die Kammer für nachhaltige Entwicklung war auch ansonsten sehr engagiert und hat eine Reihe von mehr pragmatischen EKD-Texten erarbeitet.

[14] Anzuschauen und nachzulesen auf der EKD-Website, URL: https://www.ekd.de/impulsreferat-ekd-synode-2022-aimee-van-baalen-76146.html.
</blockquote>

dass aus linkspopulistischer Begeisterung vergessen wurde, diese Fragen zu stellen.[15]

Ich will damit die Notwendigkeit eines Versuchs, den Klimawandel zu begrenzen, nicht in Frage stellen. Im Gegenteil, es gibt gegenwärtig politisch – trotz vieler wichtiger Aufgaben – kaum eine wichtigere. Ich habe mich als Bischof in Pommern selbst – letztlich erfolgreich – gegen den Neubau eines Steinkohlekraftwerkes engagiert.[16] Solches Engage-

---

[15] Vgl. auch: ULRICH KÖRTNER, Die letzte Generation? 2022 solidarisierte sich die EKD-Synode mit Klimaaktivisten. Warum?, Beitrag auf Zeitzeichen online vom 28.12.2022, URL htpps://zeitzeichen.net/node/10214.

[16] Als der damalige dänische Staatskonzern Dong Energy (heute Ørsted) 2007 am Standort des stillgelegten Atomkraftwerkes in Lubmin für 2,3 Milliarden Euro ein 1600 Megawatt Steinkohlekraftwerk bauen wollte, habe ich mich in öffentlichen und kircheninternen Beiträgen wegen der hohen Umweltbelastung gegen dieses Vorhaben gewandt. (Vgl. GÜNTHER VATER, Schwarzbuch Lubminer Heide. Eine Chronik der Umweltgefährdung und Naturzerstörung an der Ostseeküste, München 2013, 270.) Durch dieses Kraftwerk hätte sich allein der Kohlendioxidausstoß von Mecklenburg-Vorpommern mehr als verdoppelt. Das wäre angesichts des weltweiten Klimawandels unverantwortlich gewesen. In der öffentlichen Anhörung zum Genehmigungsverfahren im November 2008 hielt ich auf Bitten der Umweltverbände das abschließende Plädoyer, in welchem ich den Kraftwerksbau aus politischen, gesellschaftlichen wie theologischen Gründen ablehnte. Vgl. HANS-JÜRGEN ABROMEIT, Stellungnahme in der öffentlichen Anhörung zum Bau des Steinkohlekraftwerkes in Lubmin, in: PROJEKTSTELLE FÜR ENTWICKLUNGSBEZOGENE BILDUNG / ÖKUMENISCHES LERNEN DER POMMERSCHE EVANGELISCHE KIRCHE (Hrsg.), Klimawandeln. Regionale Impulse für den Schöpfungszeitraum, Greifswald 2009, 73–76.

ment ist aus schöpfungstheologischen Gründen unverzichtbar, aber niemals darf man sich dabei theologisch überheben.

Die säkulare Eschatologie der »letzten Generation« ist ein Beispiel. Leider muss man fast auf der ganzen Linie konstatieren, dass theologische Stellungnahmen und Predigten heute häufig keinen positiven Zugang zu biblisch und im Bekenntnis so wichtigen Themenfeldern wie Eschatologie und Christologie haben. Damit liegen sie auf einer Linie mit dem Volksglauben, wie er sich gerade wieder in der KMU 6 (s. o.) gezeigt hat.

Kirche und Theologie haben sich weit von biblischem Denken entfernt. Schaut man genau hin, bleibt häufig nur eine minimal-theologische Aussage übrig: »Gott ist bei uns, er liebt alle Menschen«. Das ist so trivial wie nichtsagend. Um daraus nicht eine bloße Bestätigung von Entscheidungen zu machen, die ohne Gott getroffen wurden, bedürfte es einer theologischen Reflexion der in der Regel komplexen Herausforderungen. Denn weder Gott noch das Leben sind statisch, sondern in Bewegung und jeden Tag neu.

Der Bochumer Theologe Günter Thomas hat solche Überlegungen generalisiert. Er kommt zu dem Schluss, dass der Kirche »die Vorstellung von Gottes Lebendigkeit abhandengekommen [sei]. Gottes Lebendigkeit in ihrem Reichtum, ihrer Differenziertheit, ihrer Zugewandtheit und Freiheit«[17] sei aus dem Blick geraten.

---

[17] GÜNTER THOMAS, Im Weltabenteuer Gottes leben. Impulse zur Verantwortung für die Kirche, Leipzig ³2021, 23.

Man greift zu Themen, die heute viele bewegen, aber lässt sich die Themen nicht von der Bibel oder der Theologie geben. Das trifft auf eine Entwicklung des öffentlichen Diskurses, die diesen immer stärker in einzelne Segmente aufteilt und zunehmend von bestimmten Aufmerksamkeitsthemen bestimmen lässt.

2. Die Populisierung des öffentlichen Diskurses

Seit 100 Jahren beobachten wir einen globalen Siegeszug des Populismus, meistens in Form des Rechtspopulismus. Nach der weithin anerkannten Definition von Populismus des in Princeton lehrenden Politologen Jan-Werner Müller versteht man darunter eine bestimmte Politikvorstellung, nach der einem »moralisch reinen, homogenen Volk [...] unmoralische, korrupte und parasitäre Eliten gegenüberstehen – wobei diese Art von Eliten eigentlich gar nicht wirklich zum Volk gehört.«[18] Typisch für den Populismus ist sein hoher moralischer Anspruch: »Nur wir vertreten das Volk.« Populismus wendet sich also nicht nur gegen die bestimmenden oder *vermeintlich* bestimmenden Eliten, sondern überhaupt gegen abweichende Meinungen. Populismus ist antipluralistisch. Müller sagt: Es ist »der moralische Alleinvertretungsanspruch, welcher Populisten wirklich zu Populisten und deren Verhältnis zur Demokratie so problematisch

---

[18] JAN-WERNER MÜLLER, Was ist Populismus?, in: ZPTh – Zeitschrift für Politische Theorie, 7,2 (2016), 187–201, 187, URL: https:// doi.org/10.3224/zpth.v7i2.03.

macht.«[19] Da das Volk aus sich heraus nicht mit einer Stimme sprechen kann, braucht es eines Akteurs, der die Stimme des Volkes formuliert. Auch wenn uns in Deutschland aus unserer eigenen Geschichte im letzten Jahrhundert ein eindrückliches Beispiel vor Augen steht (wer denkt hier nicht an Adolf Hitler?), zitiert Müller an dieser Stelle einen Ausspruch des türkischen Ministerpräsidenten Recep Tayyip Erdogan, der angesichts seiner Gegner gefragt hat: »Wir sind das Volk. Wer seid ihr?«[20]

Populismus ist ein Produkt von Modernisierungskrisen. Populistische Parteien und Bewegungen entstehen, wenn in einer Gesellschaft das ausgewogene Verhältnis von Wirtschaftskraft, Machtverteilung und kulturellen Bewusstseinsformen aus dem Lot gerät. Wenn dabei das Gefühl der eigenen Benachteiligung entsteht, kann daraus Populismus erwachsen. Der Bonner Politologe Frank Decker stellt fest: »Die Konfrontation mit den Fremden wird von Teilen der eingesessenen Bevölkerung als Verlust der hergebrachten Identität empfunden. Dieser Verlust wiegt umso schwerer, als im Zuge von Individualisierungsprozessen auch andere Gruppenbindungen schwinden (*Identitäts-/Sinnkrise*).«[21] Dadurch dass unsere Gesellschaften ungemein komplex geworden sind, finden

---

[19] A. a. O., 188.
[20] A. a. O., 192/193.
[21] FRANK DECKER, Art. Populismus, in: UWE ANDERSEN / WICHARD WOYKE (Hrsg.), Handwörterbuch des politischen Systems der Bundesrepublik Deutschland, Heidelberg [8]2021, URL: https://www.bpb.de/kurz-knapp/lexika/handwoerterbuch-politisches-system/511476/populismus/ (Stand: 13.11.2023).

sich viele darin nicht mehr zurecht. Sie vermögen nicht die Dinge zu überschauen, ruhen nicht in ihrer Persönlichkeit und versuchen diese Krisen zu überwinden, indem sie die unüberschaubar gewordene Situation durch Komplexitätsreduktion zu meistern versuchen. Da bieten sich einfache, populistisch vertretene Lösungen als Hilfe an. Grundsätzlich sind alle Bevölkerungsschichten für Populismus anfällig. Als Grundregel kann aber gelten: Je weniger jemand die Komplexität eines Sachverhaltes durchschaut, desto anfälliger ist diese Person für populistische Antworten.

Nachdem die westliche Welt fast 50 Jahre lang das Glück auf ihrer Seite hatte und die Krisen, die immer die Geschichte prägen, überschaubar und sie meistens begünstigend waren, treten seit ca. 20 Jahren in zunehmender Geschwindigkeit Krisen auf, die die ganze Welt, aber besonders die westliche Hemisphäre erschüttern. Ich nenne die wichtigsten[22]:

- Die seit dem 11. September 2001 in den USA beginnende und dann viele Länder einbeziehende Serie islamistischer Terroranschläge;
- die durch die Bürgerkriege im Nahen Osten und die sich verschlechternde Lebenssituation in großen Teilen des afrikanischen Kontinents und den Ländern des südlichen Balkans seit 2013 stark ansteigenden Flüchtlingszahlen;
- die 2007 ausgebrochene Finanz- und Eurokrise;
- das zunehmende Bewusstsein der drängenden Klimakrise, die für eine Antwort immer weniger Zeit lässt;

---

[22] Zu ersten drei genannten Krisen vgl. DECKER, Populismus.

- die seit 100 Jahren erstmalig wieder aufgetretene Krise aufgrund einer Pandemie, diesmal durch Corona;
- eine Krise durch ganz Europa involvierende Kriege in der Ukraine (seit dem 24. Februar 2022) und in Israel-Palästina (seit 7. Oktober 2023) deren Beendigung, bzw. des dahinter liegenden Konfliktes unabsehbar ist;
- eine damit einhergehende Energiekrise.

Alle diese Krisen bergen in sich die Kraft, Identitätskrisen auszulösen und die Balance der westlichen Gesellschaften zu stören. Damit sind sie ein Einfallstor für populistische Antworten. Das gilt für die Gesellschaft insgesamt, aber leider auch für die Kirchen. Wenn eine solche Krise dazu noch die Kirche theologisch inhaltsleer oder ausgedünnt antrifft, dann ist die Anfälligkeit für Populismus besonders groß. Der Auftritt der Aktivistin der »Letzten Generation« vor der EKD-Synode 2022 war ein sprechendes Beispiel für einen Populismus solcher Art.

Wieso, mag jemand jetzt fragen, war das Populismus? Ist Populismus nicht eine rechtslastige Bewegung? Wir kennen solche klassischen politischen Populismen und ihre kirchlichen Entsprechungen aus der neueren und neuesten Geschichte. Ich nenne nur Beispiele aus dem Christentum[23] und zwar das Naziregime und die Glaubensbewegung der Deutschen Christen, Donald Trump und die ihn unterstützenden evangelikalen Kreise in den USA, Jair Bolsanaro und bestimmte evangelikale und Pfingstkirchen in Brasilien oder

---

[23] Es ließen sich auch eine Reihe von Beispielen aus anderen Religionen nennen.

Wladimir Putin und Patriarch Kyrill I. in Russland. In diesen Beispielen liegt die Nähe, ja Symbiose, zwischen den populistischen Herrschern und ihren kirchlichen Unterstützern auf der Hand. Aber in all diesen Beispielen handelt es sich um Rechtspopulisten. Ist der Populismus nicht überhaupt ein rechtsextremes Problem?

Leider ist das nicht so einfach. Populismus ist eine Gefahr für beide Enden des politischen Spektrums. Denn es gibt auch einen Linkspopulismus. Der hat z. B. in Chantal Mouffe, der aus Belgien stammenden, emeritierten Professorin für Politische Theorie an der University of Westminster in London, eine engagierte Fürsprecherin gefunden.[24] Sie hat gemeinsam mit dem argentinischen Politikwissenschaftler Ernesto Laclau (gest. 2014), deren Ehefrau sie war, Grundlagen für den Postmarxismus gelegt.[25] Ihr Einfluss in Europa, Nord- und Südamerika ist nicht zu unterschätzen. Sie bringt auf den Punkt, was viele denken und verbindet ihre Gedanken mit den linkspopulistischen Bewegungen und Parteien in Spanien (Podemos), Frankreich (La France insoumise) und in Großbritannien (Labourparty unter Jeremy Corbyn). In ihrem kürzlich erschienen Buch »Eine Grüne demokratische Revolution. Linkspopulismus und die

---

[24] Vgl. CHANTAL MOUFFE, Für einen linken Populismus, Berlin 2018; DIES., Für einen linken Populismus. Unser Gegner sind nicht Migranten, sondern die politischen und ökonomischen Kräfte des Neoliberalismus, in: ipg-Journal vom 30. 3. 2015, URL: https://www.ipg-journal.de/rubriken/zukunft-der-sozialdemokratie/artikel/fuer-einen-linken-populismus-857/ (Stand: 13.11.2023).

[25] Vgl. ERNESTO LACLAU / CHANTAL MOUFFE, Hegemonie und radikale Demokratie. Zur Dekonstruktion des Marxismus, Wien ⁴2012.

Macht der Affekte«[26] weitet sie die von ihr vertretende Notwendigkeit, in heutiger Zeit populistisch zu argumentieren, ganz bewusst auf das grün-linke Spektrum der politischen Skala aus. Das »Volk« ist in diesem Verständnis keine ethnische, sondern eine politische Kategorie. Es ist das Gegenüber zum Establishment: Eine linkspopulistische Strategie »versucht« »ein Volk« durch »Auseinandersetzungen über Fragen der Ausbeutung, Unterdrückung und Diskriminierung« zu konstituieren. Diese Auseinandersetzungen betreffen Themen der »sozialen Frage«, des »Feminismus, Antirassismus und der LGBTQ+-Bewegung«[27] und den »Klimanotstand«[28].

Der neue Linkspopulismus will bewusst Affekte einsetzen, um seine Ziele zu erreichen. Ohne Emotionalisierung seien keine nachhaltigen Einstellungsänderungen zu erreichen. Mit Zielen wie Konsens und Versöhnung kommt man nach den Lehren des Linkspopulismus nicht weit. So wird seine Unduldsamkeit gegenüber abweichenden Anschauungen verständlich. Populismus, ob von links oder von rechts, hat Schwierigkeiten mit dem heute unverzichtbaren Pluralismus in einer diversen Gesellschaft.[29] Wer bewusst Gefühle einsetzt, um Positionen durchzusetzen, hat mitunter Probleme, demjenigen, der eine andere Meinung hat, das Recht zuzugestehen, diese nicht nur öffentlich zu äußern, sondern auch dafür einzutreten und weitere Befürworter zu gewin-

---

[26] CHANTAL MOUFFE, Eine Grüne demokratische Revolution. Linkspopulismus und die Macht der Affekte, Berlin 2023.
[27] A. a. O., 12.
[28] A. a. O., 15.
[29] Vgl. MICHAEL WELKER, Kirche im Pluralismus, Gütersloh 1995, 15–19.

nen.[30] Typisch auch und gerade für Linkspopulismus ist der Alleinvertretungsanspruch. Nur so erklärt sich z. B. die Unduldsamkeit und Aggressivität, die Vertreter anderer Anschauungen erleben, wenn sie eher konservative Überzeugungen vertreten (z. B. des Rechts auf Leben auch für noch ungeborene Menschen, der Ehe als eine lebenslange Verbindung nur von einer Frau und einem Mann, der grundsätzlichen Zweigeschlechtlichkeit des menschlichen Lebens).

Ich möchte nicht so verstanden werden, als ginge ich davon aus, dass der Linkspopulismus in unserer Kirche aufgekommen sei, weil einige Multiplikatoren Chantal Mouffe gelesen hätten und ihre Ideen und Strategien nun gezielt auch in der Kirche einsetzen würden. Das kann man aufgrund ihrer Bekanntheit für bestimmte Kreise bei Linken, SPD und Grünen vermuten. Bis auf wenige Ausnahmen erklärt sich die Anwendung linkspopulistischer Vorgehensweisen in der Kirche anders. Man hat zu vielen heute disku-

---

[30] Ich erinnere an die vielen Versuche, Menschen mit anderen Überzeugungen aus dem Diskurs zu nehmen, z. B. an die Biologin Marie Luise Vollbrecht, die am 2. 7. 2022 in der »Langen Nacht der Wissenschaften« der Humboldt Universität Berlin ihren Vortrag »Geschlecht ist nicht gleich Geschlecht. Sex, Gender und warum es in der Biologie nur zwei Geschlechter gibt« nicht halten durfte, weil der »Arbeitskreis Kritischer Juristen« der Referentin eine »queer- und trans*feindliche Ideologie« vorgeworfen hatte und die Universität daraufhin Sicherheitsbedenken äußerte; vgl. Sabrina Knoll, Humboldt-Uni sagt Gendervortrag ab, in: Spiegel online vom 3. 7. 2022, URL: https://www.spiegel.de/wissenschaft/berlin-humboldt-universitaet-sagt-vortrag-von-biologin-marie-luise-vollbrecht-ab-a-e5ec957e-39fb-46fa-8571-8f65f7f2e6a6 (Stand: 20. 11. 2023).

tierten Themen keine theologisch reflektierte Einstellung. Also muss man diese auch nicht mit anderen theologischen Argumenten widerlegen. Darauf trifft eine unreflektierte Begeisterung für bestimmte Bewegungen und Personen und eine spontan vorausgesetzte inhaltliche Übereinstimmung. Damit übernimmt man allerdings linkspopulistische Verfahrensweisen, die Chantal Mouffe ihrerseits wohl am präzisesten beschrieben hat.

3. Unter keinen Umständen unsere theologische Existenz verlieren!

Unter diesen Rahmenbedingungen ist erklärlich, warum auch kirchliche Vertreterinnen und -vertreter in der Gefahr stehen, sich populistisch zu äußern und – ja, ich kann das aus eigener Erfahrung sagen – schon einmal Vertreter eines anderen Standpunktes ausgrenzen. Da ist es von großer theologischer Wichtigkeit, sich nicht auf Grabenkämpfe um ethische oder politische Positionen einzulassen, sondern bei seiner theologischen Sache zu bleiben.

In einer Situation der größten Herausforderung durch Populismus in Gesellschaft und Kirche hat einst Karl Barth gewarnt: »Das, was jetzt unter keinen Umständen geschehen darf, ist dies, dass wir im Eifer für irgendetwas, was wir für eine gute Sache halten, unsere theologische Existenz verlieren. Unsere theologische Existenz ist unsere Existenz in der Kirche, und zwar als berufene Prediger und Lehrer der Kirche (Ich ergänze heute: »und als berufene Predigerinnen und Lehrerinnen der Kirche«). Barth fährt dann fort: »In der

Kirche ist man sich darüber einig, dass Gott für uns nirgends da ist, in der Welt ist, in unserem Raum und in unserer Zeit ist als in seinem Wort, dass dieses Wort für uns keinen anderen Namen und Inhalt hat als Jesus Christus und dass Jesus Christus für uns in der ganzen Welt nirgends zu finden ist als jeden Tag neu in der heiligen Schrift Alten und Neuen Testamentes. Darüber ist man sich in der Kirche einig oder man ist nicht in der Kirche.«[31]

Diesen Schrift- und Christusbezug findet man leider heute in christlichen Kontexten häufig nicht mehr. Man kann dann Karl Barths Warnung angesichts populistischer Versuchungen auch so verstehen, dass eben dann keine Kirche mehr sein wird, entweder weil diejenigen, die sich da versammeln, alles sein mögen – meinetwegen Verein, NGO oder Partei – aber eben keine Kirche. Oder seine Warnung erfüllt sich auf andere Weise. Es wird sich nichts mehr versammeln, weil man sich mit diesen Inhalten an anderen Orten in Vereinen, NGOs oder Parteien trifft. Die neueste Kirchenmitgliedschaftsuntersuchung zeigt – neben viele anderen Gründen – eben auch, dass häufig nicht erkennbar ist, in welchem Namen man sich treffen sollte, nicht erkennbar, wer Gott ist und warum man an ihn glauben sollte.

In gewisser Weise kennt auch schon das Neue Testament Populismus. Diese Haltung zeigt sich, wenn Predigerinnen und Prediger den Menschen das predigen, »wonach den Menschen die Ohren jucken«, meint, was sie hören wollen. Populismus ist eine Predigt nach der »Wünsch dir was«-

---

[31] KARL BARTH, Theologische Existenz heute! (TEH 1), München 1933, 4f.

Methode. Geschickt angewandt, kann sie eine Weile sehr erfolgreich sein. Aber schon 2. Timotheus 4,3 f. warnt: »Denn es wird eine Zeit kommen, da sie die heilsame Lehre nicht ertragen werden; sondern nach ihrem eigenen Begehren werden sie sich selbst Lehrer [zweifellos auch Lehrerinnen] aufladen, nach denen ihnen die Ohren jucken, und werden die Ohren von der Wahrheit abwenden und sich den Fabeln (griechisch: Mythen) zukehren.« Offensichtlich steht die christliche Gemeinde von der Frühzeit an in populistischer Gefahr.

Die Verkündigung des Evangeliums hat auch ungemütliche Seiten. Die Konzentration auf Jesus Christus ist damals wie heute ärgerlich. Es ist viel angenehmer zu hören, »dass Gottes Liebe immer und überall da ist«, als dass sie die Form eines menschgewordenen Gottes annimmt. Verletzlichkeit und Ohnmacht sind Kennzeichen der Geschichte dieser einmaligen Person, die in einem bestimmten Raum des galiläischen und judäischen Palästinas zu einer bestimmten Zeit gewirkt hat. Obwohl Vulnerabilität heute ein wichtiges Thema für viele Gesellschaftswissenschaften ist und damit ein Anknüpfungspunkt sein kann, stößt sich unser Geist an der Tatsache, dass ein bestimmter Mensch universale Bedeutung haben soll. Das ist anstößig für ein vom griechischen Geist geprägtes Denken, das auf Allgemeingültigkeit aus ist. »Die Ohren jucken« uns nach eingängigen Wahrheiten. Wir wollen das hören, an dem wir uns gedanklich nicht stoßen. Wir haben internalisiert, was Lessing den »garstigen Graben« genannt hat. Danach ist die Wahrheit ewig und bestimmte zeitliche Ereignisse können diese Wahrheit nie völlig wiedergeben. Der »garstige Graben« ist nicht der große zeitliche Abstand von Jesus und der Zeit der Bibel, sondern ein kategorialer Unterschied. Nach diesem Verständnis ist die Wahrheit ewig und kann niemals völlig in einem zeitlichen Ereignis aufgehen. Aber dieses Denken ist eben nur die griechische Form der Ratio. Es muss ergänzt werden um die hebräische Form der Vernunft, die Theodor W. Adorno einmal so formuliert hat: »Die Wahrheit hat einen Zeitkern.«[32] Davon sind auch die Autoren des Neuen Testamentes zutiefst überzeugt.

Das meint auch der 2. Timotheusbrief. Eine Theologie des, wonach den Hörern die Ohren jucken« ist eine Theologie des Wunschdenkens. Sie wird im Zentrum getroffen und erledigt durch die klassische Feuerbachsche Religionskritik. Stattdessen käme es aber darauf an, mit der Lebendigkeit Gottes zu rechnen, so wie er sich in Jesus Christus gezeigt hat. Der Populismus spiegelt menschliche Wünsche. Die christliche Wahrheit, Jesus Christus, spiegelt Gott. Nur, wenn die Kirche der populistischen Versuchung widersteht, kann sie heute von einem Gott reden, an den es sich zu glauben lohnt. Spiegelt die Kirche menschliches, populistisches Wunschdenken über Gott, ist sie überflüssig. Das spüren die Menschen heute, dass ihnen häufig nur das von der Kirche gesagt wird, das sie sich im Grunde selber denken können, aber was sie eben nicht mehr überzeugt.

---

[32] THEODOR W. ADORNO, Der Essay als Form, in: DERS., Noten zur Literatur (Gesammelte Schriften 11), Frankfurt a. M. 1974, 18; vgl. dazu: HANS-JÜRGEN ABROMEIT, Die Einzigartigkeit Jesu Christi. Die Frage nach dem Absolutheitsanspruch des Christentums bei Dietrich Bonhoeffer, in: Pastoraltheologie 80 (1991), 584–602.

Wenn, dann lohnt es sich nur, an den lebendigen Gott zu glauben, wie er sich uns selbst in Jesus Christus kund gemacht hat – in dieser einmaligen, bis heute Menschen faszinierenden Geschichte. Dieser Gott ist nicht nur lieb, er befremdet uns bisweilen auch, aber er eröffnet selbst in unserer verletzlichen Welt einen Weg zum Glauben, weil Christus die Ohnmacht am Kreuz erlitt und doch auferweckt wurde. Gott selbst machte sich in Christus selbst verletzlich.

Aber nur so ist es möglich, dass der Mensch Gottes Ebenbild ist: ein freies Wesen, nicht eine Marionette in der Hand eines anderen. Obwohl der Mensch immer wieder zum Bösen neigt, wird das erlöste Kind Gottes befähigt und beauftragt, Gerechtigkeit und Frieden zu leben. Als Christen glauben wir, dass wir heute schon beginnen können, den Willen Gottes zu leben, ihn aber in verwandelter Existenz ohne die Brechung von Raum und Zeit in Ewigkeit vollendet zum Ausdruck bringen dürfen. Heute fängt etwas an, was nie aufhört.

No Future?

Hanna Reichels konstruierte Analogie zwischen
Karl Barth und dem Queertheoretiker Lee Edelman kritisch
analysiert

Jantine Nierop

In ihrem in höchsten Tönen gelobten Werk »After Method. Queer Grace, Conceptual Design and the Possibility of Theology« (2023)[1] behauptet Hanna Reichel eine prinzipielle Vergleichbarkeit zwischen Karl Barths früher kritischer Theologie und Lee Edelmans queertheoretischem Manifest »No Future: Queer Theory and the Death Drive« (2004).[2] Ihre Ausführungen muten angesichts des radikal nihilistischen Charakters des Manifestes befremdlich an. In mancher

[1] Vgl. HANNA REICHEL, After Method. Queer Grace, Conceptual Design, and the Possibility of Theology, Louisville-Kentucky 2023. Dem Anfang des Buches gehen vier Seiten mit insgesamt dreizehn kürzeren Vorabrezensionen voran, die sich mit Superlativen überbieten: URL: https://www.wjkbooks.com/Content/Site117/FilesSamples/40608 7AfterMeth_00000035556.pdf (Stand: 01. 06. 2024). Exemplarisch sei hier die erste Reaktion zitiert: »Hanna Reichel has written the best book on theological method in a generation. With rigor, creativity, and compassion, Reichel makes an often dull topic exciting, even effervescent. This book accomplishes the seemingly impossible: it makes Barthians want to read queer theology, and it makes queer theologians want to read Barth.« Vincent Lloyd, Professor, Villanova University.

[2] Vgl. LEE EDELMAN, No Future. Queer Theory and the Death Drive, Durham 2004.

Hinsicht wirkt der Vergleich sogar verstörend. Ich möchte ihm in diesem Aufsatz näher nachgehen.

1. Queere Negativität und »jouissance«

»As uncompromising as Barth's ›No‹ against any positive possibility is Lee Edelman's anti-futuristic manifesto of ›queer negativity‹«[3], beteuert Reichel im dritten Kapitel ihres Buches unter der Überschrift »Crisis and method«. Die gemeinsame »Kompromisslosigkeit gegenüber positiven Möglichkeiten« beschreibt sie anschließend konkreter mit folgenden Worten: »Where Barth's negativity comes from the crisis of theological positivity in the wake of its cooptation into Christian militarism and nationalism, queer negativity comes from the crisis of positive advocacy for queer rights and its cooptation into political pragmatism«[4]. Reichel vergleicht hier tatsächlich Barths fundamentales Erschrecken über die militärische Begeisterung einiger hochrangiger Vertreter der liberalen Theologie beim Ausbrechen des Ersten Weltkrieges im Jahr 1914 und ihren kaum verhohlenen Nationalismus mit einer queertheoretischen Lossagung von politischem Streit und Aktivismus für die Rechte homosexueller Menschen. Barths konsequente Verweigerung, Gott und sein Heil mit irgendetwas Irdischem oder Weltlichem gleichzusetzen bzw. in der Welt und im Menschen Anknüpfungspunkte für das Göttliche oder Heilige zu finden (wie es die

---

[3] REICHEL, After Method, 92.
[4] Ebd.

liberale Theologie wollte), wird hier auf eine Stufe gesetzt mit einer Bewegung, die ihre queertheoretischen Ziele nicht mehr innerhalb des bestehenden politischen und gesellschaftlichen Systems verwirklichen möchte. Gott und »queer« sind beiden nicht von dieser Welt, scheint Reichel sagen zu wollen und resümiert mit folgenden Sätzen: »Both parties put their hope-beyond-hope in that which remains ever outside of symbolic und political representation, epistemically bound to illegibility and politically, to exclusion. Both have a similar response: that of radical negation«[5]. Nota bene: Edelmans radikale Ablehnung des politischen Einsatzes von Schwulen und Lesben für die Verbesserung ihrer Lebenssituation wird hier als »hope-beyond-hope« mit göttlichem Heilsversprechen assoziiert, der nach barthianischer Auffassung von keiner symbolischen oder politischen Ordnung jemals erfasst werden kann.

Reichel zufolge stellt Edelmans Text einen mutigen Aufschrei gegen gesellschaftliche Normalisierungs- und Unterdrückungsimperative dar. Seine Intervention entlarvt die politische Schwulen- und Lesbenbewegung als apologetisch und fehlgeleitet, denn bei dieser Bewegung geht es um »queer people who would demonstrate to a cisheteronormative society that – contrary to prejudices – their existence and desires are *not* socially corrosive, *not* undermining the traditional family, etc.«[6]. Edelman spricht in diesem Zusammenhang von »reproductive futurism« als Wesenszug einer bürgerlichen Gesellschaft, der nicht nur die Figur des Kindes (»the Child«)

[5] Ebd.
[6] Ebd.

beschwört, sondern auch mit Reichels Worten »a collective responsibility ›for the children‹«[7]. Dieser Reproduktionsfuturismus mit seiner kollektiven Verantwortungsübernahme für Kinder sei zutiefst antiqueer, nicht nur weil er die Kleinfamilie fördert, sondern auch, weil er queere Andersartigkeit als Bedrohung der sozialen Ordnung wahrnimmt. »And society is not altogether wrong: Queer desire exceeds proffered societal norms and it persists in its *jouissance* beyond and despite the imperative of any identity, law, or meaning«[8]. Um diese »jouissance beyond any law« näher zu beschreiben, greift Edelman in ‚»No Future« auf den Begriff Todestrieb von Sigmund Freud und Jacques Lacan zurück. Anstelle des reproduktiven Futurismus einer bürgerlichen Gesellschaft mit seiner Fixierung auf das Kind möchte Edelman dem Todestrieb des queeren Begehrens huldigen.

2. »Fuck the Child«

Im nächsten Schritt beschreibt Reichel die Problematik der LGBTQIA+ Bewegung nach Edelman noch konkreter: »Advocacy for LGBTQIA+ rights is misdirected in that it feeds into cisheteronormative logics: attempting to demonstrate that one is ›not anti-social‹ (*not* a criminal, *not* a pedophile, *not* adulterous, *not* contagious, and so forth) only reifies a system that is built on the exclusion of the ›anti-social‹ element – even if some might successfully evade the predication

---

[7] A. a. O., 93.
[8] Ebd.

of anti-sociality, others will not«⁹. Wohlgemerkt: Die Verurteilung von Kriminalität und Pädophilie entspringt also »cisheteronormativer« Logik und eine Gesellschaft, die asoziales Verhalten normiert und bestraft, ist verwerflich. Eine Lesben- und Schwulenbewegung, die nach der Logik einer solchen Gesellschaft lebt und handelt, ist nach Reichel in ihrer »Apologetik« vergleichbar mit der Vermittlungstheologie des theologischen Liberalismus. Sie schreibt: »Queer negativity thus challenges queers to abandon any hope of respectability and inclusion, and to move ›beyond apologetics‹ – a remarkably Barthian sentiment«[10]. Dass Reichel an dieser Stelle eine Analogie zur Barth'schen Theologie konstruiert, überzeugt nicht nur keineswegs, sondern wirkt ganz im Gegenteil auch finster und ungeheuerlich – umso mehr noch, wenn die queere Negativität und ihre vorgesehene Rolle von Reichel unter Aufnahme eines Zitats von Edelman mit folgenden Worten positiv beschrieben werden: »Queer negativity calls queers to embrace the role of disruption that society will read them as figuring in any case, and to head-on pronounce: ›Fuck the social order and the Child in whose name we're collectively terrorized; ... fuck Laws both with capital ls und with small; fuck the whole network of Symbolic relations and the future that serves as its prop‹«[11]. Auch wenn hier nur »symbolisch« vom Kind die Rede sein sollte, ist der Aufruf, »Fuck the Child«, in seiner Menschenfeindlichkeit maximal verstörend. Der Aufruf, keine Gesetze mehr

---

[9] Ebd.
[10] Ebd.
[11] EDELMAN, No Future, 29.

zu beachten, egal welche, wirkt dabei verglichen fast harmlos. Dabei ist er in sozialer Hinsicht natürlich ebenso destruktiv und gefährlich.

3. Messianische Figur?

Reichel gibt zu, dass eine solche Position »potentially violent«[12] ist – um sie im nächsten Atemzug mit Barths »unmöglicher Möglichkeit« zu vergleichen, die in ähnlicher Weise unverantwortlich wäre, da praktisch nicht durchführbar. Mit folgenden Sätzen bringt sie diese an Abwegigkeit kaum zu überbietende Analogie abschließend auf den Punkt: »Equally theoretically exhilarating and practically unsustainable, both negations are not driven by critique for critique's sake. Their insistent ›No‹ is, to use Barth's phrase, authorized by an even bigger ›Yes‹ – even if this yes remains permanently elusive, radically transcendent, or constitutively eschatological. Similarly, in its negation of all that is seen by society as good and holy, queer negativity is marked by a profound ethical impetus, a commitment to what Edelman names as truth«[13]. Dass Edelman unter Wahrheit nichts mehr versteht als »die beharrliche Partikularität des Subjekts, die nicht vollständig artikuliert werden kann und zum Realen tendiert«[14], wundert nicht – dass Reichel einen solchen hohlen Wahrheitsbegriff mit dem von Barth an vielen

---

[12] REICHEL, After Method, 94.
[13] Ebd.
[14] EDELMAN, No Future, 5/JN.

Stellen hervorgehobenen großen Ja Gottes als die unbedingte Annahme des Menschen in Jesus Christus in Verbindung bringt, allerdings schon.

Verständlich wird dies, wenn Reichel sich anschließend zu der Behauptung versteift, dass Edelmans queerer Mensch in seiner Verworfenheit mit Jesus Christus vergleichbar ist und somit eine fast messianische Figur darstellt: »In an intriguingly close parallel to Barth's doctrine of election in which all humanity is elect in Jesus Christ who is the only reprobate, Edelman's queer becomes the reprobate by illegibility, an almost messianic figure«[15]. Hier scheint die Grenze endgültig überschritten: Wie um Himmels willen kann Reichel eine vollends destruktive, verantwortungslose und in seiner Kind- und Menschenfeindlichkeit[16] angsteinflößende Figur mit Jesus Christus vergleichen? Sind alle Verworfenen und Ausgeschlossenen eo ipso messianische Figuren? Und bezogen auf den Vergleich Edelman/Barth: Sind alle Aufrufe, ein System zu sprengen, eo ipso mit Barths Methode einer konsequent dialektischen Theologie vergleichbar – egal welches System sie sprengen und egal mit welchen Mitteln? Ein solches rein formales, inhaltlich komplett sinnentleertes Verständnis der Bibel und der Barth'schen Theologie ist erschreckend. Aller konkreten Materialität entledigt ist die Theologie bestenfalls noch ein bedeutungsloses Spiel.

---

[15] REICHEL, After Method, 95.
[16] Vgl. dazu auch: »Lee Edelman denounced ›the Child‹ as a figure that is innocent, desexualised, fragile, and in need of protection, a projective and idealized figure of reproductive futurism and its relentless exclusion of queer existence«. A. a. O., 170.

Im schlechtesten Fall dient sie wie hier der Verharmlosung inhumaner Theorien. Unter dem Deckmantel »provozierender Kreativität« werden Verbindungen gelegt zwischen Denkrichtungen, die unterschiedlicher nicht sein könnten.

4. Hannah Arendt über Gleichschaltung

Wie kann so etwas passieren? Als Hannah Arendt 1964 im Interview mit Günter Gaus zu der Gleichschaltung im Dritten Reich befragt wurde, hat sie die besondere Anfälligkeit des intellektuellen Denkens messerscharf bloßgelegt: »Was damals in der Welle von Gleichschaltung, die ja ziemlich freiwillig war, jedenfalls noch nicht unter dem Druck des Terrors, vorging: Das war, als ob sich ein leerer Raum um einen bildete. Ich lebte in einem intellektuellen Milieu, ich kannte aber auch andere Menschen. Und ich konnte feststellen, daß unter den Intellektuellen die Gleichschaltung sozusagen die Regel war. Aber unter den anderen nicht. Und das hab ich nie vergessen. Ich ging aus Deutschland, beherrscht von der Vorstellung – natürlich immer etwas übertreibend: Nie wieder! Ich rühre nie wieder irgendeine intellektuelle Geschichte an. Ich will mit dieser Gesellschaft nichts zu tun haben. Ich war natürlich nicht der Meinung, daß deutsche Juden und deutschjüdische Intellektuelle, wenn sie in einer anderen Situation gewesen wären, als in der sie waren, sich wesentlich anders verhalten hätten. Der Meinung war ich nicht. Ich war der Meinung, das hängt mit diesem Beruf, mit der Intellektualität zusammen. Ich spreche in der Vergangenheit. Ich weiß heute mehr darüber. [...] Aber daß es im

Wesen dieser ganzen Sachen liegt, daß man sich sozusagen zu jeder Sache etwas einfallen lassen kann, das sehe ich immer noch so. Sehen Sie, daß jemand sich gleichschaltete, weil er für Frau und Kind zu sorgen hatte, das hat nie ein Mensch übelgenommen. Das Schlimme war doch, daß die dann wirklich daran glaubten! Für kurze Zeit, manche für sehr kurze Zeit. Aber das heißt doch: Zu Hitler fiel ihnen was ein; und zum Teil ungeheuer interessante Dinge! Ganz phantastische und interessante und komplizierte! Und hoch über dem gewöhnlichen Niveau schwebende Dinge! Das habe ich als grotesk empfunden. Sie gingen ihren eigenen Einfällen in die Falle, würde ich heute sagen. Das ist das, was passierte. Das habe ich damals nicht so übersehen.«[17]

Meiner Ansicht nach ist Hanna Reichel mit ihrer positiven Rezeption von Edelmans Manifest »No Future« ihrem eigenen Einfall in die Falle gegangen – und mit ihr die Rezensenten und Rezensentinnen ihres Buchs. So gesehen ist es wohl kein Zufall, dass gerade die Adjektive »creative« und »playful« in den dem Text vorangestellten Lobeshymnen vorrangig auftauchen. Spielerisch zu welchem Preis – das ist die Frage, die man einer solchen Theologie stellen muss.

---

[17] URL: https://www.rbb-online.de/zurperson/interview_archiv/arendt_hannah.html (01. 06. 2024). Zu sehen ist das Interview hier: URL: https://www.youtube.com/watch?v=J9SyTEUi6Kw (Stand: 01. 06. 2024).

5. Kritik

Schon im Jahr 2006, zwei Jahre nach der Veröffentlichung von »No Future«, nannte Sylvia Mieszkowski Edelmans Text radikal und verstörend. Auch wenn Edelman »nicht primär von ›echten‹ Kindern«[18] spricht, so ist seine Position gegen die Kinder und die Zukunft letztendlich ein Eintreten gegen das Leben. Sein Plädoyer steht ja für die Anerkennung und Würdigung queerer Vergnügungen, die – Hier zitiert Mieszkowski Edelmanns eigen Worte – »als inhärent sinnzerstörend verstanden werden und daher für den Untergang der sozialen Organisation, der kollektiven Realität und unweigerlich des Lebens selbst verantwortlich sind«[19].

Es überrascht nicht, wenn Vojin Saša Vukadinovi Edelman im Jahr 2018 als eines von zwei Beispielen des sogenannten »antisozialen« Lagers der Queertheorie anführt. Vertreter und Vertreterinnen dieser Richtung »frönten der ›antisocial theory‹, einer Art Lob morbider Vereinzelung, und entdeckten schließlich – so wie Tim Dean und Lee Edelman – im Sex ohne Kondom einen transgressiven Akt, was in Zeiten vor der HIV-Prophylaxe einer Todessehnsucht gleichkam«[20]. Benedikt Wolf zufolge stellt Edelmans »No

---

[18] Sylvia Mieszkowski, Queere Polemik: Lee Edelman wider den »Reproduktiven Futurismus«, in: IASLonline vom 24.03.2006, URL: https://www.iaslonline.lmu.de/index.php?vorgang_id=1513#FNRef4 (Stand: 01.06.2024).

[19] Edelman: No Future, 13/JN.

[20] Vojin Saša Vukadinovi , Die professionelle Antizionistin, in: Jungle World 22 (2018), URL: https://jungle.world/artikel/2018/22/die-professionelle-antizionistin?page=all (Stand: 01.06.2024), o. S.

Future« neben »Is the Rectum a Grave?« von Leo Bersani aus dem Jahr 1987 nichts weniger als einen Grundlagentext des antisozialen Lagers dar, dem er über die Hypostasierung des Todestriebes sowie die Destruktion des Subjekts eine ideologische Kultivierung von Gewalttätigkeit vorwirft: »Die destruktiven Elemente der Sexualität sind bedeutend, und von ihnen aus lassen sich wichtige Einsichten in das Wesen der Sexualität erlangen. Doch die antisozialen Queertheoretiker_innen treiben einen ideologischen Kult um die gewalttätigen und destruktiven Elemente der Sexualität«[21]. Wolf zieht sogar eine direkte Linie von hier zu der Queertheoretikerin Jasbir Puar und ihrer Faszination für den Terrorismus. Vielleicht muss man dabei denken an ihre »berüchtigte Eloge des Selbstmordattentats, das Puar als ›queer‹ auslegt, weil binäre Oppositionen wie Leben und Tod, Täter und Opfer in diesem zu ebenjener terroristischen ›Assemblage‹ verschmölze«[22].

Zwischen Queertheorie und Antisemitismus gibt es bekanntlich enge Verbindungen[23] und es ist deshalb keine große Überraschung, dass Puar öffentlich die BDS-Kampagne gegen Israel unterstützt.[24] Dazu passt auch, dass Reichel

---

[21] BENEDIKT WOLF, Queer. And now? Für eine kritische Geschichtsschreibung der Queer Theory, in: Jahrbuch Sexualitäten 2019, Göttingen 2019, 153–178, 167.

[22] VUKADINOVI , Antizionistin, o. S.

[23] Vgl. TILL RANDOLF AMELUNG, Hass auf Israel – auch im queeren Aktivismus, in: Queer Nations, URL: https://queernations.de/hass-auf-israel-auch-im-queeren-aktivismus/ (Stand: 01. 06. 2024).

[24] URL: https://www.fr.de/frankfurt/frankfurt-staedelschule-wegen-vortrag-in-der-kritik-91128244.html (Stand: 01. 06. 2024).

im Januar 2024 einen offenen Brief unterzeichnete, der den Angriff der Hamas am 7. Oktober 2023 nur *en passant* erwähnt, ohne ihn zu verurteilen, und in Bezug auf Israel von Genozid und Apartheid spricht.[25] Auch substanzlose Theologie geschieht nicht im luftleeren Raum und hat Folgen im realen Leben.

6. Theologie der Zukunft

Nicht nachvollziehbar ist es, warum auf dem kommenden 18. Europäischen Kongress für Theologie mit dem Titel »Theologie der Zukunft« laut Programm[26] mit Reichel ausgerechnet eine Theologin den Eröffnungsvortrag halten wird, für die Edelman mit seiner Verwerfung jeder Zukunftsidee als »fascism of the baby's face«[27] einen konstruktiven theologischen Gesprächspartner darstellt, zu dem sie sich weitgehend kritiklos verhält.[28]

---

[25] URL: https://www.endthenakbaletter.com/ (Stand: 01.06.2024).
[26] URL: https://www.uni-heidelberg.de/de/theologie-der-zukunft/programm (Stand: 01.06.2024).
[27] Edelman, No Future, 75.
[28] Im späteren Verlauf ihrer Beschreibung von Queer Negativity wird Reichel zwar kritischer (vgl. Reichel, After Method, 97–101), schließt allerdings die Theologie des frühen Barth in ihrer Kritik mit ein und führt die von ihr beobachtete Analogie somit ad absurdum: »Negation alone is both *too much* and *not enough*: It is a superhuman – inhumane – demand for actually existing persons in their needs and desires, relationships and commitments. It undermines any positive relation to a livable world, any hope for

Im geplanten Vortrag wird Reichel »eine theologische Hermeneutik der Zukunft unter Berücksichtigung ihrer affektiven, politischen und eschatologischen Züge von Theologien der Hoffnung zu Ansätzen von Queer Futurity und Anti-Futurity[29]« skizzieren. Dass christliche Theologie niemals antifuturistisch sein kann – und folglich mit solchem Denken auch keine Allianzen eingehen darf –, hat indes niemand so klar formuliert wie der niederländische Theologe und Barth-Schüler Kornelis Heiko Miskotte, wenn er in »Biblisches ABC« (1941) den Begriff Erwartung als Urwort und Grundpfeiler der biblischen Theologie benennt: »Das erste und

> a livable future, any struggle for survival. The political, metaphysical, or literal ›suicide‹ referenced by both Edelman and Barth is not a way out, especially not or those whose lives are deeply entangled with lives around them in relations of care. It fails to do justice to the human being and denies the reality of the God who became human« (a. a. O., 100). Bekanntlich hat Barth seine frühe Theologie im Rückblick selbst kritisiert als »doch ein bisschen arg unmenschlich und teilweise […] häretisierend gesagt« (KARL BARTH, Die Menschlichkeit Gottes, in: ThSt(B) 48 (1956), 3–27, 8). Wer allerdings Edelman und Barth gleichzeitig kritisiert, verharmlost entweder Edelman oder schlägt in Bezug auf Barths frühe Theologie deutlich über die Stränge. Zwischen Barths »Unmenschlichkeit« und Edelmans »Fuck the Child« liegen Welten, da Ersteres für die (theologisch motivierte) Geringschätzung des Menschen als solchen steht, mitsamt seinen Fähigkeiten, Möglichkeiten und Hervorbringungen (vgl. BARTH, Menschlichkeit, 16), während Letzteres sich auf das menschliche Miteinander bezieht und soziale Verantwortung abstreitet.

[29] URL: https://www.uni-heidelberg.de/de/theologie-der-zukunft/programm/referenten-und-referentinnen-der-hauptvortraege (Stand: 01. 06. 2024).

letzte Wort der Schrift ist: Erwartung; schon die *Schöpfungsgeschichte* ist ja geordnet im Hinblick auf den *Sabbat*, und der Sabbat dient [...] dazu, zum Bewusstsein zu bringen, dass Gott, dieser Gott, den Weltfrieden will und wirkt. Er wirkt, wo wir ruhen; wir sollen wissen, dass unser Werk [...] nicht beitragen kann und nicht beizutragen braucht zu dem Wunder der Endzeit, der Erschaffung der göttlichen Ordnung, dessen, was das ›Reich‹ oder die ›Königsherrschaft Gottes‹ genannt wird. [...] In der Erwartung dürfen wir also gewiss nicht ein bloßes Anhängsel der Lehre, einen Beiwagen der Praxis sehen; sie ist vielmehr eine Qualifikation, die alle Schriftworte ohne Ausnahme stempelt«[30].

Zufall oder nicht: Im Zusammenhang mit seinen Überlegungen zum biblischen Urwort Erwartung zitiert Miskotte aus dem Gedicht »Van een kind« (1923) vom niederländischen Dichter A. Roland Holst:

O Kinderlachen, vor der Welt
und wiederum nach ihrem Ende –
von einem glänzend-kleinen Wind
erzählt's, der einstmals wird bestellt,
zu gehen über Stolz und Pein,
bis Babylon und London
vergeben und vergessen sind.

---

[30] KORNELIS HEIKO MISKOTTE, Biblisches ABC. Wider das unbiblische Bibellesen, Übersetzung von Hinrich Stoevesandt, Wittingen 1997 (Nachdruck der 1. Auflage Neukirchen-Vluyn 1976), 164.

Verzeichnis der Autorinnen und Autoren

Bischof em. Dr. Hans-Jürgen Abromeit war Bischof in Greifswald, zuerst der Pommerschen Evangelischen Kirche und dann der Nordkirche im Sprengel Mecklenburg und Pommern.

Prof. Dr. Jörg Dierken lehrt Systematische Theologie an der Universität Halle-Wittenberg.

Prof. Dr. Alexander Dietz lehrt Systematische Theologie an der Hochschule Hannover.

Associate Prof. Dr. Jan Dochhorn lehrt Neues Testament an der Durham University.

Prof. em. Dr. Dr. h. c. Dietz Lange lehrte Systematische Theologie an der Universität Göttingen.

PD Dr. Jantine Nierop lehrt Praktische Theologie an der Universität Heidelberg.

Prof. Dr. Michael Roth lehrt Systematische Theologie an der Universität Mainz.

Prof. em. Dr. Wolfgang Sander lehrte Didaktik der Gesellschaftswissenschaften an der Universität Gießen.

Apl. Prof. Dr. Thomas Martin Schneider lehrt Kirchengeschichte an der Universität Koblenz.

Prof. Dr. Henning Wrogemann lehrt Religionswissenschaft und interkulturelle Theologie an der Kirchlichen Hochschule Wuppertal.

Alexander Dietz
Hartwig von Schubert

Brauchen wir eine allgemeine Dienstpflicht?

248 Seiten | Paperback
12 x 19 cm
ISBN 978-3-374-07417-4
EUR 25,00 [D]

eISBN (PDF) 978-3-374-07418-1
EUR 24,99 [D]

Unsere Gesellschaft steht vor großen Herausforderungen. Vor diesem Hintergrund wird der Vorschlag einer allgemeinen Dienstpflicht in Politik und Gesellschaft intensiv und kontrovers diskutiert. Die Mehrheit der Menschen in Deutschland hält eine solche Dienstpflicht für eine gute Idee. Zwar würde sie Gesetzesänderungen erfordern, Geld kosten und weder auf die aktuellen Probleme der Sozialwirtschaft noch der Bundeswehr eine Antwort geben. Aber eine allgemeine Dienstpflicht könnte vielen jungen Menschen wertvolle Bildungserfahrungen ermöglichen und über die Einübung bürgerschaftlichen Engagements sowie eines solidarischen Miteinanders in Vielfalt langfristig zu einem Band werden, das unsere Gesellschaft zusammenhält und diese durch verschiedene erwünschte Nebeneffekte (bei klug gesetzten Anreizen in den Rahmenbedingungen) zugleich krisenfester macht.

EVANGELISCHE VERLAGSANSTALT
Leipzig www.eva-leipzig.de

Tel +49 (0) 341/ 7 11 41 -44   shop@eva-leipzig.de

Sebastian Kleinschmidt
Friedemann Richert
Thomas A. Seidel (Hrsg.)

**Bild der Welt
und Geist der Zeit**

Dem Zerfall von Kirche
und Gesellschaft begegnen

390 Seiten | Paperback
14 x 21 cm
ISBN 978-3-374-07521-8
EUR 35,00 [D]

eISBN (PDF) 978-3-374-07522-5
EUR 34,99 [D]

Über das Bild der Welt herrscht Streit. Der Geist der Zeit erschwert diskursive Meinungsbildung und wechselseitiges Verstehen. In Kultur und Wissenschaft verfestigen sich kontradiktorische Positionen, die die Aushandlungsprozesse der deliberativen Demokratie erschweren. Das Buch möchte mithelfen, das angesprochene Problemknäuel in Kirche, Politik und den Geisteswissenschaften zu entwirren und für einen freien, wertschätzenden Meinungsstreit zu werben.

Unter den Autoren sind neben Theologen wie Ingolf U. Dalferth der Politiker Wolfgang Thierse und der Lyriker Christian Lehnert.

EVANGELISCHE VERLAGSANSTALT
Leipzig www.eva-leipzig.de

Tel +49 (0) 341/ 7 11 41 -44   shop@eva-leipzig.de

Detlef Hiller
Daniel Straß (Hrsg.)
Morphologie der Übermoral
Zum Moralismus in gesellschaftlichen und theologischen Debatten

212 Seiten | Paperback
15,5 x 23 cm
ISBN 978-3-374-07331-3
EUR 29,00 [D]

eISBN (PDF) 978-3-374-07332-0
EUR 24,99 [D]

War in moralischer Hinsicht früher die Theologie im Verdacht, ihre Weltsicht übergriffig auszuweiten, während die »neuen« Wissenschaften eine »werturteilsfreie« Herangehensweise gegen zu viel Moral versprachen, scheinen heute die Sozialwissenschaften und auf sie bezogene Handlungsfelder moralisch aufgeladen, während die Theologie schweigt oder sich dem Trend anschließt.
Die Autoren fragen aus verschiedenen wissenschaftlichen Blickwinkeln nach den Ursachen dieser Entwicklung. Sie tasten sich dabei zu der Grenze vor, an der die Sorge um ein verantwortungsvolles Miteinander und Achtsamkeit umschlägt in einen rigiden Moralismus, den die Autoren in seinen verschiedenen Erscheinungsformen zu verstehen versuchen. In der Rückbesinnung auf theologische Grundlagen und im Geiste einer vitalen christlichen Spiritualität zeigen sich kritische Einsichten und überraschende moralische Entlastungen.

EVANGELISCHE VERLAGSANSTALT
Leipzig www.eva-leipzig.de

Tel +49 (0) 341/ 7 11 41 -44   shop@eva-leipzig.de

Ulrich H. J. Körtner

Vergängliche Schöpfung

Schöpfungsglaube
und Gottvertrauen
in der Klimakrise

144 Seiten | Paperback
12 x 19 cm
ISBN 978-3-374-07634-5
EUR 18,00 [D]

eISBN (PDF) 978-3-374-07635-2
EUR 17,99 [D]

Umweltschutz und Klimaschutz sind eine praktische Weise, den Glauben an Gott den Schöpfer zu bekennen. Christliche Umweltethik verliert aber ihre geistliche Ausrichtung, wenn sich der Schöpfungsglaube auf moralische Appelle beschränkt, deren theologische Substanz zunehmend diffus wird. Die umweltethischen Herausforderungen unsrer Zeit erfordern nicht nur eine theologische Klärung des Schöpfungsbegriffs, sondern auch eine vertiefte Auseinandersetzung mit der Gottesfrage. Darum geht es im vorliegenden Buch. Der Einsatz für Klima- und Umweltschutz als praktischer Ausdruck christlichen Schöpfungsglaubens und christlicher Schöpfungsfrömmigkeit gilt der Welt in ihrer Vergänglichkeit. Diese Vergänglichkeit zu akzeptieren – auf Hoffnung hin und nicht etwa resignativ – entspricht dem Glauben an den Schöpfergott und seine Verheißung. Man kann es auch nennen: Mut zum fraglichen Sein

EVANGELISCHE VERLAGSANSTALT
Leipzig www.eva-leipzig.de

Tel +49 (0) 341/ 7 11 41 -44   shop@eva-leipzig.de